● 深海探测先进装备技术系列

水下机器视觉技术

丁忠军　著

哈尔滨工程大学出版社
Harbin Engineering University Press

图书在版编目（CIP）数据

水下机器视觉技术 / 丁忠军著. -- 哈尔滨：哈尔
滨工程大学出版社，2025. 1. -- ISBN 978-7-5661-4622-
9

Ⅰ. U675.7

中国国家版本馆 CIP 数据核字第 2025RN7857 号

水下机器视觉技术

SHUIXIA JIQI SHIJUE JISHU

选题策划 姜 珊
责任编辑 宗盼盼 姜 珊
封面设计 李海波

出版发行 哈尔滨工程大学出版社
社 址 哈尔滨市南岗区南通大街 145 号
邮政编码 150001
发行电话 0451-82519328
传 真 0451-82519699
经 销 新华书店
印 刷 哈尔滨午阳印刷有限公司
开 本 787 mm×1 092 mm 1/16
印 张 13
字 数 246 千字
版 次 2025 年 1 月第 1 版
印 次 2025 年 1 月第 1 次印刷
书 号 ISBN 978-7-5661-4622-9
定 价 58.00
http://www.hrbeupress.com
E-mail：heupress@ hrbeu.edu.cn

前　言

地球表面约有 70.8% 被海洋覆盖。海洋中蕴藏着丰富的矿物资源和多样的生物。然而,由于海洋环境有高压、低温和光线衰减等极端条件,因此人类对海洋的探索十分有限。传统的水下探索方法主要依靠潜水员直接下潜或依靠有线遥控设备,不仅成本高昂,而且存在很大的安全风险。

随着水下机器视觉技术的进步,如今,各类水下设备能够自主执行复杂任务,如海底地形测绘、底栖生物采样、海洋环境监测和遗迹探寻等。该技术的发展不仅大大扩展了人类的海洋活动范围,也为海洋科学研究提供了强大的工具。此外,随着全球气候变化和人类活动对海洋环境的影响日益加剧,水下机器视觉技术在海洋生态保护和资源可持续利用中的作用也变得愈发重要。本书正是在此背景下撰写而成的。

本书共分为 7 章。第 1 章介绍了水下机器视觉技术的基础知识。本章讲解了水下机器视觉的基本概念和发展历程,从最早的水下摄影技术到现今的智能成像系统,追踪了技术革新的轨迹,并展望了未来的发展方向。此外,本章还详细讨论了水下机器视觉系统的组成,包括光源、摄像机、传输设备等,以及它们如何共同工作以捕捉水下的神秘画面。第 2 章介绍了水下图像增强。由于水下图像受到光线衰减、散射和吸收等因素的影响而发生退化,故本章深入探讨了克服这些难点的水下图像增强方法。本章从基于物理模型的方法到利用深度学习进行图像增强,为读者介绍了一系列提高水下图像质量的算法。第 3 章介绍了水下图像分割。图像分割是理解水下环境的关键步骤,因此本章介绍了多种水下图像分割方法,包括传统水下图像分割方法和基于深度学习的水下图像分割方法。第 4 章介绍了水下图像拼接,该技术是构建广阔海底景观图的关键手段。本章详细讲解了基于特征的水下图像拼接方法、基于直接法的水下图像拼接方法等一系列拼接方法。第 5 章介绍了水下目标检测,目标检测在水下机器视觉技术中占据着核心地位。本章涵盖了从传统机器学习方法到最新的深度学习模型在水下目标检测中的应用。第 6 章介绍了水下目标跟踪。目标跟踪技术是持续监测水下动态对象的重要技术。本章探讨了传统的水下目标跟踪方法,以及深度学习的先进策略在水下跟踪领域的应用。第 7 章介绍了水下双目立体视觉。本章深入探讨了立体视觉技术,包括双目成像理论、系统标定和立体视觉等算法。

本书由丁忠军著。刘晨参与了第 3 章、第 4 章的撰写,王兴宇参与了第 4 章、第 7 章的撰写,马广洋参与了第 2 章、第 4 章的撰写,李志远参与了第 2 章、第 5 章的撰写。全书由李德威、周玉斌审阅。

由于著者水平有限,书中难免存在疏漏和错误之处,恳请广大读者批评指正。

著 者
2024 年 10 月

目　　录

第1章 水下机器视觉技术的基础知识

1.1 引　　言

　　海洋的神秘与深邃吸引着科学家、探险家和工程师们去探寻其秘密、挖掘其资源。水下机器视觉(underwater machine vision,UMV)技术是人类探索和认识海洋的关键,它不仅推动了海洋科学的发展,也促进了海洋资源的可持续利用和海洋环境的保护。

　　水下机器视觉技术的核心在于模拟人类的视觉系统,使机器能够在恶劣的水下环境中"看到"并"理解"周围的世界。该技术涵盖了从图像获取、传输到处理和分析的全过程,是水下机器人、自主潜水器和其他水下探测设备不可或缺的"眼睛"。随着全球气候变化、海洋污染和生态破坏日益严峻,探索和保护海洋变得尤为重要,水下机器视觉技术的研究和发展成为人们关注的热点。

　　水下环境的复杂性给水下机器视觉技术的发展带来了巨大挑战。与陆地或空中环境相比,水下环境中的光线衰减更快,视线更短,而且水流、悬浮物和其他因素也会严重干扰成像质量。为了克服这些挑战,科学家和工程师们不断创新,开发了一系列先进的水下成像技术(从早期的模拟摄影技术到如今的数字成像、激光成像、全息成像以及结合了人工智能的图像处理技术等)和算法。

　　本章从水下机器视觉的定义和发展开始,介绍其主要组成部分,并深入探讨水下光学成像的理论基础及各种常见的水下成像技术,旨在为读者提供水下机器视觉技术的入门知识。

1.2 绪　　论

1.2.1　水下机器视觉系统的定义与水下机器视觉技术的发展

　　水下机器视觉系统是指在水下环境中实现图像获取、处理、分析和理解的一套技术体系。该系统通过结合机器视觉的原理和海洋工程相关技术,克服了在水下恶劣条件下的可视性问题,使机器能够像人眼一样,在水下识别和解释物体与环境。水下机器视觉技术在海洋生物研究、水下设施维护、海底资源勘探等领域有着重要应用。水下机器视觉技术发展流程如图1.1所示。

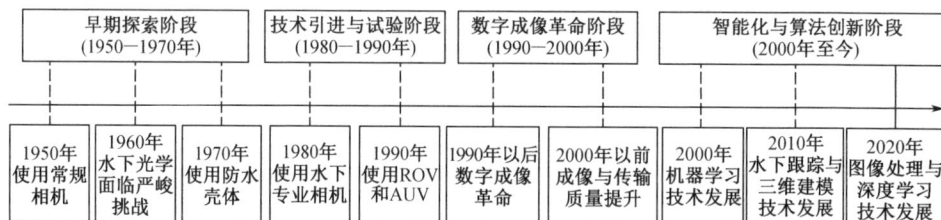

早期探索阶段 (1950—1970年)			技术引进与试验阶段 (1980—1990年)		数字成像革命阶段 (1990—2000年)		智能化与算法创新阶段 (2000年至今)		
1950年 使用常规 相机	1960年 水下光学 面临严峻 挑战	1970年 使用防水 壳体	1980年 使用水下 专业相机	1990年 使用ROV 和AUV	1990年以后 数字成像 革命	2000年以前 成像与传输 质量提升	2000年 机器学习 技术发展	2010年 水下跟踪与 三维建模 技术发展	2020年 图像处理与 深度学习 技术发展

ROV—无人遥控潜水器;AUV—自主式水下航行器。

图1.1　水下机器视觉技术发展流程

　　(1)早期探索阶段(1950—1970年)

　　1950—1970年,水下机器视觉技术处于萌芽期。那时,由于缺乏专门为水下环境设计的成像设备和技术,水下成像尝试主要依赖于勇敢的潜水员和他们手中的常规相机。为了能在水下使用这些相机,人们采取了最直接的方法,即使用防水壳体来包裹相机,以防水渗入损坏设备。然而,这种原始的做法并不能完全适应水下复杂多变的光学条件。

　　由于水体的固有特性,如光的散射和吸收,早期的水下图像质量通常较差。光在水中的传播与在空气中的传播完全不同,悬浮颗粒和其他物质会引发水中入射光的散射效应,而水对特定波长光的吸收特性进一步减少了到达目标物体和返回相机的光量。因此,水下图像往往十分模糊,细节丢失,颜色失真,远不如陆地上用相同相机拍摄的图片清晰。

　　此外,早期水下摄影的另一个挑战是潜水员的操作限制。图1.2展示了潜水员在水下拍摄影像的场面。潜水员需要携带重型潜水装备,而且在水下可操作的时间和深度都受到严格限制,这进一步限制了水下成像的范围和质量。虽然这些初步尝试为后来的技术发展奠定了基础,但也揭示了水下成像面临的挑战,激发了后续更为先进的水下成像技术的研究与发展。

图 1.2　潜水员在水下拍摄影像

尽管这一时期的水下成像技术还非常初级,但它标志着人类开始尝试并逐步克服海洋深处的视觉记录障碍。这段探索的历史不仅体现了技术的限制,更重要的是体现了人类对于探索未知世界,尤其是神秘深海的不懈追求和勇气。

(2)技术引进与试验阶段(1980—1990 年)

进入 1980 年,电子学和材料学的飞速发展为水下成像技术的进步提供了强大的技术支持。特别是,首批专门为水下环境设计的摄像头和传感器的出现,显著提高了水下成像的质量和效率,开启了水下机器视觉技术的新纪元。

该时期的标志性进展之一是 ROV 和 AUV 的广泛应用。与早期依赖潜水员操作的手持摄像设备相比,ROV 和 AUV 可以在更深的水域中自主操作,进行长时间的水下探索和成像,这大大提高了人类探索海洋的能力。这些水下机器人装备了先进的水下摄像头和传感器,能够在极端的水下环境中稳定工作,捕捉到前所未有的高质量水下图像和数据。图 1.3 展示了潜龙一号 AUV 和海马 ROV。

此外,这一时期还见证了水下成像技术从模拟向数字的转变。数字成像技术的引入,使得水下图像的捕获、存储、传输和处理变得更加高效与灵活。数字技术的应用不仅提高了图像的清晰度和分辨率,也为水下图像的后期处理和分析提供了更多的可能性,如数字图像处理和计算机视觉技术的应用,进一步提升了水下成像的质量和应用价值。

该时期的技术创新和应用实践,不仅极大地推动了水下机器视觉技术的发展,也为海洋科学研究、水下工程和资源开发等多个领域提供了重要的技术支持。通过广泛应用 ROV 和 AUV 等设备,人类对海洋的认识和利用达到了新的高度,同时也为水下机器视觉技术的发展奠定了坚实的基础。

(a) 潜龙一号 AUV   (b) 海马 ROV

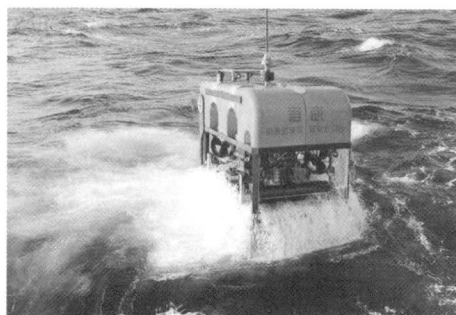

图 1.3　潜龙一号 AUV 和海马 ROV

（3）数字成像革命阶段（1990—2000 年）

这一时期水下成像领域迎来了一场划时代的变革——数字成像革命。数字成像技术的快速发展彻底改变了水下成像的面貌,为海洋探索与研究开辟了新的视野。与以往的模拟成像系统相比,数字摄像机的使用标志着水下成像质量的显著提升,尤其在复杂的水质条件下,其性能优势更为突出。

数字摄像机的应用,使得水下图像不仅清晰度大幅提升,而且在色彩还原、动态范围和对比度方面也实现了质的飞跃。这些进步直接提高了水下观察的精确度和可靠性,为水下生态研究、资源勘探及水下工程等领域提供了更为丰富和精确的数据支持。此外,数字成像技术的另一个重要优势在于其数据易于存储和处理,这为水下图像的后期分析、处理和长期保存提供了极大的便利。

与数字成像技术同步发展的还有水下光纤通信技术,其示意图如图 1.4 所示。水下光纤通信技术的进步极大地提高了数据传输的速度和稳定性,使得水下图像和数据能够实时传输至水面处理中心。该技术不仅加速了数据处理和分析的速度,也为实时监控和远程操作水下设备提供了强大支撑。实时数据传输的能力,为水下作业的安全性和效率提升提供了保障,同时也拓展了水下机器视觉系统的应用范围。

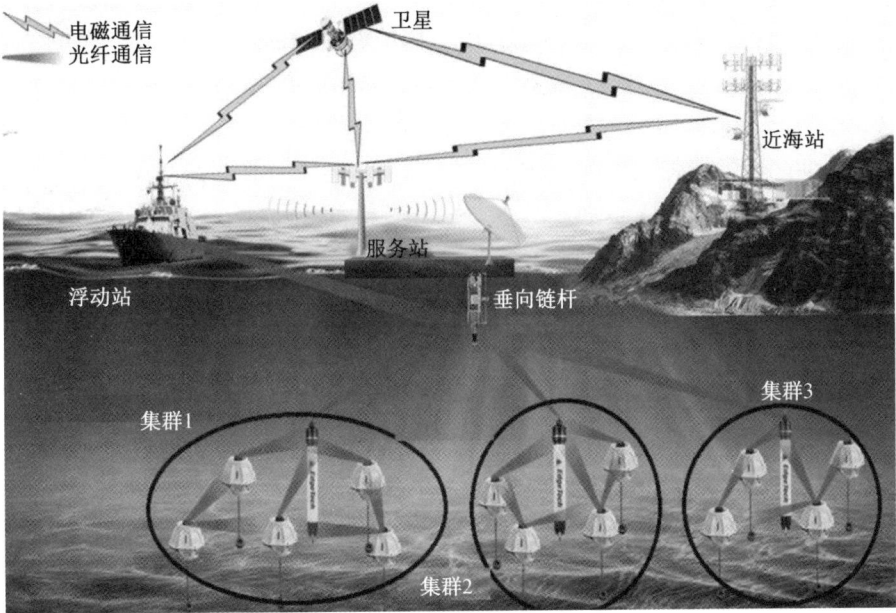

图 1.4　水下光纤通信技术示意图

数字成像革命期间,伴随着成像技术和通信技术的进步,水下成像系统的整体性能得到了极大提升,这为水下视觉领域带来了前所未有的发展机遇。水下成像不再局限于简单的图像捕捉,而是逐渐发展成为一个集成的、多功能的观测系统,能够在极具挑战的水下环境中进行高质量的视觉记录和数据分析。

(4)智能化与算法创新阶段(2000 年至今)

进入 21 世纪,随着计算能力的显著提升以及机器学习和深度学习算法的飞速发展,水下机器视觉系统的能力得到了极大的提升。这些技术的进步不仅使水下成像质量得到了进一步的提升,更重要的是,它们为水下图像的高级处理和分析提供了强大的支持。

在此时期,水下机器视觉技术的应用范围已经远远超越了简单的图像捕获。通过利用先进的机器学习和深度学习算法,现代水下机器视觉系统能够自动对水下图像进行处理和分析,实现目标的自动识别、分类以及三维建模。例如,通过对水下图像进行深度学习分析,水下机器视觉系统能够准确地识别出各种海洋生物和人造物体,并对它们进行分类。此外,深度学习算法还能够根据二维图像重建出物体的三维模型,为海底地形的详细勘测和研究提供新的方法。

自动跟踪功能的实现更是标志着水下机器视觉技术的一个重大突破。通过实时分析连续的水下视频流,水下机器视觉系统能够自动锁定并跟踪特定的目标,如潜艇、鱼群或其他海洋生物,这对于海洋生态研究和水下安全监控等领域具有重要意义。

该时期的智能化和算法创新,为水下机器视觉技术打开了新的应用领域,同时也提出了新的技术挑战。为了充分发挥深度学习算法的潜力,水下机器视觉系统需要收集和处理大量的水下图像数据,这对数据存储和处理能力提出了更高的要求。此外,算法的准确性和鲁棒性也是当前研究的重点。

尽管水下机器视觉技术已取得显著成就,但在水下极端环境中的应用依旧面临诸多挑战。例如,光线衰减和水体散射导致图像质量下降;水下动态环境使得图像稳定性成为问题;通信带宽限制影响了实时数据的传输;技术在高成本和设备复杂性方面也面临挑战;等等。未来的水下机器视觉技术发展趋势将集中于提高图像质量、增强算法智能化、提升系统稳定性和降低成本,进而有望做到从水下光学系统设计、水下光学系统成像到水下图像处理和分析全过程优化。

1.2.2　水下机器视觉系统的组成

水下机器视觉系统是一个综合性的技术体系,涵盖了多种设备和技术的集成应用。各个组成部分相互协作,共同完成了复杂的水下视觉任务。水下机器视觉系统的主要组成部分如下。

(1)图像采集设备

图像采集设备是水下机器视觉系统的“眼睛”,主要由水下摄像头、水下照明系统和传感器组成。

①水下摄像头。水下摄像头作为水下机器视觉系统中的关键元件,是专门设计用来适应深海环境下的极端条件的。这些摄像头通常具有高压防水性能,能够承受深海的巨大压力,确保在数百甚至数千米的水下正常工作。它们拥有高分辨率的成像能力,能够捕获水下世界的细腻画面,以及对低光环境的高度敏感性,使其在光照极其有限的深海环境中仍然能够捕捉到清晰的图像。此外,这些摄像头还经过特殊设计,以减少水下散射和吸收效应的影响,提高成像质量。图1.5为3CCD摄像机的摄像头。

②水下照明系统。在水下环境中,自然光线的快速衰减使得有效照明成为获取高质量图像的关键。水下照明系统,包括LED灯和激光照明等,是为了补偿自然光不足而设计的。LED灯因其高效率、耐用性和较长的使用寿命,成为水下照明

的常见选择,它们能提供广泛而均匀的光线,适用于大范围的水下成像需求。激光照明则因其高度集中的光束特性,在特定应用中(如水下三维扫描和精细结构观察等领域)展现出独特的优势。激光能够穿透较远距离的水体,提供精确的照明,使得深水成像和探测成为可能。图 1.6 为常用的水下照明设备。

图 1.5　3CCD 摄像机的摄像头

(a)HMI 灯　　　　　　(b)HID 弧光灯　　　　　　(c) 石英卤素灯

图 1.6　常用的水下照明设备

③传感器。为了精确地捕捉和理解水下环境,一系列的传感器被应用到水下机器视觉系统中。传感器包括但不限于声呐传感器、温度传感器、压力传感器以及水质传感器,它们为水下成像提供了重要的信息。声呐传感器能够通过发射声波并接收其回波来探测水下物体的位置、形状以及其他特性。温度传感器和压力传感器则提供了水下环境的基本物理参数,对于监测深海环境变化和设备的安全运行至关重要。水质传感器,如浊度传感器和化学成分分析仪,能够评估水下视觉系统所处的光学环境,指导调整成像策略,以适应不同的水下环境。这些传感器的数据不仅辅助图像采集,而且对于海洋科学研究和环境监测具有重要价值。

(2)数据传输设备

在水下机器视觉系统中,数据传输设备扮演着至关重要的角色,其能够确保从水下采集的图像和传感器数据被可靠、高效地传输回处理中心。这一过程主要涉及以下两种传输方式。

①有线传输。有线传输主要利用光缆或电缆来实现数据的传输,这种方式的显著优点是能够提供稳定且高速的数据传输能力。光缆特别适用于长距离的数据传输,因为它们几乎不受水下环境变化的影响,且传输速度快,延迟时间短。电缆则因其稳定性和经济性,在一些应用场景中被优先选择。

②无线传输。在近距离或浅水区域,无线传输成为一种灵活的选择。通过声波或无线电波传输数据,无线系统能够在不受物理连接限制的情况下实现数据的快速转换。声波通信在水下具有良好的传播性能,尤其适合于复杂的海洋环境。无线电波传输则在浅水或水面近距离操作中更具有优势。

(3)用户接口

用户接口在水下机器视觉系统中扮演着桥梁的角色,它连接着操作人员与复杂的技术系统,确保人机之间的有效沟通和互动。通过精心设计的用户接口,操作人员能够直观地控制和监视水下作业的每一个细节,这不仅提升了操作的便捷性,还大大增强了任务执行的准确性和安全性。

①控制系统。控制系统是用户接口的重要组成部分,它为操作人员提供了一个直接操作水下机器人和调整摄像头等设备设置的平台。借助该系统,操作人员可以发送一系列精确的指令,如调整水下机器人的航向、速度、深度,或是改变摄像头的角度和焦距。指令经过系统的处理后,将被快速、准确地传送给相应的水下设备,确保了作业的灵活性和响应速度。在一些高级的系统中,控制系统还可能集成了预设任务流程的功能,允许操作人员通过简单的配置使水下机器人自动执行复杂的水下任务。

②监控界面。监控界面为操作人员提供了一个实时观察水下环境和设备状态的窗口。通过实时视频流,操作人员能够直观地看到水下机器人的工作场景和目标物体的详细情况,这对于执行精确的水下作业至关重要。除了视频信息外,监控界面还展示了从各种传感器收集到的数据读数,如水深、温度、水下机器人的位置和姿态等,这些信息对于评估任务环境、监测设备性能和确保作业安全都具有重要价值。在更为高级的系统中,监控界面还可能包括图像处理与分析的结果,如目标识别、路径规划等,为操作人员提供更为丰富的信息支持。图1.7为载人潜水器水面监控系统人机界面。

(4)支持与辅助系统

支持与辅助系统确保了水下机器视觉系统的正常运作和稳定性,它主要由电源系统、浮力与定位系统、机械臂和操纵装置组成。

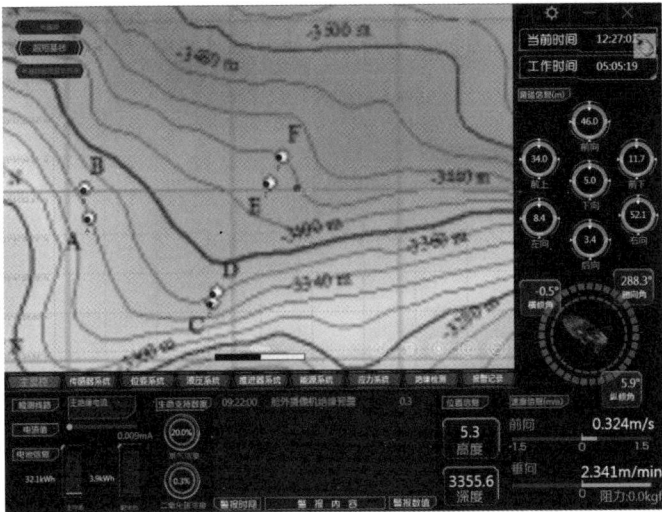

图 1.7　载人潜水器水面监控系统人机界面

①电源系统。电源系统是水下机器视觉系统的生命线,为摄像头和其他关键设备提供持续稳定的电源支持。鉴于水下环境的特殊性,电源系统需要具备高可靠性和足够的功率输出,以应对长时间的水下作业需求。在一些高端应用中,电源系统可能采用高容量的电池组或通过有线连接到水面的电源,来确保设备能够在极端条件下稳定工作。此外,电源管理系统也至关重要,它通过智能调配电源,优化能源消耗,延长设备的作业时间。

②浮力与定位系统。浮力与定位系统帮助水下设备调整和保持稳定的位置及姿态,是获取最佳图像质量的关键。通过精确控制浮力系统,水下设备能够在海洋中自由上浮或下沉,以适应不同深度的作业需求。定位系统,通常结合全球定位系统(GPS)(水上)和声呐定位技术(水下),确保了设备能够精准导航至指定位置,并在作业过程中保持准确的定位,这对于进行精细的水下勘察和长时间的监测任务尤为重要。

③机械臂和操纵装置。机械臂和操纵装置是水下机器视觉系统的"手臂",它们扩展了系统的功能,使其不仅能够进行成像,还能够直接与水下环境互动和作业。机械臂可用于执行复杂的操作,如调整设备方向、搬移障碍物或在特定位置放置传感器。操纵装置则用于采集水下样本,包括海底沉积物、生物样本或水样,这对于科研工作尤为重要。此类装置通常设计得既强大又灵活,能够在恶劣的水下环境中准确执行任务。图 1.8 为"阿尔文"号机械手和"蛟龙"号机械手。

(a)"阿尔文"号机械手　　　　　　　　　(b)"蛟龙"号机械手

图1.8　"阿尔文"号机械手和"蛟龙"号机械手

1.3　水下光学成像理论

1.3.1　水体光学特性

与陆地光学成像环境截然不同,光在水下传播时会受到显著的衰减和散射影响,这些现象主要源于光与水分子及水中悬浮颗粒之间的相互作用。衰减现象主要是由于水分子和微粒对光的吸收,导致部分光在传播过程中被转化为其他形式的能量而消失;而散射现象则是由于光在传播过程中受到介质折射率变化或与尺寸和光波长相近的微粒相互作用,导致光的传播路径发生偏转。

（1）水下光的衰减特性

水下光的传播与空气中的传播有显著不同,主要是因为水体对光线有一定的吸收和散射作用。由于光线的颜色不同,它们对应的波长也不同,而水体对不同波长的光的衰减具有选择性吸收的特性。

随着光波长的增加,水体对其吸收能力不断增强。例如,红光和紫外光的波长较长,水对这些波长的光吸收较强,使得红光在水中的传播距离非常有限;相反,蓝绿色光的波长较短,水对其吸收较弱,因此蓝绿色光能在水中传播更远。水对光的选择性吸收的特性导致了水下环境中光线分布不均匀,直接影响了水下成像的效果。

　　水下图像通常会呈现出蓝绿色调,而红色和黄色的细节则会被显著削弱甚至完全消失。此外,随着光传播距离的增加,光强度逐渐减弱,导致图像亮度降低,对比度下降,使得水下图像质量较差。此外,水中的悬浮颗粒和杂质还会引起光的散射,进一步降低图像的清晰度和分辨率。颗粒物不仅会散射入射光,还会使得光线在传播过程中发生多次反射和折射,造成图像的模糊和细节丢失。在浑浊水体中,散射效应特别明显,导致能见度显著降低,使得水下成像更加困难。

　　如图 1.9 所示,光线在水下传播时,不同波长的光线表现出显著的吸收差异。波长最长的红光在水中传播时最先被吸收,而波长最短的蓝光则在较深的水域中才会被吸收。红光在水下约 5 m 处就已被完全吸收,导致在潜水或水下拍摄时,红色会迅速消失,使得红色物体在浅水区域之外无法被清晰捕捉。橙光和黄光的吸收深度稍大一些,分别在水下约 10 m 和 20 m 处被吸收。此类光线虽然能传播得稍远一些,但在深水中仍然无法提供有效的亮度或成像效果。

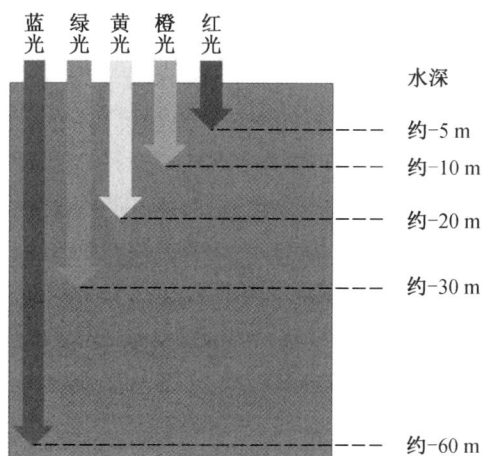

图 1.9　光线中不同通道在水下不同深度衰减示意图

　　绿光的吸收深度更深,在水下约 30 m 处才能被完全吸收,这也使绿光在中等深度的水域中仍然能够起到一定作用。然而,随着深度的增加,绿光的强度也会逐渐减弱,最终在更深的水域中消失。蓝光由于波长较短,具有较强的穿透能力,可以传播到水下约 60 m 处,使得在较深的水域中,蓝光仍能提供一定的亮度和成像效果。因此,在深水环境中,蓝光占主导地位,能够有效地渗透并照亮周围环境。

　　正因为这种光的吸收特性,水下成像通常会呈现出偏蓝、偏绿或偏蓝绿色的色彩。此类现象不仅影响到水下摄影和视频的色彩表现,也对水下探测和视觉技术提出了特殊要求。为了改善水下图像的质量,通常需要进行后期处理,如色彩校正和增强,以恢复或提高图像的真实感和可辨识度。水中对光发生吸收作用的粒子主要包括纯自然水、黄色物质、浮游植物和非色素颗粒等,因此水中的吸收系数可以表示为各粒子成分的吸收系数之和,即

$$a(\lambda) = a_w(\lambda) + a_y(\lambda) + a_p(\lambda) + a_n(\lambda) \tag{1.1}$$

其中,$a_w(\lambda)$ 是纯自然水的吸收系数;$a_y(\lambda)$ 是黄色物质的吸收系数;$a_p(\lambda)$ 是浮游植物的吸收系数;$a_n(\lambda)$ 是非色素颗粒的吸收系数。Smith 等于 1981 年测量了纯自然水中 $200 \sim 800$ nm 波段光谱的吸收系数,假设盐等溶解物质的吸收作用可以忽略,只有水分子和盐离子产生弹性的散射,得到光谱的吸收系数如图 1.10 所示。

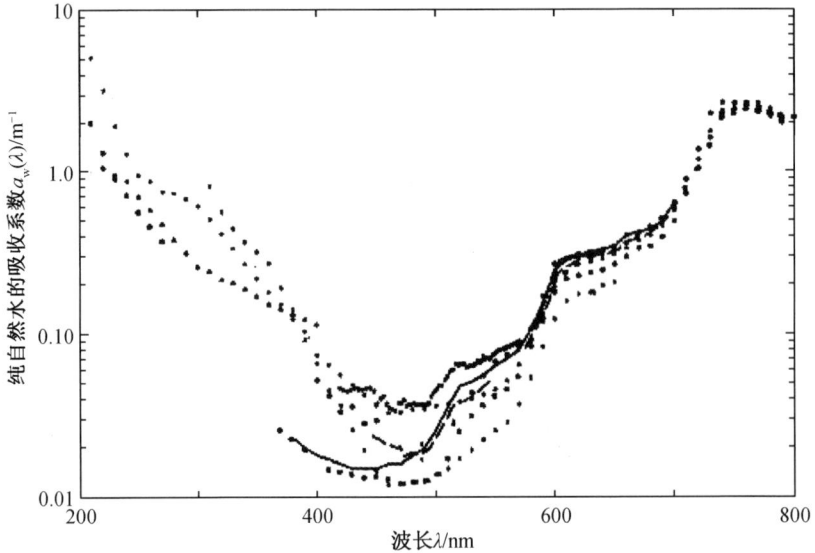

图 1.10　纯自然水的吸收系数

黄色物质对蓝色波段的光有强烈吸收作用,并且其吸收作用随波长增加而迅速减小,吸收系数可用 Bricaud 模型描述:

$$a_y(\lambda) = a_y(\lambda_0)\exp[-s_y(\lambda - \lambda_0)] \tag{1.2}$$

其中,λ_0 是参考波长,一般取 400 nm 或者 440 nm;$a_y(\lambda_0)$ 是在参考波长处黄色物质的吸收系数;s_y 是指数衰减因子,依据水体差异取值范围为 $0.01 \sim 0.02$。水中的浮游植物对可见光有强烈的吸收效应,Bricaud 等通过对可见光光谱中 $400 \sim 700$ nm

波段的吸收系数拟合分析,得到了浮游植物的吸收系数与叶绿素浓度 C 之间的经验关系:

$$a_{\mathrm{p}}(\lambda) = O(\lambda) C^{-P_{\mathrm{p}}(\lambda)} \tag{1.3}$$

其中, $O(\lambda)$ 和 $P_{\mathrm{p}}(\lambda)$ 是波长的经验函数。非色素颗粒主要包括水中悬浮的有机和无机大直径颗粒,其吸收系数变化规律与黄色物质类似,可以用指数函数形式描述其吸收系数:

$$a_{\mathrm{n}}(\lambda) = a_{\mathrm{n}}(\lambda_0) \exp[-s_{\mathrm{n}}(\lambda - \lambda_0)] \tag{1.4}$$

其中,指数衰减因子 s_{n} 依据水体差异取值范围是 $0.006 \sim 0.014$。

(2)水下光的散射特性

除了水下光波被吸收导致的水下图像色偏问题外,水体对光线的散射导致的模糊失真问题也是水下图像质量低下的重要原因。相机在水下进行图像拍摄时,到达相机的光线可以表示为直接散射分量、前向散射分量和后向散射分量三个分量的线性组成。

直接散射分量是指目标物体本身反射到相机中的光线。这些光线未经任何散射或折射,直接从目标物体传达到相机传感器,因此能够较为准确地反映目标物体的真实颜色和细节。相比之下,前向散射分量是指目标物体的反射光线在水中传播时,由于水体的原因出现小角度偏差现象形成的光线。前向散射分量随着距离的增加会变得更加明显,导致最终成像图片的细节逐渐模糊。这是因为光线在传播过程中被水分子或悬浮颗粒多次散射,使得光线路径偏离原始方向,从而影响图像的清晰度。

后向散射分量是指光线在水中传播时遇到悬浮物体反射到相机中的光线。这些反射光线通常来自相机到目标物体之间的悬浮物体,而不是目标物体本身。后向散射会造成水下图像出现雾状模糊,严重影响图像的质量。悬浮颗粒反射的光线不仅会覆盖目标物体的细节,还会导致图像对比度显著下降,使得图像难以辨认和分析。与前向散射分量不同,后向散射分量主要影响的是图像的整体清晰度和对比度。水中的散射系数可以表示为

$$b(\lambda) = b_{\mathrm{w}}(\lambda) + b_{\mathrm{p}}(\lambda) \tag{1.5}$$

其中, $b_{\mathrm{w}}(\lambda)$ 是纯自然水的散射系数; $b_{\mathrm{p}}(\lambda)$ 是悬浮粒子的散射系数。

1.3.2　水下成像模型构建

图 1.11 展示了水下成像过程。1980 年,学者 Mcglamery 提出了一个计算模型,用于描述水下摄像系统的性能。该模型为

$$I_\mathrm{T} = I_\mathrm{d} + I_\mathrm{f} + I_\mathrm{b} \tag{1.6}$$

其中,I_T 表示摄像系统所接收的光线总能量;I_d 表示直接散射分量,它是目标物体直接反射的光线;I_f 表示前向散射分量,它是目标物体反射时发生的微小角度折射的光线;I_b 表示后向散射分量,它是被水中的悬浮颗粒散射后的光线。

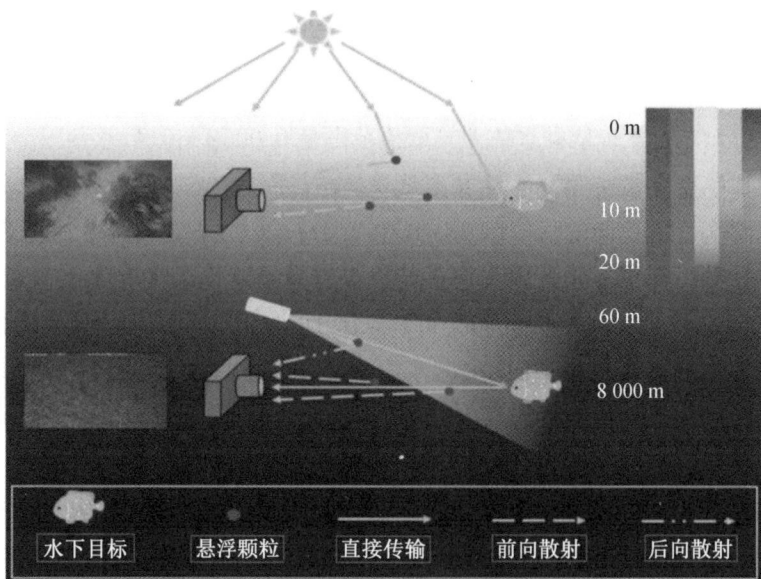

图 1.11　水下成像过程

假设上述各个分量在从物体传播到摄像设备的过程中光能量呈指数级衰减,那么这三个分量可以细化为

$$I_\mathrm{d}(x,\alpha) = I_0(x,\alpha)\,\mathrm{e}^{-c(\alpha)d(x)} \tag{1.7}$$

$$I_\mathrm{f}(x,\alpha) = I_0(x,\alpha)\,\mathrm{e}^{-c(\alpha)d(x)}g(x,\alpha) \tag{1.8}$$

$$I_\mathrm{b}(x,\alpha) = B(\alpha)\left[1 - \mathrm{e}^{-c(\alpha)d(x)}\right] \tag{1.9}$$

其中,x 表示图像的像素点;$\alpha \in \{R,G,B\}$ 表示图像的三个颜色通道;$I_0(x,\alpha)$ 表示物体所在位置的光的能量(光的强度);$c(\alpha)$ 表示光线被水体综合吸收、散射的衰减系数;$d(x)$ 表示物体与摄像设备间的距离;$B(\alpha)$ 表示某个颜色通道的背景光;$g(x,\alpha)$ 表示点扩散函数。

将式(1.6)、式(1.7)及式(1.8)代入式(1.6)可得

$$I_\mathrm{T}(x,\alpha) = \left[I_0(x,\alpha) + I_0(x,\alpha)g(x,\alpha)\right]\mathrm{e}^{-c(\alpha)d(x)} + B(\alpha)\left[1 - \mathrm{e}^{-c(\alpha)d(x)}\right]$$

$$\tag{1.10}$$

其中, $\mathrm{e}^{-c(\alpha)d(x)}$ 所表示的光在均匀介质中传播的透射率可用 $t(x,\alpha)$ 替代, 即

$$t(x,\alpha) = \mathrm{e}^{-c(\alpha)d(x)} \tag{1.11}$$

将 $I_0(x,\alpha) + I_0(x,\alpha)g(x,\alpha)$ 用 $J(x,\alpha)$ 表示, 则式(1.10)可简化为

$$I_\mathrm{T}(x,\alpha) = J(x,\alpha)t(x,\alpha) + B(\alpha)[1-t(x,\alpha)] \tag{1.12}$$

现今的水下成像模型的基础大多以上述模型为基础。将式(1.12)稍加变换, 得到

$$J(x,\alpha) = \frac{I_\mathrm{T}(x,\alpha) - B(\alpha)[1 - t(x,\alpha)]}{t(x,\alpha)} \tag{1.13}$$

式(1.13)为通用的求解预期图片的表达式, 其中包含传输率 $t(x,\alpha)$ 和背景光 $B(\alpha)$ 两个未知参数。

Akkaynak 等提出了简化的水下成像模型, 即

$$I = D + B \tag{1.14}$$

其中, I 为捕获到的原始图像; D 为直接散射分量; B 为后向散射分量。

式(1.14)展开后的表达式如下:

$$I_\alpha = J_\alpha \mathrm{e}^{-c_\alpha d} + B_\alpha^\infty (1 - \mathrm{e}^{-c_\alpha d}) \tag{1.15}$$

式中, c_α 表示光线被水体综合吸收、散射的衰减系数; d 表示物体与摄像设备间的距离; B_α^∞ 表示某个颜色通道的背景光; J_α 为简化系数。

Akkaynak 通过实验发现直接散射分量的衰减系数 (c_α^D) 并不等于后向散射分量的衰减系数 (c_α^B), 即 $c_\alpha^D \neq c_\alpha^B$, 而后提出了修正后的水下成像模型如下:

$$I_\alpha = J_\alpha \mathrm{e}^{-c_\alpha^D V_D d} + B_\alpha^\infty (1 - \mathrm{e}^{-c_\alpha^B V_B d}) \tag{1.16}$$

其中, V_D 和 V_B 表示衰减系数依赖的相关向量。

1.4　水下光学成像技术

一般而言, 水下成像技术可以分为水下声学成像技术和水学光学成像技术两大类。水下声学成像技术能够实现远距离成像, 但由于其分辨率较低, 容易受到外部环境噪声和其他干扰的影响, 导致成像质量较差, 应用范围较为有限。相比之下, 水下光学成像技术可以获得清晰、直观的高分辨率图像, 其成像速度快, 操作简便, 因此在水下探测和研究中得到了广泛应用。本书中的水下成像技术特指水下光学成像技术。

根据技术途径的不同,水下成像技术可分为图像处理和图像重建两种方法。图像处理是指对摄像设备获取的原始图像进行数字处理,以提升图像质量。这类方法包括空间域处理、变换域处理和颜色恒常性处理等数字图像增强技术,以及多通道融合和基于先验知识的图像复原技术。图像处理方法通过优化图像的对比度、去噪和色彩校正等手段,提高了水下图像的可用性。图像重建则是利用光波的强度、光谱和偏振等多维度信息,结合光波在水下传播过程中的物理模型,实现对水下目标的三维重建和成像。图像重建技术包括水下偏振成像技术、水下激光成像技术、水下全息成像技术和水下鬼成像(ghost imaging)技术等(图 1.12)。这些技术通过获取更丰富的光学信息,提供了更详细和准确的水下环境数据。

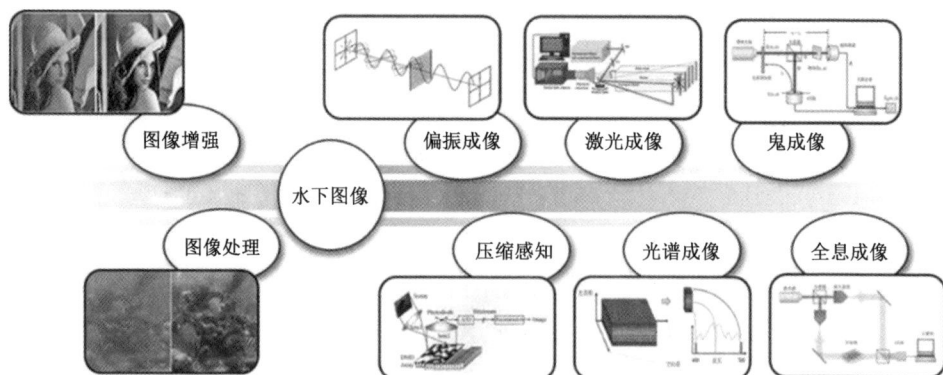

图 1.12　成像重建技术

1.4.1　水下偏振成像技术

光波在与物质相互作用过程中,其偏振特性会因物质特性的不同而发生变化。人们利用这种偏振信息的变化,可以获得物质的形状、材料和纹理等信息。偏振成像技术通过深入挖掘散射光场中的偏振信息,分析图像中目标与背景的偏振特性变化趋势,估算目标信息光和背景散射光的偏振特性之间的关系与差异,反演目标信息光和背景散射光的光强变化,从而去除背景散射光,实现更为清晰的成像。基于目标的偏振特性,人们可以快速实现对伪装目标的探测和识别。

水下偏振成像技术主要包括水下偏振差分成像技术、被动水下偏振成像技术和主动水下偏振成像技术。此外,基于深度学习的偏振成像技术近年来发展迅速,显示出巨大的潜力。传统的水下偏振差分成像技术利用背景散射光与目标反射光的偏振特性差异来抑制背景散射光。在水下偏振差分成像中,认为浑浊水体具有去偏振效应,背景散射光可视为非偏振光,而携带目标信息的目标信号光可视为偏振光。通过在成像设备前加一偏振镜并进行旋转可获得偏振方向相互正交的目标强度分布 $I_{/\!/}$ 与 $I_\perp$ 的关系为

$$\begin{cases} I_{/\!/} = B_{/\!/} + T_{/\!/} \\ I_\perp = B_\perp + T_\perp \end{cases} \tag{1.17}$$

其中,$B_{/\!/}$ 和 $T_{/\!/}$ 分别表示后向散射光 B 亮度最大的偏振图像与目标信号光 T 亮度最大的偏振图像,即包含最多目标信号光的图像;$B_\perp$ 和 $T_\perp$ 分别表示后向散射光 B 亮度最小的偏振图像与目标信号光 T 亮度最小的偏振图像。而后根据背景散射光与目标信号光的偏振特性可得

$$\begin{cases} T_{/\!/} = T, T_\perp = 0 \\ B_{/\!/} = \dfrac{1}{2}B, B_\perp = \dfrac{1}{2}B \end{cases} \tag{1.18}$$

由式(1.18)得到目标恢复图像 I_{pd} :

$$I_{\mathrm{pd}} = I_{/\!/} - I_\perp = B_{/\!/} - B_\perp + (T_{/\!/} - T_\perp) = T \tag{1.19}$$

在实际应用中,背景散射光和目标信号光通常并不是理想的非偏振光与完全偏振光,而是具有不同偏振度的部分偏振光。因此,传统的水下偏振差分成像技术无法完全消除背景散射光的偏振成分。此外,传统的水下偏振差分成像技术依赖于机械式检偏器,这种方法无法实现实时成像。对此,管风等设计了一套基于Stokes 矢量的计算偏振差分成像系统,如图 1.13(a)所示,利用 Stokes 矢量 $S = (I, Q, U, V)$ 对光偏振态进行了完整描述,计算偏振差分成像方法表示为

$$I_{\mathrm{Stokes-pd}} = Q - \gamma U \tag{1.20}$$

其中,γ 为权重系数;Q 为 0°~90°偏振方向光的强度差值;U 为 45°~135°偏振方向光的强度差值。当 $\gamma = 1/\tan 2\alpha$ 时,背景可通过共模抑制作用完全消除,成像结果如图 1.13(b)所示。

水下偏振成像技术通过减少水下散射光和表面反射光,有效提高了图像的对比度和物体识别能力,从而在清晰度上具有显著优势。然而,这种技术需要特定的偏振滤波器和专门的成像设备,这增加了系统的复杂性和成本。此外,水下环境的变化,如水质和光照条件的变化,可能会影响偏振成像的效果。尽管在极度浑浊的水中偏振成像可能不如其他技术有效,但在特定应用场景中,偏振成像仍然展现出较大的潜力和优势。在实际应用中,人们需综合考虑其技术局限性、环境适应性以及成本因素。

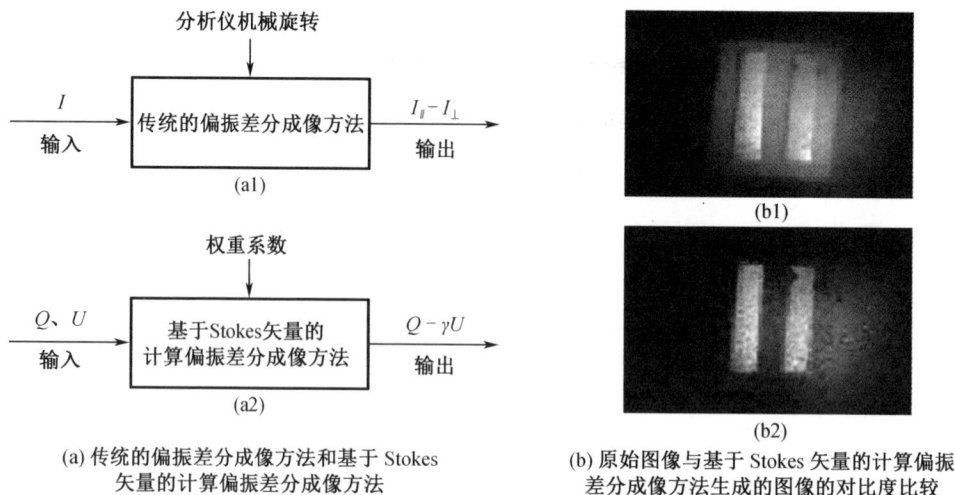

分析仪机械旋转

| I 输入 | → | 传统的偏振差分成像方法 | → | $I_{\parallel} - I_{\perp}$ 输出 |

(a1)

权重系数

| Q、U 输入 | → | 基于Stokes矢量的 计算偏振差分成像方法 | → | $Q - \gamma U$ 输出 |

(a2)

(a) 传统的偏振差分成像方法和基于 Stokes 矢量的计算偏振差分成像方法

(b1)

(b2)

(b) 原始图像与基于 Stokes 矢量的计算偏振差分成像方法生成的图像的对比度比较

图 1.13　水下偏振成像技术

1.4.2　水下激光成像技术

水下激光成像技术是一种高精度的水下观测方法,它利用激光光束在水下的反射原理来获取水下物体和地形的图像。该技术主要包含三个核心部件:激光发射器、光电探测器,以及图像处理软件。

激光发射器发出的是特定波长的激光脉冲,这些脉冲在遇到水下物体或地形时反射回来,被光电探测器捕获。此时,激光的传播和反射信息携带了水下环境的细节信息,如物体的形状、大小和相对位置等。光电探测器接收的反射激光信号随后被传输到图像处理软件中,软件根据反射信号的强度和时间延迟等信息,计算出物体的距离和位置,从而生成精确的水下图像或三维地形图。

水下激光成像技术与传统的水下成像技术相比,最大的优势在于其能够提供更高分辨率的图像。激光光束非常窄且聚焦,成像时可以细致地分辨水下物体的轮廓和特征,这对于需要高精度测量和观测的应用场景尤为重要。例如,在海底地形测绘、水下考古发掘以及海洋生态研究中,水下激光成像技术可以提供比声呐等传统方法更为清晰和详细的视图。此外,水下激光成像技术还可以在特定的光谱范围内工作,这意味着可以通过选择合适的激光波长来优化成像效果,以适应不同的水质条件和观测需求。比如,蓝绿色波段的激光在清澈水域中具有较好的穿透能力,因此常被用于此类环境的水下成像。

目前,水下激光成像系统按照工作原理主要分为同步扫描式成像、选通式成像、条纹管三维成像和全息成像四类,其中选通式水下激光成像系统的技术最为成熟,已经在加拿大、美国等国家承担起港口搜索、海底调查等任务。选通式水下激光成像系统主要利用脉冲激光器发射激光脉冲,其工作系统如图 1.14 所示。

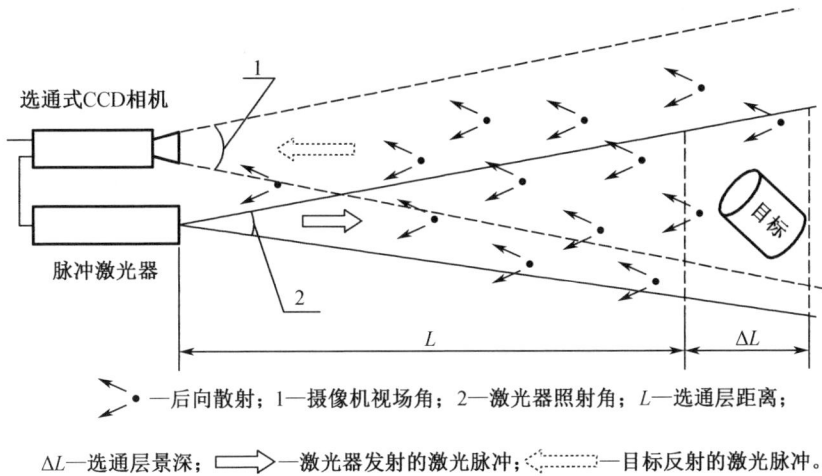

●—后向散射;1—摄像机视场角;2—激光器照射角;L—选通层距离;

ΔL—选通层景深;⟹—激光器发射的激光脉冲;⟸—目标反射的激光脉冲。

图 1.14　选通式水下激光成像系统示意图

激光脉冲在近似锥形区域内均匀扩散,在传输过程中被目标场景反射回来,同步控制单元设定选通式 CCD 相机的选通门开启和关闭的时刻以屏蔽大部分后向散射,当包含目标场景信息的激光脉冲到达时,选通门将短暂开启使激光脉冲进入 CCD 增强感光器件形成水下激光图像,这种机制保证了系统在获得较远的探测距离的同时能够有效抑制噪声的产生。通过控制选通门开启与关闭的时刻,激光脉冲能够使系统获取特定距离范围(选通层)内水下目标的激光图像,而其他位置处的目标在水下激光图像中是不可见的。

水下激光成像技术具有高分辨率和长距离传输的显著优点,能够提供细节丰富、清晰的图像,这使其在水下环境监测和勘测中非常有效。激光光束集中,减少了水中颗粒物引起的散射干扰,能够在较长的距离内保持成像效果,同时快速扫描大面积区域,提高成像效率。然而,这种技术也存在一些缺点:激光成像系统复杂且昂贵,设备和维护成本高。此外,激光成像容易受到水体浑浊度、光吸收和散射特性的影响,导致成像效果不稳定。激光设备通常需要较高的能量支持,这在某些环境中可能成为限制因素。同时,使用激光设备需要注意安全防护,以避免对操作人员或海洋生物造成伤害。

1.4.3　水下全息成像技术

水下全息成像技术是一种先进的水下观测方法,它通过记录光波的幅度和相位信息来重建水下物体的三维图像。该技术利用全息原理,即利用激光照射对象并捕捉光波的干涉图案,通过这些图案再现物体的三维结构和外观。与传统的水下成像技术相比,全息成像能够提供更为丰富的空间信息,使得水下物体的观测不再局限于二维平面,而是可以以三维的形式呈现。

传统的光学全息成像通过调整光路,使物体的反射或透射光与参考光波发生干涉,在记录介质(如干板)上生成全息图。其后,用合适的光波照射全息图,使其产生衍射,形成与原物光波相同的再现像。数字全息技术与此类似,只是将记录介质替换为 CCD 或 CMOS 相机,记录光强分布的离散数据。再现过程由计算机完成,通过相应的算法对再现像进行重建,如菲涅耳变换法、卷积法等,如图 1.15 所示。

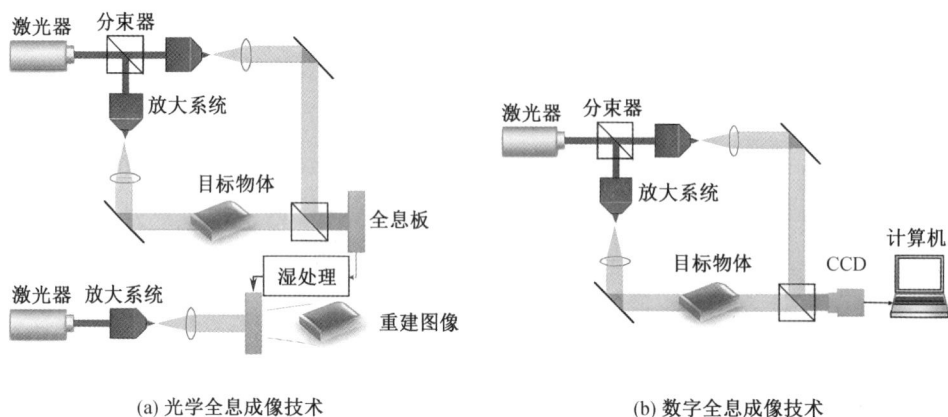

(a) 光学全息成像技术　　　　　　　　(b) 数字全息成像技术

图 1.15　全息成像技术

水下全息成像技术的一个显著优势是其对水质透明度的要求相对较低。由于全息技术记录的是光波的干涉图案,即使在浑浊的水体中,也能够有效地捕捉到水下物体的细节信息。该特性使得全息成像成为水下生态研究、水下设施检测以及水下考古等领域的有力工具。此外,水下全息成像技术还具有高度的灵活性。它可以实现对水下场景的不同尺度和深度的观测,从微观生物到大型海底结构都能够被精确成像。另外,水下全息成像技术还能够捕捉到水下动态过程,如流体流动、生物移动等,为科学研究提供了独特的视角。

水下全息成像技术具备高分辨率和三维成像能力,能够捕捉细节丰富的图像,并提供无接触测量,适用于动态监测和脆弱目标。此外,其宽视场有助于覆盖更大区域。然而,该技术系统复杂且昂贵,数据处理和存储需求高,并容易受到水下环境的影响。

1.4.4　水下鬼成像技术

近年来,鬼成像技术因其独特的成像方式和抗干扰能力,逐渐引起了研究人员的关注。

鬼成像技术是在量子光学领域发展起来的一种新型成像方法。其基本原理是利用光子之间的纠缠或关联效应,通过对光子散射信号的统计分析重建图像。鬼成像可以分为量子鬼成像和经典鬼成像两种。量子鬼成像利用纠缠光子对产生图像,其中一个光子通过物体,另一个光子直接到达探测器。经典鬼成像则利用光强关联,通过控制光源的发射模式和强度分布,实现对光场的随机调制,从而重建物体图像。

水下鬼成像技术的发展主要集中在光源选择、光场调制、探测器设计和图像重建算法等方面。在水下环境中,蓝绿光具有较强的穿透力,因此,许多水下鬼成像系统选择使用蓝绿光作为光源。同时,激光器的使用提高了光源的方向性和强度。高灵敏度和高分辨率的探测器,如光电倍增管、光电二极管阵列和单光子探测器,是水下鬼成像系统的核心组件。此外,图像重建算法,如压缩感知算法、最大似然估计算法和贝叶斯推断算法,能够从少量的光强测量数据中重建出高质量的图像。

图 1.16 展示了一个典型的水下鬼成像系统。该系统主要包括光源、光场调制器[SLM(spatial light modulator,空间光调制器)]、透镜系统、偏振器、物体和探测器。光源是鬼成像系统的起点,通常选择具有良好方向性和强度的激光器。图 1.16 中的光源经过光场调制器后,生成随机光场。光场调制器用于对光源进行随机调制,生成不同的光场模式。SLM 是一种常用的光场调制设备,可以灵活控制光的强度和相位。透镜系统用于聚焦和传输光束,而偏振器用于调整光的偏振状态。图 1.16 中显示了多个透镜和两个偏振器(P1 和 P2),它们共同作用,将调制后的光场聚焦到物体上。在水下环境中,光束通过物体,部分光子被物体散射或吸收。图 1.16 展示了不同盐度(0.5~11 g/L)条件下物体成像效果的变化。探测器位于系统的末端,通常由高灵敏度的单光子探测器或光电倍增管(PMT)组成。探测器用于接收经过物体后的光束,并记录光强信号。在不同盐度条件下,通过水下鬼成

像技术重建出物体的图像。从左到右,盐度从 0.5 g/L 增加到 11 g/L,可以看到,尽管盐度增加,鬼成像技术仍能有效地重建出物体的图像。这表明水下鬼成像技术在不同水下环境中具有良好的适应性和成像能力。

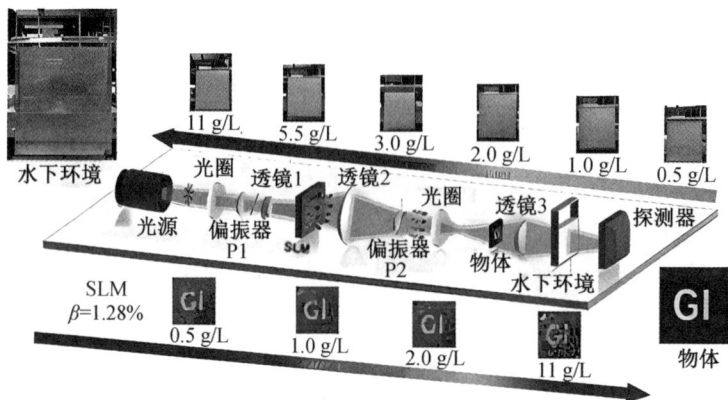

图 1.16 水下鬼成像系统示意图

水下鬼成像技术在海洋勘探、考古、军事和环境监测等领域具有广泛应用。例如,海洋地形勘探和海底资源探测可以利用其抗干扰能力,在浑浊水体中获取清晰图像。在水下考古中,水下鬼成像技术能在低光照环境下实现高分辨率成像,帮助考古学家发现和记录水下文物。在军事应用中,水下鬼成像技术可用于潜艇和水下机器人导航,提高水下目标的探测和识别能力。在环境监测方面,水下鬼成像技术可以检测水质和监测海洋生物的活动状态,获取详细的环境信息,支持环境保护和管理。尽管水下鬼成像技术具有许多优势,但在实际应用中仍面临一些挑战。例如,光源和探测器的选择需要根据不同深度与水质条件进行调整;提高成像速度,实现动态场景的实时成像;进一步提高抗干扰能力,增强成像效果;实现系统的集成化和小型化,以便于携带和操作。

1.5 本 章 小 结

本章介绍了水下机器视觉技术的发展历程和重要性,以及水下机器视觉技术的基础知识;在水下光学图像成像理论部分,详细讨论了水下光学特性和成像模型,解释了水下光学成像过程中的各种现象和影响因素;随后,介绍了几种常用的水下光学成像技术,包括水下偏振成像技术、水下激光成像技术和水下全息成像技术等,以及它们的应用场景和特点。

参 考 文 献

[1] 丁忠军.图说深海探测的科学[M].北京:化学工业出版社,2023.

[2] 王博.自主水下航行器的光视觉认知技术研究[D].哈尔滨:哈尔滨工程大学,2017.

[3] SMITH R C,BAKER K S. Optical properties of the clearest natural waters (200-800 nm)[J]. Applied Optics,1981,20(2):177-184.

[4] BRICAUD A,MOREL A,PRIEUR L. Absorption by dissolved organic matter of the sea (yellow substance) in the UV and visible domains1[J]. Limnology and Oceanography,1981,26(1),43-53.

[5] 谢俊,邸江磊,秦玉文.深度学习在水下成像技术中的应用(特邀)[J].光子学报,2022,51(11):9-56.

[6] LIU F,SUN S J,HAN P L,et al. Development of underwater polarization imaging technology[J]. Laser & Optoelectronics Progress,2021,58(6):9-26.

[7] 管风,韩宏伟,张晓晖.水下目标激光成像的可视化模型[J].中国激光,2020,47(5):506-513.

[8] 杨莫愁,吴仪,冯国英.水下鬼成像的研究进展[J].光学学报,2022,42(17):54-73.

第 2 章 水下图像增强

2.1 引　　言

在水下环境中获取清晰、高质量的光学图像一直是一项艰巨的挑战。水下光学图像容易受到水体的吸收、散射、波纹和光照不均等影响,导致图像质量下降,使得目标物体的边缘和细节难以清晰呈现。因此,提高退化的水下图像质量和可视化效果,对于支持水下目标检测等高级视觉任务至关重要。

本章旨在系统介绍水下光学图像增强的各种方法,涵盖从基于物理模型到基于深度学习的多种技术。首先,本章探讨了基于物理模型的水下光学图像增强方法,此类方法利用水下光学传播的物理规律来处理图像,解决了色偏和低对比度等问题;其次,本章介绍了基于非物理模型的水下图像增强方法,包括空间域方法和变换域方法,此类方法主要依靠图像处理和数字信号处理技术,通过对图像进行各种变换和滤波来增强图像质量;再次,本章深入探讨了基于深度学习的水下图像增强方法;最后,本章通过具体的应用案例展示了不同方法在深海光学退化图像增强领域的应用,且针对具体问题提出了实用的解决方案和技术指导。

2.2 基于物理模型的水下光学图像增强方法

基于物理模型的水下光学图像增强方法通常考虑了水下环境对光的吸收、散射和衰减等现象,通过理解水下光学成像过程中光线在水中传播时的物理特性,建立数学模型,并利用该模型对水下图像进行增强。此类方法主要分为散射模型方法、光传输模型方法。

散射模型方法是一种基于物理模型的水下光学图像增强方法,其核心思想是通过建立光线与水下介质之间的相互作用模型,对光的散射效应进行建模和抑制,从而改善水下图像的质量。在水下环境中,光线与水中的颗粒、浮游生物、溶解有机物等相互作用时会发生散射,导致图像出现模糊、雾化和低对比度等问题。

单次散射模型方法假设光线在水中只发生一次散射,忽略了多次散射效应。根据单次散射模型,光线经过水下介质传播后的强度衰减可以用朗伯-比尔(Lambert-Beer)定律表示。Lambert-Beer 定律的数学表达式为

$$I(z) = I_0 e^{-\beta z} \tag{2.1}$$

其中,$I(z)$ 是深度为 z 处的光强度;I_0 是入射光强度;β 是水体的吸收系数。式(2.1)描述了光线在水中传播时的能量衰减过程,通过调整吸收系数可以控制图像的对比度和清晰度。

然而,单次散射模型忽略了光线可能发生多次散射的情况。为了更准确地模拟光在水下的传播过程,需要考虑多次散射效应。多次散射模型方法通常采用复杂的光传输模型[库贝尔卡-蒙克(Kubelka-Munk)理论是一种基于光的多次散射和反射的模型],可以更准确地描述光在水中的传播和吸收过程。Kubelka-Munk理论的基本方程如下:

$$R(\lambda) = \frac{[1 - R_0(\lambda)]^2}{2R_0(\lambda)[1 + F(\lambda)]} \tag{2.2}$$

$$K(\lambda) = \frac{[1 - R_0(\lambda)]^2}{2R_0(\lambda)[1 - F(\lambda)]} \tag{2.3}$$

其中,$R(\lambda)$ 和 $K(\lambda)$ 分别是水体的反射率与吸收率;$R_0(\lambda)$ 是水的反射率;$F(\lambda)$ 是水的散射系数。参数可以根据水下环境的光学特性和水质条件进行调整,从而实现对水下图像的增强和优化。

光传输模型方法是一种基于物理模型的水下光学图像增强方法,其核心思想是通过建立光线在水中传输的物理模型,模拟和分析光在水下环境中的传播与吸收过程,从而优化水下图像的质量。除了 Lambert-Beer 定律外,光传输模型方法还可以采用更复杂的光传输方程,如辐射转移方程等,从而更准确地描述光在水下环境中的多次散射、吸收和反射过程,为水下图像增强提供更精确的物理基础。

基于物理模型的水下光学图像增强方法能够充分利用水下光学成像过程中的物理信息,对图像进行精确修复和增强。然而,此类方法通常需要准确的环境参数和成像系统参数,并且计算复杂度较高,因此在实际应用中需要综合考虑计算效率和图像质量的平衡。

2.3 基于非物理模型的水下图像增强方法

2.3.1 空间域方法

(1)直方图均衡化算法

直方图均衡化(histogram equalization,HE)是一种经典的基于空间域进行的图像增强算法,处理后的图像整体对比度能够得到有效提高。水下降质图像往往存在模糊、对比度低的问题,这主要是因为各通道灰度级区域分布狭窄。直方图均衡化算法的优点在于原理较为简单,计算速度较快。直方图均衡化算法通过把原始图像的灰度直方图从比较集中的某个灰度区间变成在全部灰度范围内的均匀分布。其基本原理是:对在图像中像素个数多的灰度值(对画面起主要作用的灰度值)进行展宽,对像素个数少的灰度值(对画面不起主要作用的灰度值)进行归并,从而增大对比度,使图像清晰,达到增强的目的。下面介绍直方图均衡化,并假设一幅水下图像的总像素数为 N,像素值范围是 $[0,L-1]$。

首先将图像的直方图用一维离散函数表示为

$$h(r_k) = n_k, k = 0,1,2,\cdots,L-1 \tag{2.4}$$

其中,r_k 是第 k 级灰度值;n_k 是灰度值为 r_k 的像素数量;L 是灰度级数。

然后利用直方图均衡化基本原理对上面图像的直方图表达式进行处理,即使用不同的灰度级分量除以图像含有的总像素数 N 来实现灰度值的归一化,得到相应的灰度级 r_k 出现的概率 $p(r_k)$,则概率公式为

$$p(r_k) = \frac{n_k}{N}, k = 0,1,2,\cdots,L-1 \tag{2.5}$$

由上面的描述可知,其概率公式应该满足所有的概率之和为 1。

接下来对其进行灰度直方图均衡化处理:由于低对比度的图像灰度级分布不均,因此其直方图的分量会集中在较窄的灰度级范围内。而直方图均衡化的核心就是改变图像的灰度级分布,利用灰度拉伸,能够使灰度在各个灰度级分布得更加均匀,增大灰度变化范围,进而增强图像对比度。用 r 表示待处理图像的灰度级,s 表示直方图均衡化后输出的灰度级,利用变换 T 得到

$$s = T(r), 0 \leqslant r \leqslant L-1 \tag{2.6}$$

其中,s 在取值范围之内单调递增,当 $r=0$ 时代表黑色,当 $r=L-1$ 时代表白色。

因为待处理图像的灰度级 r 和直方图均衡化后输出的灰度级 s 都是在 $[0, L-1]$ 内的随机变量,根据概率密度理论可以得到

$$p_s(s) = p_r(r) \left| \frac{\mathrm{d}r}{\mathrm{d}s} \right| \tag{2.7}$$

其中,$p_r(r)$ 表示待处理图像的灰度级 r 的概率密度函数;$p_s(s)$ 表示直方图均衡化后输出的灰度级 s 的概率密度函数。

对式(2.6)进行概率密度变换得到

$$s = T(r) = (L-1) \int_0^r p_r(\omega) \, \mathrm{d}\omega \tag{2.8}$$

联合式(2.8)可得

$$p_s(s) = p_r(r) \left| \frac{\mathrm{d}r}{\mathrm{d}s} \right| = p_r(r) \left| \frac{1}{(L-1)p_r(r)} \right| = \frac{1}{L-1}, \quad 0 \leqslant s \leqslant L-1 \tag{2.9}$$

由此可知,灰度级均衡化后输出的灰度级 s 的概率密度函数 $p_s(s)$ 始终是均匀分布的。因此,将式(2.8)离散化就可以得到直方图均衡化的过程,用数学公式表示为

$$s_k = T(r_k) = (L-1) \sum_{j=0}^k p_r(r_j) = \frac{L-1}{N} \sum_{j=0}^k n_j, \quad k = 0, 1, 2, \cdots, L-1 \tag{2.10}$$

直方图均衡化算法增强前后 RGB(红、绿、蓝)通道如图 2.1 所示。

传统的直方图均衡化算法对整幅图像进行全局处理,没有考虑到图像的局部特征和结构,这可能导致在某些情况下,图像的对比度被过度增强或欠增强,从而影响图像的视觉效果和质量。直方图均衡化算法在增强图像对比度的同时也容易放大图像中的噪声。直方图均衡化算法是基于像素值的变换,将噪声进行了拉伸,使得噪声在图像中更加明显。而传统的直方图均衡化算法对所有图像都采用相同的直方图均衡化方法,缺乏对不同图像的自适应性,这可能导致在处理具有不同亮度、对比度分布的图像时效果不理想。

(2)CLAHE 算法

CLAHE 算法相对于传统的直方图均衡化算法在增强图像对比度的同时更加平衡地保留了图像的细节信息,避免了过度增强和放大噪声的问题,具有更好的效果和适用性。在图像增强、医学图像处理等领域,CLAHE 算法已经得到广泛应用并取得了良好的效果。CLAHE 算法通过将图像分成小块并限制每个灰度级的像素数量,使每个小块内的灰度级分布更均匀,最终使用插值法得到局部对比度增强后的图像,其原理如图 2.2 所示。CLAHE 算法具体步骤如下。

(a) 原始图像 　　　　　　　　　　(b) 直方图均衡化算法增强后

(c) 原始图像的 RGB 通道 　　　　(d) 直方图均衡化算法增强后 RGB 通道

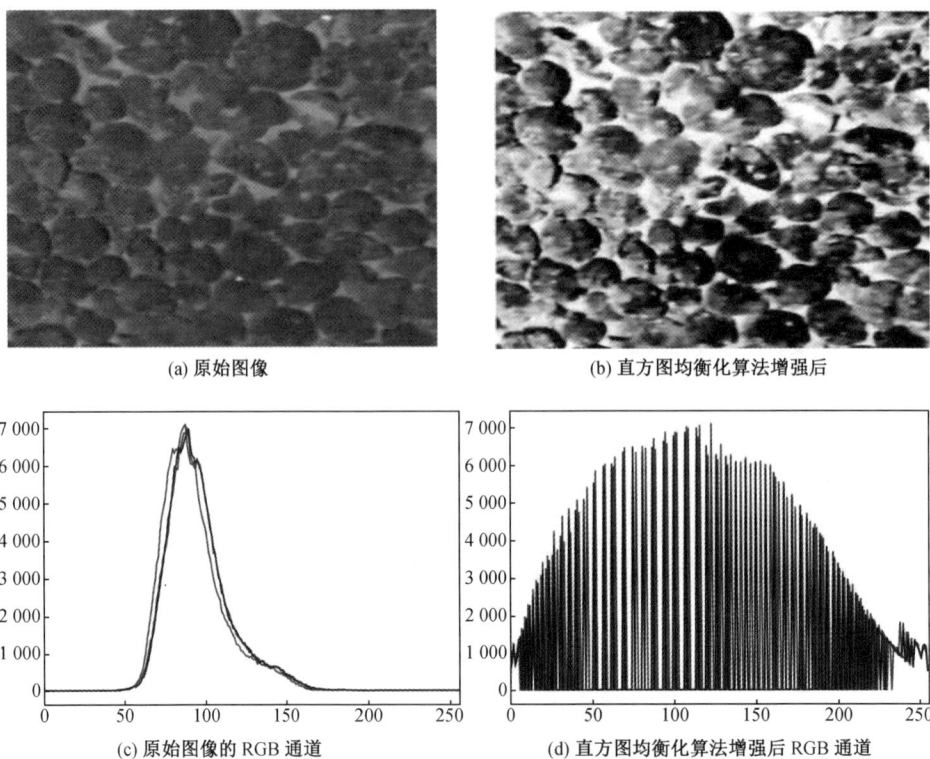

图 2.1　直方图均衡化算法增强前后 RGB 通道

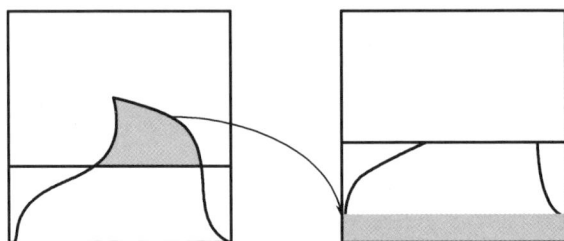

图 2.2　CLAHE 算法变换过程示意图

①将图片分为连续、不重合的 $m{\times}n$ 个子块。

②采用直方图均衡化方法分别处理子块,得到灰度直方图 $h(x)$。

③计算裁剪限定值 T,其表达式为

$$T = C_c \times \frac{N_x \times N_y}{M} \tag{2.11}$$

其中,N_x 和 N_y 分别是每个子块在 x 与 y 方向上的像素数量;M 是相应子块的灰度级数;C_c 是裁剪系数。

④根据 T 值将灰度直方图分成不同子块,并将切割下来的像素分配到各个灰度等级中,其表达式如下:

$$S = \sum_{x=0}^{M-1} \left\{ \max[h(x) - T] \right\} \tag{2.12}$$

$$A = \frac{S}{M} \tag{2.13}$$

其中,A 是每个灰度级平均分配的像素;S 是超出 T 的像素总数。重新分配后的直方图 $H(x)$ 的表达式为

$$H(x) = \begin{cases} T + A, & h(x) \geqslant T \\ h(x) + A, & h(x) < T \end{cases} \tag{2.14}$$

⑤分别提取每个子块的中心点处的灰度值作为锚点值,利用双线性插值法处理图像中其余的像素点以实现图像的重建,其原理如图 2.3 所示。

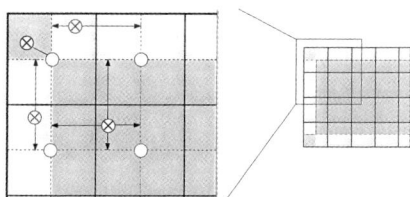

图 2.3 双线性插值法原理图

图 2.4 为对比度提升前后的图像,由图 2.4(a)可以看出,未经过 CLAHE 算法处理的图像整体偏暗,并且图像中的细节模糊不清;由图 2.4(b)可以看出,经过 CLAHE 算法处理的图像的亮度明显有了提升,图像中的细节明显增强,视觉效果比未经过 CLAHE 算法处理的图像也有显著提升。

(3)Retinex 算法

Retinex 理论是 E. H. Land 等在 20 世纪 60 年代根据人类视觉的亮度和颜色感知模型所提出的一种颜色恒常知觉的计算理论。这一理论是建立在三个前提之下的:一是日常生活中所看到的颜色不是物体本身所具有的颜色,实际上是光与物体之间相互作用的结果,如人们熟知的水是没有颜色的,但是水膜或者肥皂膜在阳光的照射下,会呈现五彩缤纷的颜色,这是由两薄膜的表面光相互干涉导致的;二是颜色中的红、绿、蓝三原色根据其波长范围划分了各自的颜色区域,不同的物体对

这些不同波长的光的反射能力也各有不同,这就造成了反射入人眼的光会形成不同的颜色;三是红、绿、蓝三原色决定了每个单位的颜色,生活中物体的颜色各异是由三原色光的组合构成不同所导致的。

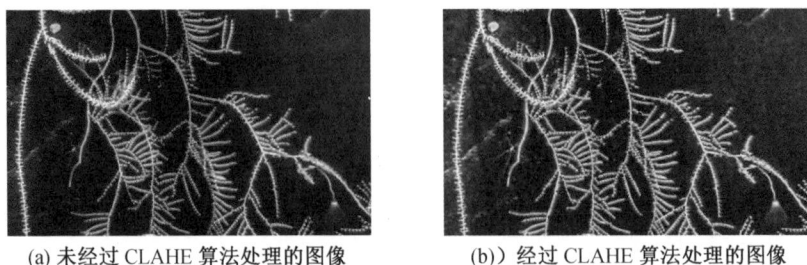

(a) 未经过 CLAHE 算法处理的图像   (b)) 经过 CLAHE 算法处理的图像

图 2.4   CLAHE 算法对比

这一理论结合人眼视觉的特点,充分诠释了颜色恒常性理论,即人眼不会因物体表面不同强度的光线而对其颜色产生不一样的感知。Retinex 理论指出,原始图像的外在特性是由物体自身的反射系数决定的,而入射光线的强度只对原始图像中像素的动态范围大小有影响。观察到的图像信息是由目标物体在经过入射光照射后反射部分光线构成的。Retinex 理论的思路就是通过去除入射光照的干扰,获得目标物体自身固有的反射属性。Retinex 理论模型如图 2.5 所示。

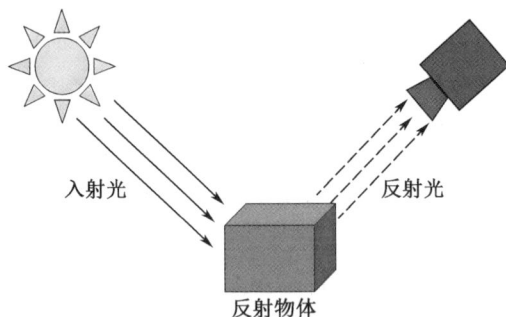

图 2.5   Retinex 理论模型

Retinex 理论认为,图像 $I(x,y)$ 是由照度图像与反射图像组成的。前者指的是物体的入射分量的信息,用 $L(x,y)$ 表示;后者指的是物体的反射分量的信息,用 $R(x,y)$ 表示。具体公式如下:

$$I(x,y) = L(x,y)R(x,y) \tag{2.15}$$

对式(2.15)进行对数变换后可以得到

$$\log[I(x,y)] = \log[L(x,y)R(x,y)] = \log[L(x,y)] + \log[R(x,y)]$$

$$(2.16)$$

对式(2.16)进行变换,即

$$i(x,y) = \log[I(x,y)], l(x,y) = \log[L(x,y)], r(x,y) = \log[R(x,y)]$$

$$(2.17)$$

则有

$$r(x,y) = i(x,y) - l(x,y) \qquad (2.18)$$

通过近似计算照射分量 $l(x,y)$ 后,再根据结果计算反射分量 $r(x,y)$,可以得到物体本身固有的反射系数,从而实现图像增强。Retinex 算法具体处理流程如图 2.6 所示。

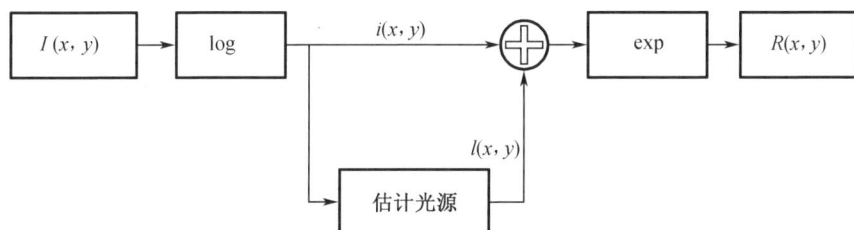

图 2.6　Retinex 算法具体处理流程

(4)ACE 算法

经典的 ACE 算法主要分为两步:第一步负责色彩空间调节,即色彩恒定性和对比度调谐;第二步配置输出范围以实现精确的色调映射,执行亮度恒定性,完成对调整后图像的动态扩展。具体为,第一阶段融合了灰色世界和白色补丁方法,执行一种横向抑制机制,按照像素距离加权,进行局部-全局过滤;第二阶段最大化图像动态,只在全局级别对白色进行归一化。ACE 算法具体流程如图 2.7 所示。

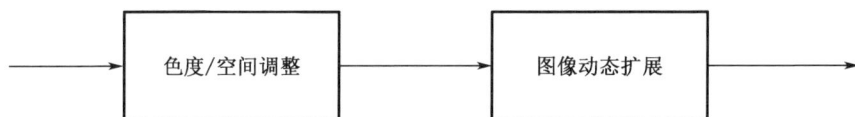

图 2.7　ACE 算法具体流程

ACE 算法的步骤如下:

第一步,对输入图像 I_c 进行色度和空间调整,计算得到调整后的图像 R_c,公式如下:

$$R_c(x) = \sum_{x \neq y} r\left[\frac{I_c(x) - I_c(y)}{d(x,y)}\right] \tag{2.19}$$

其中, $R_c(x)$ 为经过处理的像素点 x 的亮度; $I_c(x)$、$I_c(y)$ 分别为像素点 x 和 y 处的亮度值; $d(x,y)$ 为像素点 x 和 y 之间的欧式距离,用来衡量空间上的邻近性; $r[\cdot]$ 为亮度表示函数,用来增强较小的图像细节,并抑制边缘信息过强的部分。

$$d(m,n) = |x_m - x_n| + |y_m - y_n| \tag{2.20}$$

$$r(x) = \begin{cases} -1, & x < -T \\ x/T, & -T \leq x \leq T \\ 1, & x > T \end{cases} \tag{2.21}$$

其中, T 为饱和界限; x_m、y_m 为 m 点坐标; x_n、y_n 为 n 点坐标。

第二步,对调整后的图像进行动态拓展,对于彩色图像,需对 RGB 三通道单独处理,然后合并为一幅完整的图像(图 2.8):

$$O_c(x) = \text{round}\left[127.5 + s_c R_c(x)\right] \tag{2.22}$$

其中, O_c 为通道 c 的图像; s_c 为坐标 $(0, m_c)$ 到 $(255, M_c)$ 之间线段的斜率。

$$\begin{cases} m_c = \min\{R_c(x)\} \\ M_c = \max\{R_c(x)\} \end{cases} \tag{2.23}$$

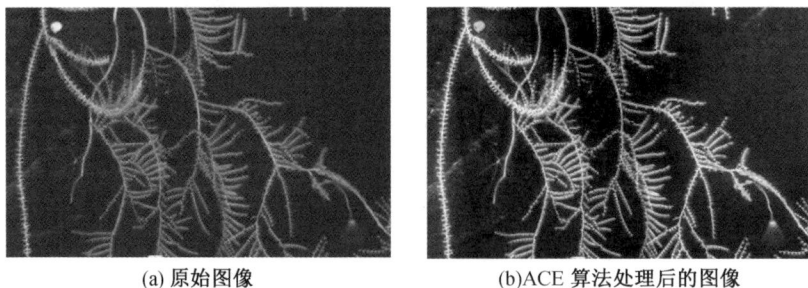

(a) 原始图像   (b)ACE 算法处理后的图像

图 2.8 颜色校正的处理图像

最后,将线性拓展后的数据映射到 $[0, 255]$ 空间中。将式(2.19)得到的中间量拉伸映射到 $[0, 255]$ 空间中,占满动态范围 $[0, 255]$ (8 位灰度图像),计算公式如下:

$$L(x) = \frac{R(x) - \min R}{\max R - \min R} \tag{2.24}$$

且[$\min R, \max R$]是中间量的全部定义域。

对比图 2.9(a),图 2.9(b)的边缘细节模糊情况有了改善,有效地解决了因颜色校正带来的细节模糊和噪声问题。

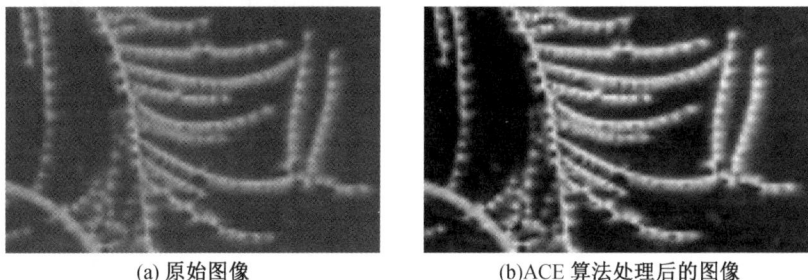

(a) 原始图像　　　　　　　　　　(b)ACE 算法处理后的图像

图 2.9　局部放大图

(5)图像锐化

图像锐化是一种用于增强图像中边缘和细节的算法,可以使图像看起来更清晰和更具有视觉效果。在数字图像处理中,图像锐化常用的做法是提取图像的高频分量,将其叠加到原始图像上使图像的边缘、纹理更加清晰。图像高频分量的提取有两种做法,一种是用高通滤波器,原理为滤除图像中的低频部分得到高频分量来突出图像中的高频细节;另一种是用低通滤波器,用原始图像频率减去低频得到高频分量。

直接提取高频的方法有索贝尔(Sobel)算子、拉普拉斯(Laplacica)算子等。Sobel 算子是图像的一阶导数,提取的是梯度(分水平和垂直两种)信息,常常用来做边缘检测、方向判别。Sobel 算子在斜坡处不为 0,因此会产生较粗的边缘。Laplacica 算子是图像的二阶导数,在图像开始变化和结束变化的地方值不为 0,渐变时结果为 0。

Sobel 算子是一种经典的边缘检测算子,通过计算图像中每个像素点的水平和垂直梯度来突出图像中的边缘。在图像锐化中,Sobel 算子能增强图像的边缘信息。Laplacian 算子可以检测图像中的二阶导数信息,对图像进行二阶微分,从而增强图像的高频部分。在图像锐化中,Laplacian 算子能突出图像中的细节和纹理。高通滤波器可以通过滤除图像中的低频部分来突出图像中的高频细节。常见的高通滤波器有 Sobel 滤波器、Prewitt 滤波器、LoG(Laplacian of Gaussian)滤波器等。

图像锐化的作用是将图像的边缘变得更清晰的一种图像处理技术。图像锐化是根据图像的高频部分来实现的,首先将原始图像的高频部分分量提取出来,然后与原始图像按规则叠加,最终得到锐化后的图像。非锐化掩模算法是一种常用的图像锐化增强算法。该算法的基本原理是将原始图像与进行低通滤波后得到的模糊图像做差值运算来得到原始图像的高频部分,然后乘上一个增益系数再与原始图像求和,最后得到处理后的图像。经过该算法处理后的图像边缘更加清晰,细节更加丰富。非锐化掩模算法表达式如下:

$$g(x,y) = f(x,y) + \beta \times \{f(x,y) - \text{Li}[f(x,y)]\} \tag{2.25}$$

其中,$f(x,y)$ 表示输入的原始图像;$g(x,y)$ 表示输出的经过锐化增强的图像;Li 表示低通滤波器;β 表示增益系数。

图 2.10 为图像锐化效果对比图。其中,图 2.10(a) 为未经过锐化处理的图像,图 2.10(b) 为经过锐化处理后的图像。从图 2-10 中可以看出,经过锐化处理的图像边缘细节更加清晰。

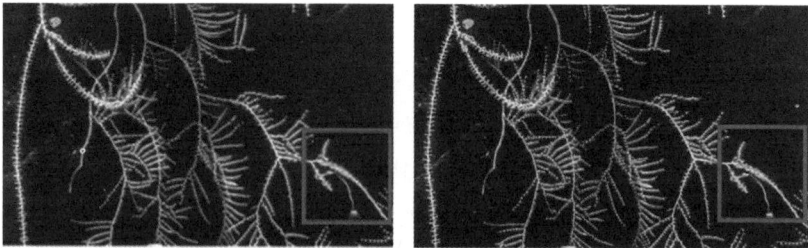

(a) 未经过锐化处理的图像　　　　(b) 经过锐化处理后的图像

图 2.10　图像锐化效果对比图

除了直接提取高频的方法外,也可以先提取低频,再从原图中减去低频成分,得到高频成分,这种方法称为非锐化掩模,常使用低通滤波器(高斯、双边)对图像进行滤波。此类方法滤波器很好控制(包括大小和强弱),从而可以控制高频分量的强弱。

双边滤波是一种结合空间域和灰度域信息的滤波技术,可以在增强图像细节的同时保持图像的平滑性。调整双边滤波器的参数可以实现一定程度的图像锐化效果。高斯滤波是一种线性平滑滤波,适用于消除高斯噪声,通过对整幅图像进行加权平均,即每一个像素点的值都由其本身和邻域内的其他像素值经过加权平均后得到。高斯滤波也是一种被广泛应用于图像处理降噪过程的滤波技术。

这些图像锐化算法在实际应用中可以根据具体需求和图像特点进行选择与调

整,以达到最佳的图像增强效果。

2.3.2 变换域方法

变换域方法是指将原始图像空间中的像素与位置信息变换到其他更利于对图像进行处理的空间中。此类方法通过在频域内对水下图像进行分析和处理,实现对图像的增强。下面将详细介绍两种常见的基于变换域方法的水下图像增强方法。

(1)基于傅里叶变换的水下图像增强方法

傅里叶变换是一种将信号从时域转换到频域的方法,它可以将信号分解成不同频率的正弦和余弦成分。在水下图像增强中,傅里叶变换常用于频域滤波和图像增强。通过傅里叶变换,我们可以将水下图像转换到频域,实现对图像的滤波和增强,从而提高图像的质量和清晰度。傅里叶变换的数学表达式为

$$F(u,v) = \iint_{-\infty}^{\infty} f(x,y) e^{-i2\pi(ux+vy)} dxdy \qquad (2.26)$$

其中,$F(u,v)$ 是频域表示的图像;$f(x,y)$ 是空间域表示的原始图像;u 和 v 是频域的坐标。通过傅里叶变换,我们可以将水下图像转换到频域,利用频域滤波器对图像进行滤波和增强,从而实现对水下图像的增强和恢复。基于傅里叶变换的水下图像增强方法具有去噪能力强、全局处理效果好的优点,但也存在边缘效应、细节丢失、计算复杂度高和对非周期信号不敏感等缺点。

(2)基于小波阈值去噪的水下图像增强方法

基于小波阈值去噪的水下图像增强方法也是一种常用于提高水下图像质量的基于变换域的技术。该方法利用小波变换将图像分解为不同尺度和方向的频带,然后通过设置阈值来抑制低幅度的高频噪声,从而实现图像的去噪和增强,实现流程如图 2.11 所示。

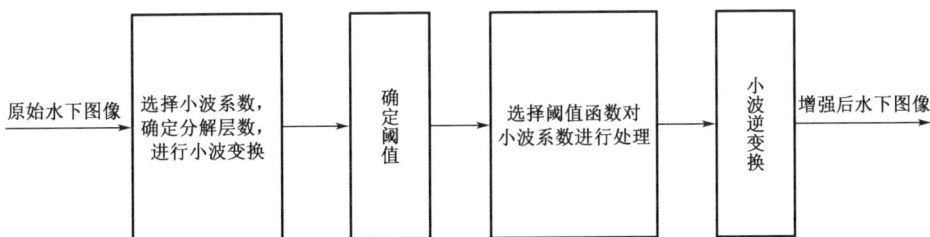

图 2.11　基于小波阈值去噪的水下图像增强方法

首先,选择适当的小波系数和分解层数,对原始水下图像进行小波变换。小波变换的公式如下:

$$W_{j,k} = \sum_n x(n)\psi_{j,k}(n)$$

其中,$x(n)$ 是原始图像信号;$\psi_{j,k}(n)$ 是尺度 j 和位置 k 处的小波基函数;$W_{j,k}$ 是小波系数。小波变换能够将图像分解为不同尺度的子带,这些子带分别包含了图像的低频和高频信息。低频信息主要反映图像的大致轮廓和背景,而高频信息则包含了图像的细节和噪声。

通过小波分解,图像中的噪声和有用信息被有效地分离,为后续的去噪处理奠定了基础。小波分解之后,需要确定适当的阈值。这一步至关重要,因为阈值的选择直接影响去噪效果。通常,人们采用 VisuShrink 方法来确定阈值,其计算公式如下:

$$\lambda = \sigma\sqrt{2\log N} \qquad (2.27)$$

其中,σ 是噪声的标准差;N 是信号的长度。VisuShrink 方法通过对图像噪声的统计特性进行分析,自动选择最优阈值,确保最大限度地去除噪声的同时,保留图像的细节信息。

另外,人们也可以使用 SureShrink 方法来确定阈值。SureShrink 方法的计算公式如下:

$$\lambda = \arg\min_\lambda\left[\frac{1}{N}\sum_{i=1}^{N}\min(W_i^2,\lambda^2)\right] \qquad (2.28)$$

SureShrink 方法通过最小化风险函数,进一步优化阈值,改善去噪效果。

使用确定的阈值对小波系数进行处理常用的方法有硬阈值处理和软阈值处理。

硬阈值处理公式为

$$W_{j,k'} = \begin{cases} W_{j,k}, & |W_{j,k}| \geq \lambda \\ 0, & |W_{j,k}| < \lambda \end{cases} \qquad (2.29)$$

硬阈值处理将小于阈值的系数置为零,保留大于阈值的系数。这种方法简单直接,但在处理过程中可能会引入伪影。

软阈值处理公式为

$$W_{j,k'} = \begin{cases} \mathrm{sign}(W_{j,k})(|W_{j,k}| - \lambda), & |W_{j,k}| \geq \lambda \\ 0, & |W_{j,k}| < \lambda \end{cases} \qquad (2.30)$$

软阈值处理在将小于阈值的系数置零的同时,对大于阈值的系数进行一定幅度的缩减。这样可以在有效去除噪声的同时,保留更多的图像细节信息。经过阈值处理后,对各子带的小波系数进行小波逆变换,重新组合成增强后的图像。小波逆变换的公式为

$$x(n) = \sum_{j,k} W_{j,k} \psi_{j,k}(n) \tag{2.31}$$

通过这一过程,去除了噪声的水下图像得以重建,图像质量得到了显著提高。如图 2.12 所示,经过小波重构后的图像,不仅噪声显著减少,图像的清晰度和对比度也得到了明显提升,从而改善了图像的视觉效果和可用性。

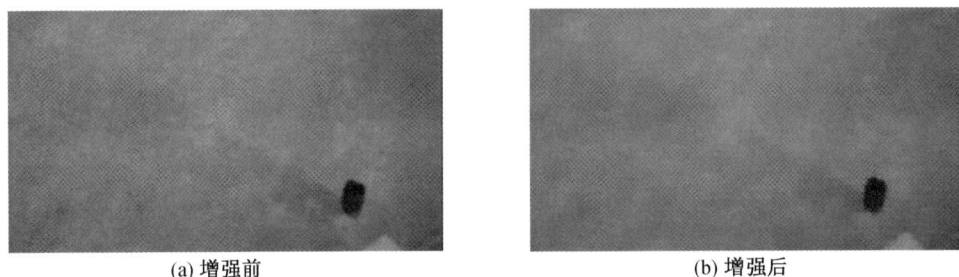

(a) 增强前　　　　　　　　　　　　　　(b) 增强后

图 2.12　小波阈值去噪算法增强前后结果

基于小波阈值去噪的水下图像增强方法有很多优点。首先,它在去除噪声方面表现非常出色,可以显著提高图像的清晰度和质量。其次,它利用小波变换进行多尺度分析,能够在不同尺度上捕捉图像的细节特征,这在复杂的水下环境中尤为有用。再次,它在去噪的同时,能够很好地保留图像中的细节,不会导致图像过于平滑。最后,它的自适应性强,可以根据具体图像的特点调整阈值,实现更精确的去噪。

基于小波阈值去噪的水下图像增强方法也有许多缺点。首先,小波变换和阈值处理的计算复杂度较高,可能导致处理速度较慢,这对于需要实时处理的应用来说是一个挑战。其次,选择合适的阈值并不容易,通常需要反复实验和经验积累。再次,该方法在处理图像边缘时,可能会出现边缘效应,导致边缘处的噪声去除不彻底或细节丢失。最后,这种方法主要关注局部特征,可能无法全面提升图像的全局对比度和颜色平衡。

2.4 基于深度学习的水下图像增强方法

随着人工智能技术和大规模并行计算技术的快速发展,基于深度学习的水下图像增强方法得到了广泛的关注。基于深度学习的水下图像增强方法又分为基于深度学习的非端到端的水下图像增强方法和基于深度学习的端到端的水下图像增强方法,以及基于超分辨率的水下图像增强方法。

2.4.1 基于深度学习的非端到端的水下图像增强方法

基于深度学习的非端到端的水下图像增强方法通过神经网络强大的拟合能力估计物理成像模型中的参数,实现了水下图像增强。基于深度学习的非端到端的水下图像增强方法如图 2.13 所示。

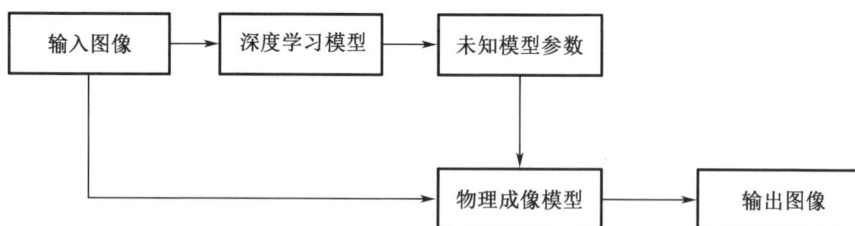

图 2.13 基于深度学习的非端到端的水下图像增强方法

基于深度学习的非端到端的水下图像增强本质上是结合深度学习模型和物理成像模型的方法,实现水下图像增强。通常,人们利用深度学习模型估计背景散射光和直接传输映射,并通过物理成像模型重建图像,从而实现水下图像增强。神经网络可以拟合各种函数,随着网络能力的不断提升,对于衰减模型的估计难度降低。要理解水下图像是如何形成的,需要了解物理成像模型。该模型表明图像中的每个像素点 x 的观测强度 $I_c(x)$(这里的 c 可以是红色、绿色或蓝色通道)是场景辐射 $J_c(x)$ 和背景光 B_c 的混合,其混合比例由传输图 $t_c(x)$ 决定,具体公式如下:

$$I_c(x) = J_c(x)t_c(x) + B_c[1 - t_c(x)] \tag{2.32}$$

其中,I_c、J_c、t_c 和 B_c 的取值范围均为 $[0,1]$。传输图 $t_c(x)$ 描述了未被散射或吸收并到达相机的场景辐射部分,传输图中的大值表示对应的场景点离相机较近。使用这个模型,可以通过估计背景光 B_c 和传输图 $t_c(x)$ 来恢复清晰图像 $J_c(x)$,具体公式如下：

$$J_c(x) = \frac{I_c(x) - B_c}{\max\{t_c(x), t_0\}} + B_c \qquad (2.33)$$

Cao 等采用深度学习网络来估计背景光和场景深度。首先是一个五层卷积神经网络，用于估计背景光。其次是一个多尺度深度网络，用于估计场景深度。其中，背景光的估计是通过图 2.14 所示的五层卷积神经网络来实现的。该网络结构相对简单，但功能强大。前三级是卷积层，滤波器大小分别为 5×5、5×5 和 3×3，每个卷积层后面跟着一个 2×2 的池化层(max pooling)和归一化层。最后两层是全连接层。在输出 B_c 之前，将值限制在[0,1]范围内。卷积神经网络的设计主要是为了捕捉图像中的局部特征，通过多层卷积逐步提取高层次特征，从而准确估计背景光的强度。

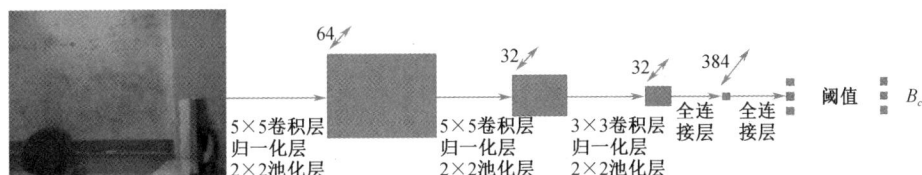

图 2.14　五层卷积神经网络

为了预测场景深度(即传输图)，我们采用了基于多尺度深度网络的架构。网络由两个部分组成：一个粗略网络和一个精细网络。粗略网络有五个卷积层，前三个卷积层后面有一个 2×2 池化层和一个归一化层。最后两个层是全连接层，输出的粗略深度图连接到精细网络的第一层输出。精细网络有三个卷积层和一个四倍上采样层。在最后一个卷积层之前放置了一个上采样层，对上采样后的特征图进行细化处理。最后的输出是预测的深度图 $d(x)$。

有了深度图 $d(x)$ 后，可以计算红色通道的传输图 $t_r(x)$，具体公式如下：

$$t_r(x) = e^{-\beta_r d(x)} \qquad (2.34)$$

其中，β_r 是红色通道的水下衰减系数。对于绿色和蓝色通道，其衰减系数 β_g 和 β_b 分别通过公式计算，最终得到的传输图为

$$t_k(x) = t_r(x)\frac{\beta_k}{\beta_r}, k \in \{g, b\} \qquad (2.35)$$

基于传输图和背景光的估计值，可以使用物体成像模型的逆过程恢复清晰的水下图像。

2.4.2 基于深度学习的端到端的水下图像增强方法

不同水下环境的图像物理模型难以准确地建立,故有学者研究了一种基于深度学习的端到端的水下图像增强方法,该方法通过深度网络学习退化图像与高质量图像之间的映射关系来实现水下退化图像增强,如图 2.15 所示。

基于深度学习的端到端的水下图像增强方法,尤其是全卷积神经网络(fully convolutional network,FCN)和生成对抗网络(generative adversarial network,GAN)在水下图像增强中展现了巨大的潜力。

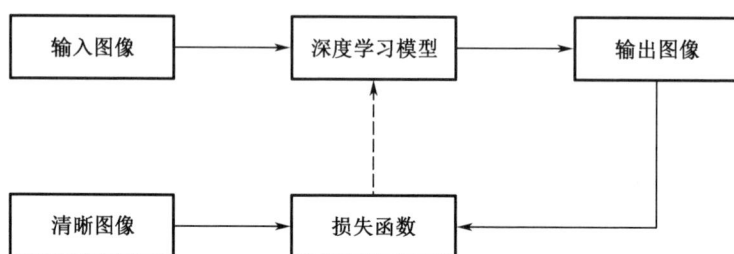

图 2.15　基于深度学习的端到端的水下图像增强方法示意图

(1)基于 FCN 的水下图像增强方法

FCN 在水下图像增强中展现了巨大的潜力。FCN 能够处理任意大小的输入图像,并通过卷积运算进行特征提取和图像重建。具体来说,FCN 使用卷积层和反卷积层替代传统的全连接层,从而保留图像的空间信息。该架构可以更有效地捕捉图像中的局部特征,并通过层级特征融合实现图像增强(图 2.16)。本节将详细介绍 FCN 在水下图像增强中的应用。

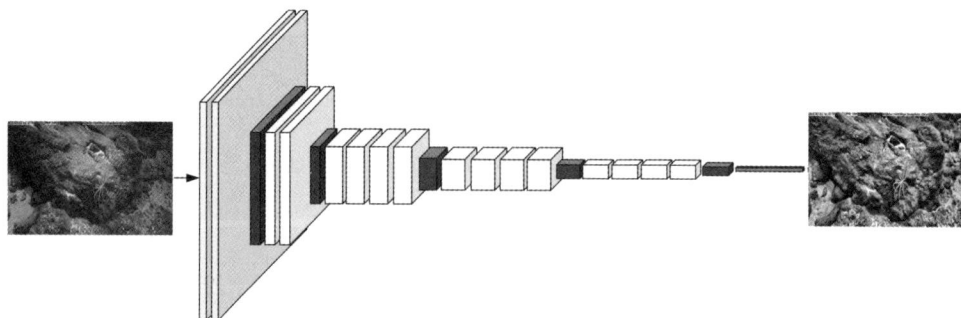

图 2.16　基于全卷积神经网络的图像增强网络

全卷积神经网络的核心思想是利用卷积操作来替代传统的全连接层,从而保持输入和输出图像的空间结构。这样使得 FCN 能够对图像进行逐像素处理,并且能够处理任意大小的输入图像,同时减少参数数量,提高模型的计算效率和泛化能力。其主要的结构有卷积层、激活函数、池化层以及转置卷积层(transposed convolution)。

卷积层是 FCN 的基本组成部分,用于提取图像的局部特征。卷积操作的数学表达式如下:

$$(I * K)(i,j) = \sum_{m=-k}^{k} \sum_{n=-k}^{k} I(i+m,j+n) \cdot K(m,n) \qquad (2.36)$$

其中,I 表示输入图像;K 表示卷积核;i 和 j 为图像的坐标;k 为卷积核的半径。通过卷积操作,图像中的局部信息可以被有效提取,用于后续的处理。

激活函数用于引入非线性特性,使网络能够拟合复杂的非线性函数。常用的激活函数为

$$f(x) = \max(0,x) \qquad (2.37)$$

池化层用于减少特征图的尺寸,从而降低计算量,并且能够保留图像的主要特征。最大池化是常用的池化方法,其数学表达式为

$$P(i,j) = \max_{(m,n) \in 池化操作滑动的区域} F(i+m,j+n) \qquad (2.38)$$

其中,$P(i,j)$ 表示池化后的特征图;F 表示输入特征图,通过池化操作,可以有效保留图像的显著特征。

转置卷积层(也称反卷积)用于上采样,将低分辨率特征图还原为高分辨率特征图,其数学表达式为

$$(I * K^{\mathrm{T}})(i,j) = \sum_{m=-k}^{k} \sum_{n=-k}^{k} I(i+m,j+n) \cdot K^{\mathrm{T}}(m,n) \qquad (2.39)$$

其中,K^{T} 为转置卷积核。转置卷积能够有效增加特征图的分辨率,恢复图像的细节信息。

一般的全卷积的网络架构由编码器和解码器以及跳跃连接结构组成。编码器由一系列卷积层和池化层组成,用于提取图像的多层次特征。其公式为

$$E_{l+1} = f(E_l * W_l + b_l) \qquad (2.40)$$

其中,E_l 为第 l 层特征图;W_l 为第 l 层的卷积核;b_l 为偏置项;f 为激活函数(如 ReLU)。通过逐层卷积和池化操作,编码器能够提取图像的深层次特征。解码器由一系列转置卷积层组成,用于逐步恢复图像的空间分辨率。其公式为

$$D_{l-1} = f(D_l * W_l^{\mathrm{T}} + b_l) \qquad (2.41)$$

其中,D_l 为第 l 层特征图;W_l^T 为第 l 层的转置卷积核。通过逐层上采样和卷积操作,解码器能够重建高分辨率的图像。跳跃连接将编码器的中间特征图直接传递给解码器对应层,以融合不同尺度的特征,从而提升图像重建效果。其公式为

$$D_{l-1} = f(D_l * W_l^T + E_s + b_l) \qquad (2.42)$$

其中,E_s 为来自编码器的特征图。跳跃连接能够有效保留图像的多尺度信息,提高图像重建的精度。

为了实现高质量的水下图像增强,损失函数的设计至关重要。常用的损失函数包括重建损失($\mathcal{L}_r$)、感知损失($\mathcal{L}_p$)和对抗损失($\mathcal{L}_G$)。其中,重建损失衡量生成图像与目标图像之间的像素差异,通常采用均方误差(MSE)。

$$\mathcal{L}_r = \frac{1}{N} \sum_{i=1}^{N} (I_g^i - I_t^i)^2 \qquad (2.43)$$

其中,I_g 和 I_t 分别为生成图像与目标图像。最小化重建损失,可以提高生成图像的像素级别精度。感知损失通过预训练的卷积神经网络提取高层特征,计算生成图像与目标图像在特征空间的差异:

$$\mathcal{L}_p = \sum_l [\phi_l(I_g) - \phi_l(I_t)]^2 \qquad (2.44)$$

其中,ϕ_l 表示第 l 层特征映射。感知损失能够更好地保留图像的结构信息和纹理细节。

基于 FCN 的水下图像增强方法具有结构简单、计算效率高和训练稳定等优点。由于 FCN 主要由卷积层、池化层和转置卷积层组成,因此其参数数量较少,能够处理大规模图像数据。此外,FCN 能够对每个像素进行逐像素预测,精确度较高,适合细粒度的图像增强任务。FCN 的训练过程通常较稳定,收敛速度较快,适用于广泛的图像处理任务。然而,FCN 在生成图像的质量上存在一定局限性,特别是在细节和纹理的重建方面。由于 FCN 依赖于像素级别的重建损失,因此难以捕捉和重建高层次的图像特征与纹理细节。此外,FCN 在处理颜色失真和对比度问题时效果有限,无法充分利用高级语义信息来提升图像的整体质量。

(2)基于 GAN 的水下图像增强方法

GAN 由生成器(generator)和判别器(discriminator)组成,通过两者的对抗训练,使生成器能够生成与真实图像无异的增强图像。生成器负责生成增强后的图像,判别器则负责区分真实图像和生成图像。其核心思想是通过生成器和判别器的相互博弈,不断提高水下图像增强效果(图 2.17)。

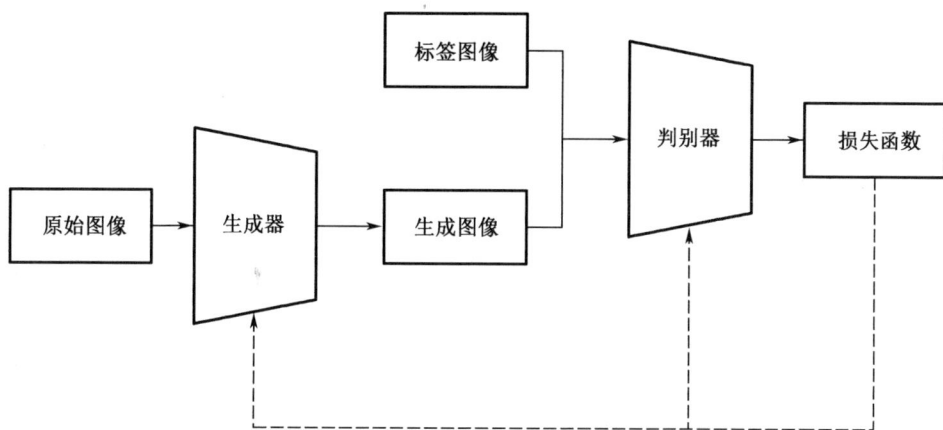

图 2.17　基于 GAN 的水下图像增强架构

生成器通常采用全卷积结构,用于生成增强图像;判别器则是一个二分类器,用于区分生成图像和真实图像。生成器采用全卷积结构,通过噪声向量生成增强图像。生成器的目标是生成逼真的增强图像,使判别器无法区分生成图像和真实图像,其表达式为

$$G(z) = \text{Deconv}\left[\,\text{Conv}(z)\,\right] \tag{2.45}$$

其中,z 为噪声向量;Conv 表示卷积层;Deconv 表示反卷积层。

判别器是一个二分类器,通过卷积层提取图像特征,并对图像进行分类。判别器的目标是区分生成图像和真实图像,其表达式为

$$D(I) = \sigma\left[\,\text{Conv}(I)\,\right] \tag{2.46}$$

其中,I 为输入图像;Conv 表示卷积层;σ 表示 sigmoid 激活函数。

GAN 的损失函数包括生成器和判别器的损失。生成器的损失函数衡量生成图像的真实性,目标是最大化判别器对生成图像的分类错误概率,其表达式为

$$L_G = -E_{z \sim p_z(z)}\left\{\log D\left[\,G(z)\,\right]\right\} \tag{2.47}$$

其中,L_G 为生成器的损失函数;E 是期望值;z 为噪声向量;$p_z(z)$ 是 z 的概率分布;$G(z)$ 是生成器根据 z 生成的图像;$D\left[\,G(z)\,\right]$ 是判别器对生成图像 $G(z)$ 的判断概率。

判别器的损失函数衡量分类的准确性,目标是最大化对真实图像的分类正确概率,最小化对生成图像的分类错误概率,其表达式为

$$L_D = -E_{I \sim p_{\text{data}}(I)}\left[\,\log D(I)\,\right] - E_{z \sim p_z(z)}\left(\log\left\{1 - D\left[\,G(z)\,\right]\right\}\right) \tag{2.48}$$

其中,$D(I)$ 为判别器对真实图像 I 判别为真实图;p_{data} 为真实图像 I 的概率分布,通

常是从训练数据集中提取的样本。

在 GAN 中,损失函数的设计对模型的训练效果至关重要。为了实现高质量的水下图像增强,通常需要结合多种损失函数,包括对抗损失、重建损失和感知损失。损失函数各有侧重,能够共同作用以提升生成图像的质量。其中,对抗损失是生成对抗网络的核心损失函数,它通过生成器和判别器之间的对抗训练,使生成器能够生成更加逼真的图像:

$$\mathcal{L}_G = E_{x \sim p_{\text{data}}(x)}\left[\log D(x)\right] + E_{z \sim p_z(z)}\left(\log\{1 - D[G(z)]\}\right) \quad (2.49)$$

最终的总损失函数可以表示为对抗损失、重建损失和感知损失的加权和:

$$\mathcal{L}_t = \lambda_G \mathcal{L}_G + \lambda_r \mathcal{L}_r + \lambda_p \mathcal{L}_p \quad (2.50)$$

其中,λ_G、λ_r 和 λ_p 分别为对抗损失、重建损失、感知损失的权重系数。

基于 GAN 的水下图像增强方法在生成图像的真实感和细节重建方面表现突出。通过生成器和判别器的对抗训练,GAN 能够生成逼真的高质量图像。特别是条件生成对抗网络(CGAN),可以通过输入退化图像指导生成过程,有针对性地增强图像。此外,感知损失的引入使得 GAN 在保持图像结构和纹理方面具有明显优势,能够更好地解决颜色失真和对比度问题。然而,GAN 的训练过程复杂,容易出现不稳定和收敛困难的问题。由于生成器和判别器需要进行对抗训练,因此训练过程中可能出现模式崩溃现象,导致生成图像的多样性不足。此外,GAN 的参数量较大,训练时间较长,对计算资源要求较高,不易于大规模部署和实时处理水下图像。

2.4.3 基于超分辨率的水下图像增强方法

基于超分辨率的水下图像增强方法旨在提高水下图像的清晰度和细节,从而改善图像的可视化效果和分析能力。本节将介绍基于超分辨率的水下图像增强方法的原理。超分辨率技术通过从低分辨率输入图像中恢复高分辨率图像的细节和结构,来提高图像的清晰度与细节度,从而实现水下图像的增强。其基本原理是利用图像中的冗余信息和先验知识,通过基于插值或学习方法来增加图像的空间分辨率。目前常见的基于超分辨率的水下图像增强方法主要包括基于插值的方法、基于卷积神经网络(CNN)的方法和基于 GAN 的方法。

(1)基于插值的方法

基于插值的方法是基于超分辨率的水下图像增强的一种简单直接的方法。常见的插值方法包括双线性插值和三次样条插值。这些方法的基本思想是通过对低分辨率水下图像进行插值操作,从而得到高分辨率水下图像。

双线性插值是常用的插值方法，其通过在两个方向上分别进行线性插值，来估算未知像素值。具体来说，双线性插值首先在水平方向上进行插值，然后在垂直方向上进行插值。如图 2.18 所示，假设已知像素值 Q_{11}、Q_{12}、Q_{21} 和 Q_{22} 的坐标分别为 (x_1,y_1)、(x_1,y_2)、(x_2,y_1) 和 (x_2,y_2)，目标像素 P 的坐标为 (x,y)。首先，根据插值倍数 s，确定高分辨率图像中目标像素 (x,y) 对应的低分辨率图像中的位置 (i,j)：

$$i = x/s, \ j = y/s \tag{2.51}$$

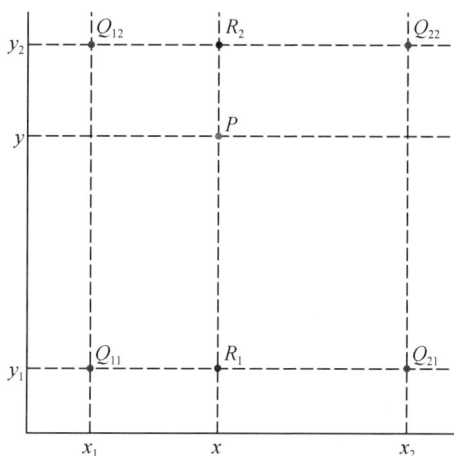

图 2.18 双线性插值方法示意图

对于位置 (i,j) 和 $(i+1,j)$，计算 R_1：

$$R_1 = (1 - t_x)Q_{11} + t_x Q_{21} \tag{2.52}$$

同样，对于位置 $(i,j+1)$ 和 $(i+1,j+1)$，计算 R_2：

$$R_2 = (1 - t_x)Q_{12} + t_x Q_{22} \tag{2.53}$$

其中，$t_x = \dfrac{x - x_1}{x_2 - x_1}$。

计算垂直插值中间值，在垂直方向上对 R_1 和 R_2 进行插值：

$$P = (1 - t_y)R_1 + t_y R_2 \tag{2.54}$$

其中，$t_y = \dfrac{y - y_1}{y_2 - y_1}$。

最终得到的双线性插值公式为

$$P = (1 - t_x)(1 - t_y)Q_{11} + t_x(1 - t_y)Q_{21} + (1 - t_x)t_y Q_{12} + t_x t_y Q_{22} \tag{2.55}$$

双线性插值作为一种经典的图像插值方法,在计算简单性、实时性和实现容易性方面具有明显的优势,适用于许多实际应用场景。然而,双线性插值在计算时只考虑了四个邻近像素的线性组合。由于双线性插值只利用了局部信息,因此无法捕捉到水下复杂的图像细节和纹理。

(2)基于 CNN 的方法

基于 CNN 的方法利用深度学习模型来学习从低分辨率到高分辨率的映射关系。下面将详细介绍基于超分辨率卷积神经网络(SRCNN)的水下图像增强方法。

考虑一个低分辨率图像,首先对其进行预处理,使用双三次插值将其扩展到所需的尺寸。将插值后的图像表示为 Y,超分辨率重建的目标是从 Y 中恢复出一个尽可能接近真实高分辨率图像 X 的图像 $F(Y)$。为了便于讨论,仍将 Y 称为低分辨率图像。我们希望网络能够学习一个映射 F,这个映射在概念上包括三个操作:斑块提取与表示、非线性映射和重建。所有这些操作将通过一个卷积神经网络实现,图 2.19 描述了该网络的结构。

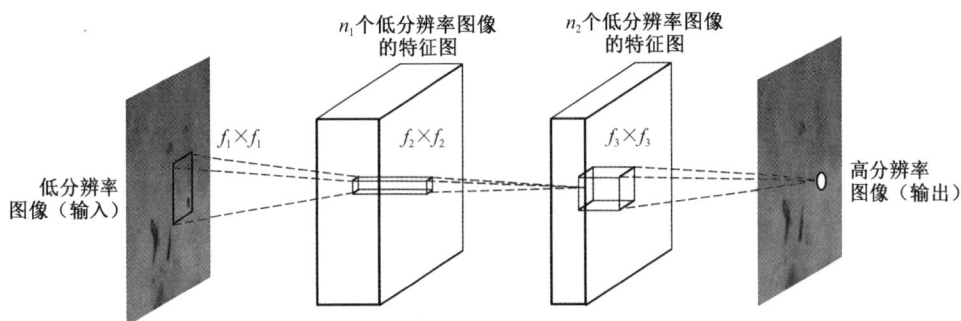

图 2.19 基于卷积神经网络的超分辨率重建

一种流行的图像恢复策略是密集地提取斑块,然后用一组预训练的基(如主成分分析)对它们进行表示。这相当于用一组滤波器对图像进行卷积,每个滤波器都是一个基。在公式中,这些基的优化被纳入网络优化中。形式上,第一层操作被表示为 $F_1(Y)$:

$$F_1(Y) = \max(0, W_1 * Y + \boldsymbol{B}_1) \tag{2.56}$$

其中,W_1 和 $\boldsymbol{B}_1$ 分别表示滤波器与偏置;$*$ 表示卷积运算。W_1 对应 n_1 个大小为 $c\times f_1\times f_1$ 的滤波器,其中 c 为输入图像的通道数,f_1 为滤波器的空间尺寸。直观上,W_1 在图像上应用了 n_1 次卷积,每个卷积的内核大小为 $c\times f_1\times f_1$。输出由 n_1 个特征图组成。$\boldsymbol{B}_1$ 是一个 n_1 维向量,每个元素与一个滤波器相关联。同时,在滤波器响应上应用整流线性单元(ReLU,$\max(0,x)$)。

在第一层中,每个补丁被提取为一个 n_1 维特征向量。在第二个操作中,将每个 n_1 维向量都映射为 n_2 维向量。这相当于应用 n_2 个卷积核,每个卷积核的空间支持为 1×1。这个解释仅适用于 1×1 的卷积核,但可以很容易地推广到更大的卷积核,如 3×3 或 5×5。在这种情况下,非线性映射不是在输入图像的单个补丁上进行的,而是在特征映射的 3×3 或 5×5 的补丁上进行的。第二层操作被表示为 $F_2(Y)$:

$$F_2(Y) = \max(0, W_2 * F_1(Y) + \boldsymbol{B}_2) \tag{2.57}$$

其中,W_2 包含 n_2 个大小为 $n_1 \times f_2 \times f_2$ 的卷积;$\boldsymbol{B}_2$ 是 n_2 维向量。

在传统方法中,通常对预测的重叠高分辨率补丁进行平均以生成最终的完整图像。平均操作可以被视为在一组特征图上的预定义滤波器(其中每个位置都是高分辨率补丁的"扁平"向量形式)。受此启发,我们定义了一个卷积层,用于生成最终的高分辨率图像:

$$F(Y) = W_3 * F_2(Y) + \boldsymbol{B}_3 \tag{2.58}$$

其中,W_3 对应于 c 个大小为 $n_2 \times f_3 \times f_3$ 的滤波器;$\boldsymbol{B}_3$ 是一个 c 维向量。

如果高分辨率补丁的表示是在图像域内(即可以简单地将每个表示重塑成补丁),那么期望滤波器表现得像均值滤波器;如果高分辨率补丁的表示在其他域内(例如,某些基的系数),那么期望滤波器首先将这些系数投影到图像域,然后进行均值化处理。不论哪种情况,W_3 都表现为一组线性滤波器。

通过最小化重建图像 $F(Y;\Theta)$ 与真实高分辨率图像 X 之间的误差,即可学习到网络参数 Θ。给定一组高分辨率图像 X_i 和它们对应的低分辨率图像 Y_i,使用均方误差作为损失函数:

$$L(\Theta) = \frac{1}{n} \sum_{i=1}^{n} F(Y_i;\Theta) - X_i^2 \tag{2.59}$$

其中,n 为训练样本的个数。

SRCNN 在水下图像超分辨率重建中,虽然具有实现简单、训练速度快和相较于传统插值方法能够显著提升图像质量的优点,但其本质上的局限性显著影响了其效果。首先,SRCNN 的架构相对简单,仅包含三个卷积层,导致其特征提取能力有限。水下图像通常存在复杂的噪声、模糊和颜色失真,需要更深层次的网络来提取和处理。而 SRCNN 的浅层结构难以捕捉到这些复杂的特征,导致其在处理水下图像时效果不理想。其次,SRCNN 的感受野较小,无法有效捕捉图像中的全局特征。在水下环境中,光线散射和吸收导致图像质量下降,这就需要模型具备更强的全局特征提取能力,才能有效地恢复图像的细节和整体质量。

(3)基于 GAN 的方法

GAN 为生成具有高感知质量的逼真自然水下图像提供了一个强大的框架。GAN 过程鼓励重建图像向搜索空间中高概率包含逼真图像的区域移动,从而更接近自然图像,如图 2.20 所示。本书介绍了一种基于 ResNet 架构的单图像超分辨率重建方法,该方法引入了 GAN 的概念,通过感知损失函数生成具有照片逼真效果的高分辨率图像。

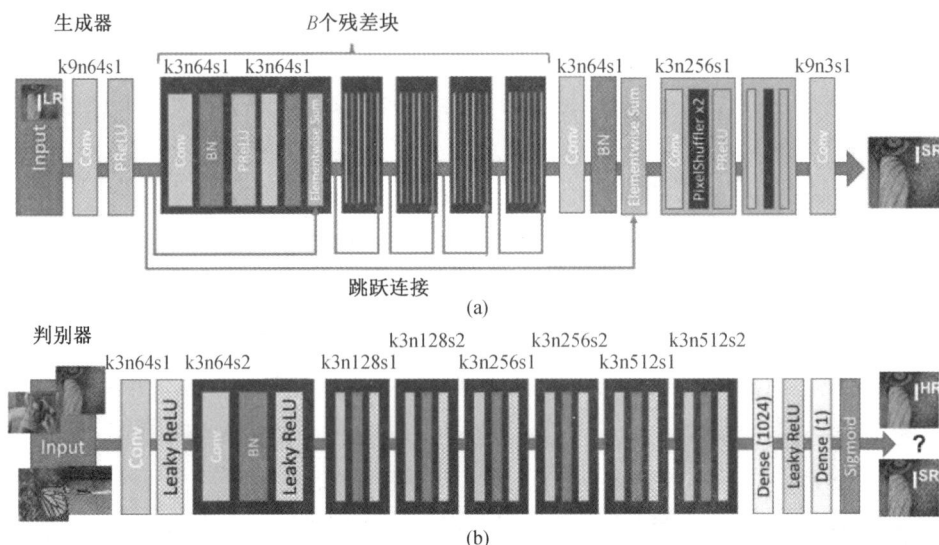

图 2.20 基于 GAN 的水下图像增强

超分辨率重建的目的是从低分辨率输入图像 I^{LR} 中估计高分辨率图像 I^{SR}。I^{LR} 是其高分辨率对应物 I^{HR} 的低分辨率版本。高分辨率图像仅在训练期间可用。在训练中,通过对 I^{HR} 进行高斯滤波,然后进行下采样操作来获得 I^{LR}。对于具有颜色通道的图像,利用大小为 $W×H×C$ 的实值张量来描述 I^{LR},而 I^{HR} 和 I^{SR} 则分别用大小为 $rW×rH×C$ 的张量来描述。

最终目标是训练一个生成函数 G,以估计给定的低分辨率(LR)输入图像对应的高分辨率(HR)图像。为了实现这一目标,需将生成器网络训练为一个前馈卷积神经网络,记作 G_{θ_G},其参数为 θ_G。其中,$\theta_G = \{W_{1:L}; b_{1:L}\}$ 表示 L 层深度网络的权重和偏置,通过优化一个特定于超分辨率的损失函数 l^{SR} 来得到。对于训练图像 I^{HR} 及其对应的低分辨率图像 I^{LR},有以下公式:

$$\hat{\theta}_G = \arg\min_{\theta_G} \frac{1}{N} \sum_{n=1}^{N} l^{SR}\left[G_{\theta_G}(I_n^{LR}), I_n^{HR}\right] \tag{2.60}$$

这样,通过最小化损失函数 l^{SR},可以训练生成器网络 G 来生成与高分辨率图像 I^{HR} 尽可能接近的超分辨率图像。

进一步,设计一个感知损失 l^{SR} 作为几个损失分量的加权组合,这些损失分量可以模拟恢复的 SR 图像的不同期望特征。具体来说,我们定义了一个判别器网络 D_{θ_D},并与 G_{θ_G} 交替优化,以解决对抗性的最小-最大问题:

$$\min_{\theta_G} \max_{\theta_D} E_{I^{HR} \sim p_{\text{data}}(I^{HR})}\left[\log D_{\theta_D}(I^{HR})\right] + E_{I^{LR} \sim p_G(I^{LR})}\left(\log\{1 - D_{\theta_D}[G_{\theta_G}(I^{LR})]\}\right) \tag{2.61}$$

其中,θ_G 是生成器的参数;θ_D 是判别器的参数;$E_{I^{HR} \sim p_{\text{data}}(I^{HR})}$ 是在真实的高分辨率图像分布下的期望;$D_{\theta_D}(I^{HR})$ 是判别器对高分辨率图像的判别输出;$G_{\theta_G}(I^{LR})$ 是生成器生成的图像;$E_{I^{LR} \sim p_G(I^{LR})}$ 是在生成的低分辨率图像分布下的期望;$\log D_{\theta_D}(I^{HR})$ 是判别器对真实高分辨率图像的输出的对数值,用来衡量真实图像的置信度;$\log\{1 - D_{\theta_D}[G_{\theta_G}(I^{LR})]\}$ 是判别器对生成图像的输出的对数值,用来衡量生成图像的置信度。

式(2.61)的基本思想是,训练一个生成模型 G 欺骗一个判别器 D,使判别器无法区分生成的超分辨率图像和真实图像。通过这种方法,生成器能够学习创建出与真实图像高度相似的解决方案,使得判别器难以区分两者。

感知损失函数 l^{SR} 的定义对生成器网络的性能至关重要,这里将感知损失表述为内容损失和对抗损失的加权和:

$$l^{SR} = l_X^{SR} + 10^{-3} l_G^{SR} \tag{2.62}$$

其中,l_X^{SR} 是内容损失,用来评估生成图像与真实图像在高层特征空间中的相似性;l_G^{SR} 是对抗损失,可确保生成的图像在感知上尽可能逼真。通过这种组合,生成器网络能够在生成高分辨率图像时,既保留细节和结构,又能在视觉上更加逼真。

基于 SRGAN 方法恢复了一组深海图像,超分辨率增强前后及局部放大增强前后图像对比结果如图 2.21 所示。由此可知,SRGAN 方法可以较好地增强图像的分辨率,提高图像局部细节,以及边缘特征。

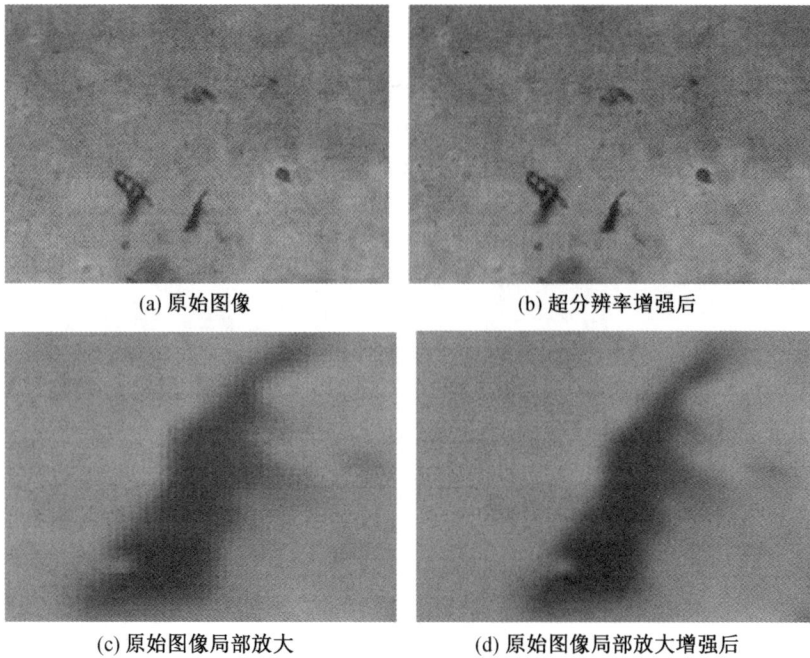

(a) 原始图像　　　　　　　　　　(b) 超分辨率增强后

(c) 原始图像局部放大　　　　　(d) 原始图像局部放大增强后

图 2.21　超分辨率增强前后及局部放大增强前后图像对比结果

SRGAN 在水下图像超分辨率重建中具有显著的优势和不足。GAN 能够有效提升图像细节和真实感,可显著改善水下图像的质量,特别是对噪声、模糊和颜色失真的处理效果优异。然而,一般的 GAN 的训练过程复杂且计算资源消耗大,对模型参数和超参数的调节要求高,同时其生成结果有时可能会出现伪影,在不同水域环境下的泛化能力也可能受到限制。

2.5　应用案例

前面详细介绍了多种水下图像增强的方法,包括基于物理模型、非物理模型、深度学习和超分辨率的方法。在实际应用中,这些方法可以被用于解决各种水下图像退化的问题,提升图像质量,以便更好地进行后续的分析和处理。

2.5.1　深海光学退化图像增强

为了对质量较低的深海图像进行全面的增强处理,采用图像融合算法对不同处理结果的图像进行融合可以使图像的颜色得到校正、细节变得更丰富,从而获得质量更好的图像。深海图像融合算法流程:首先进行颜色校正,其次分别进行亮度调节和图像锐化,最后进行图像融合,以得到增强后的图像(图 2.22)。

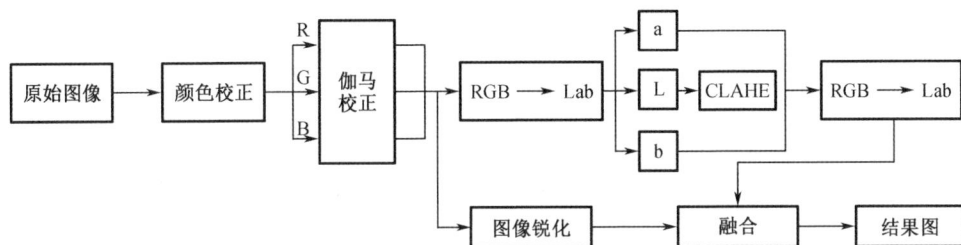

图 2.22　深海图像融合算法流程图

针对不同水下环境的图像退化场景,本节将从主观评价和客观评价两个方面对本书的算法处理结果进行评估。

2.5.2　主观评价

为验证本书所提出的图像增强算法的有效性,针对不同的水下环境,我们使用 9 张不同退化情况下的水下图像进行对比试验,并使用主观评价方法对不同算法处理后的增强图像进行对比分析(图 2.23)。

由图 2.23 可知,CLAHE 算法使水下图像的对比度有所提高,细节的提升较为突出,但是存在一定的色偏;UDCP 算法在处理雾化图片方面较为出色,但是不能提高图像的亮度,导致图像整体色彩浓重偏暗,图像颜色失真严重,清晰度较低;MSRCR 算法有效提高了水下图像的亮度和颜色饱和度,但是色偏仍然存在,图片整体颜色偏白且图像细节雾化不清;IBLA 算法对水下图像的颜色校正效果不理想,对色偏不严重的水下图像有一定的效果,但图片的清晰度方面有所下降;ULAP 算法的处理结果与 IBLA 算法相似,不同之处在于整体图像较为明亮,但是颜色校正偏差较大。与以上算法相比较,本书所提的算法在进行颜色校正、细节提升和亮度调节等方面具有较好的增强效果,提升了视觉效果。

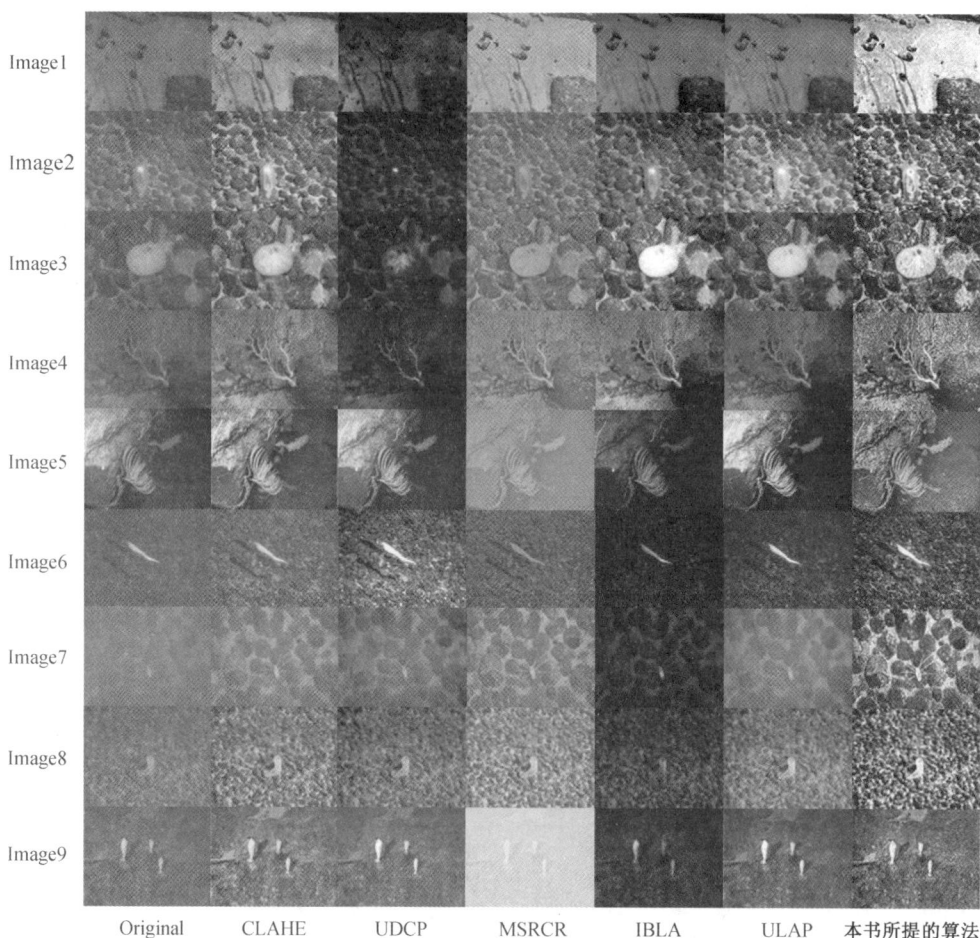

图 2.23 原始图像和不同算法处理后的图像

2.5.3 客观评价

通过以上分析可知,在主观评价方面,本书所提的算法在水下图像处理的效果上比其他算法处理的效果较好。为了进一步验证本书所提的算法的增强效果,我们采用三种客观的水下图像质量评价指标,即信息熵(information entropy, IE)指标、水下图像质量评价(underwater image quality measure, UIQM)指标和水下彩色图像质量评估(underwater color image quality evaluation, UICQE)指标。

UIQM 的表达式为

$$UIQM = c_1 \times UICM + c_2 \times UISM + c_3 \times UICONM \tag{2.63}$$

其中,UICM 是图像的色度分量;UISM 是图像的清晰度分量;UICONM 是图像的对比度分量;$c_i(i=1,2,3)$ 是常数。

IE 越高,即表明图像中信息量的丰富度越高,其表达式为

$$\text{IE} = -\sum_{x=1}^{m}\sum_{y=1}^{n} p(x,y)\log p(x,y) \tag{2.64}$$

其中,$p(x,y)$ 是每个像素点的灰度比值;m 和 n 分别是图像的长与宽。

用 UIQM 和 IE 指标评价图 2.23 中图像质量的结果分别见表 2.1、表 2.2。由表 2.1 和表 2.2 可以看出,本书所提的算法处理后的图像评价指标有明显提高。

表 2.1　图像的 UIQM 值

Image	Original	CLAHE	UDCP	MSRCR	IBLA	ULAP	本书所提的算法
Image1	2.623 8	3.422 9	4.480 3	3.078	3.132 4	3.155 2	4.063 9
Image2	3.255 1	4.223 2	4.198 1	3.681 5	4.238 3	4.051 6	4.862 0
Image3	3.242 2	4.101 4	4.612 8	3.610 0	4.143 8	3.888 8	4.917 4
Image4	3.475 5	4.350 4	3.786 4	3.948 7	3.850 3	3.789 4	4.881 9
Image5	4.056 9	4.660 5	3.344 0	3.122 3	4.226 3	3.376 4	4.686 5
Image6	3.292 3	4.272 0	4.379 4	4.284 6	4.661 2	3.537 8	4.940 2
Image7	2.197 9	3.031 5	4.585 7	3.595 0	3.262 8	3.013 4	5.042 7
Image8	2.827 8	3.795 8	4.429 2	3.700 3	3.786 3	3.625 2	4.874 6
Image9	4.210 8	4.882 6	3.537 6	2.586 4	4.512 8	3.895 4	4.191 4
平均值	3.242 5	4.082 3	4.150 4	3.511 9	3.979 4	3.592 6	4.717 8

表 2.2　图像的 IE 值

Image	Original	CLAHE	UDCP	MSRCR	IBLA	ULAP	本书所提的算法
Image1	5.426 0	6.704 6	6.608 1	6.075 8	6.433 8	6.439 5	7.645 9
Image2	6.251 2	7.296 1	5.944 0	6.491 5	7.255 2	7.458 0	7.798 6
Image3	5.603 2	7.376 4	6.087 6	6.688 3	7.707 4	7.397 3	7.742 3
Image4	6.253 9	7.105 4	5.971 7	6.528 8	7.112 6	6.958 2	7.771 0

表 2.2(续)

Image	Original	CLAHE	UDCP	MSRCR	IBLA	ULAP	本书所提的算法
Image5	7.039 9	7.330 3	6.184 0	5.731 3	7.319 9	7.039 7	7.573 6
Image6	4.457 2	6.476 0	5.131 3	6.153 2	7.400 1	6.030 9	7.113 7
Image7	4.757 2	5.957 5	5.664 7	6.323 5	6.309 4	6.056 6	7.751 4
Image8	5.785 9	6.930 1	6.402 0	6.893 8	6.854 4	6.905 0	7.792 0
Image9	6.039 1	7.188 0	5.915 4	4.830 5	6.606 9	6.760 0	7.660 6
平均值	5.734 8	6.929 4	5.989 9	6.190 7	6.999 9	6.782 8	7.649 9

2.6　本章小结

本章详细探讨了水下图像增强的多种方法及其应用,包括基于物理模型和非物理模型的方法。基于物理模型的方法通过建模光传播过程来校正图像中的颜色失真和对比度问题,而非物理模型的方法则利用空间域和变换域的图像处理技术直接提高图像质量。此外,本章还介绍了基于深度学习的水下图像增强方法,这些方法包括基于深度学习的非端到端的水下图像增强方法和基于深度学习的端到端的水下图像增强方法,以及基于超分辨率的水下图像增强方法等。最后,通过深海光学退化图像增强的应用案例,展示了部分增强技术在实际中的应用效果和潜力。

参 考 文 献

[1] KUBELKA P. New contributions to the optics of intensely light-scattering materials. Part I[J]. Journal of the Optical Society of America,1948,38(5):448-457.

[2] FU Q,LIOU K N,CRIBB M C,et al. Multiple scattering parameterization in thermal infrared radiative transfer[J]. Journal of the Atmospheric Sciences,1996,54(24):2799-2812.

[3] 赵春丽,董静薇,徐博,等.融合直方图均衡化与同态滤波的雾天图像增强算法研究[J].哈尔滨理工大学学报,2019,24(6):93-97.

［4］ ZUIDERVELD K. Contrast limited adaptive histogram equalization［J］. Graphics Gems,1994(1):474−485.

［5］ LAND E H. The retinex theory of color vision［J］. Scientific American, 1978, 237(6):108−127.

［6］ 关雪梅. 基于 Matlab 的几种图像锐化处理算法研究［J］. 商丘师范学院学报, 2018,34(12):12−14.

［7］ 丁钰祥,张家铭,张洪伟,等. 傅里叶变换红外光谱在微塑料检测中的应用［J］. 中国无机分析化学,2024,14(8):1157−1165.

［8］ 孙思燕,张伟雄,唐娉,等. 基于小波阈值去噪与时频图像检测的信号调制识别技术［J］. 无线电工程,2024,54(1):78−88.

［9］ DONOHO D L,JOHNSTONE I M. Ideal spatial adaptation via wavelet shrinkage ［J］. Biometrika,1994,81(3):425−455.

［10］ DONOHO D L,JOHNSTONE I M. Adapting to unknown smoothness via wavelet shrinkage［J］. Journal of the American Statistical Association, 1995, 90(432): 1200−1224.

［11］ YEH C H,LIN C H,KANG L W,et al. Lightweight deep neural network for joint learning of underwater object detection and color conversion ［J］. IEEE Transactions on Neural Networks and Learning Systems, 2021, 33 (11): 6129−6143.

［12］ DONG C,LOY C C,HE K,et al. Image super-resolution using deep convolutional networks［J］. IEEE Transactions on Pattern Analysis and Machine Intelligence, 2015,38(2):295−307.

［13］ PENG Y T, COSMAN P C. Underwater image restoration based on image blurriness and light absorption［J］. IEEE Transactions on Image Processing, 2017,26(4):1579−1594.

［14］ WANG Y,ZHANG J,CAO Y,et al. A deep CNN method for underwater image enhancement ［ C ］. 2017 IEEE International Conference on Image Processing (ICIP),2017.

第 3 章　水下图像分割

3.1　引　　言

　　水下图像分割是海洋科学研究与工业应用中的一项关键技术。其目的是将水下环境中捕获的图像分割成不同的区域,以识别和量化图像中的各种对象与特征。精准地分割水下图像对于海洋生物的监测、水下结构的检测、环境监控以及资源评估等多个领域至关重要。由于水下环境的特殊性,水下图像分割面临诸多挑战,这也推动了各种分割技术的不断发展和创新。

　　本章将系统地介绍水下图像分割的主要技术和方法。首先,本章探讨了几种传统水下图像分割方法,包括基于阈值、边缘检测和区域生长的方法。随着计算能力的增强和数据量的增加,深度学习技术已经成为水下图像分割的强大工具。其次,本章深入介绍了基于深度学习的水下图像的分割方法。最后,本章通过具体的应用案例展示水下图像分割技术在深海矿物图像分割中的应用效果。

3.2　传统水下图像分割方法

3.2.1　基于阈值的图像分割方法

　　阈值分割是一种基于统计分析的图像分割方法,它依据图像的灰度级别将图像分为前景和背景。该方法的核心思想是选取一个灰度阈值 t,将所有灰度值大于 t 的像素划分为前景,小于或等于 t 的像素划分为背景。设 $f(x,y)$ 表示图像在 (x,y) 处的灰度值,阈值 t 将图像分割为两个区域,分别为前景 R_1 和背景 R_2:

$$R_1 = \{(x,y) \mid f(x,y) > t\}$$
$$R_2 = \{(x,y) \mid f(x,y) \leq t\}$$

(3.1)

　　然而,水下环境的复杂性,如不均匀光照和水质变化,要求更灵活的分割策略。自适应阈值分割方法应运而生,其通过分析图像每个像素的局部区域来动态调整阈值。该方法通常采用局部区域内的平均灰度或中值来决定相应的局部阈值,从而更好地适应局部光照条件的变化。具体来说,该方法通过计算全图的直方图,并利用统计学的方法找到一个阈值 t,使得分割后的两个类别之间的差异最大,即最大化以下表达式:

$$\sigma_b^2(t) = \sigma_T^2 - \sigma_w^2(t) = \omega_1(t)\omega_2(t)\left[\mu_1(t) - \mu_2(t)\right]^2 \tag{3.2}$$

其中,$\omega_1(t)$、$\omega_2(t)$ 分别表示两个类别的概率;$\mu_1(t)$、$\mu_2(t)$ 分别表示 $\omega_1(t)$、$\omega_2(t)$ 的均值。自适应阈值分割方法特别适用于图像的灰度级别分布较为明显的情况,能有效地从复杂背景中分离出感兴趣的目标(图 3.1)。

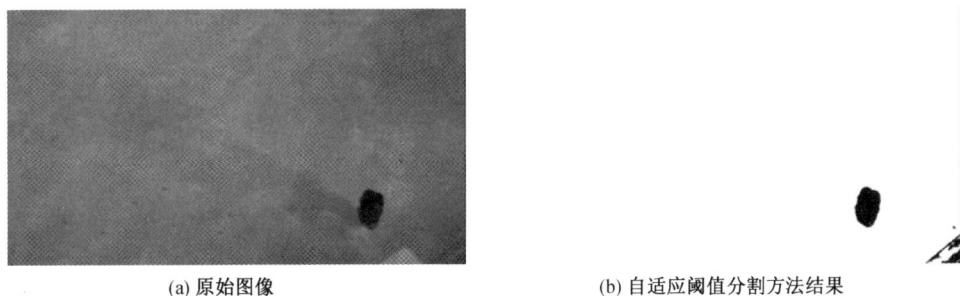

(a) 原始图像　　　　　　　　　　　　　(b) 自适应阈值分割方法结果

图 3.1　基于阈值的图像分割效果图

　　基于阈值的图像分割方法由于简单和高效,仍是当前许多图像处理任务的首选技术。然而,要充分利用这一技术,必须对其局限性有充分认识,并结合具体的应用场景进行适当的算法选择和调整。在处理特别复杂或变化大的图像时,可能需要考虑更复杂的图像分割方法,如基于图论、区域生长或深度学习等技术。

3.2.2　基于边缘检测的图像分割方法

　　边缘检测分割是一种广泛应用于图像处理的技术,它通过识别图像中的边缘来标识不同区域或物体的边界。边缘是图像中像素值急剧变化的地方,这种变化通常是由物体的轮廓、地形的变化或光照条件的不同引起的。基于边缘检测的图像分割方法通过检测图像中像素值急剧变化的边缘来识别物体边界,从而实现图像分割。其具体流程如图 3.2 所示。

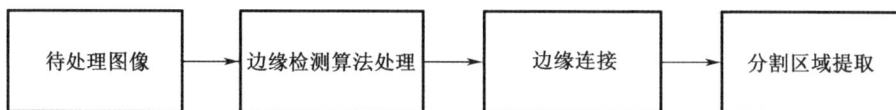

图 3.2　基于边缘检测的图像分割方法流程图

　　此类变化可以用数学上的梯度来描述。对于图像 $f(x,y)$，在位置 (x,y) 的梯度是一个向量，包含该点在各个方向上的强度变化率。梯度的大小可以用来估计边缘的强度：

$$\nabla f = \left(\frac{\partial f}{\partial x}, \ \frac{\partial f}{\partial y} \right) \tag{3.3}$$

$$|\nabla f| = \sqrt{\left(\frac{\partial f}{\partial x} \right)^2 + \left(\frac{\partial f}{\partial y} \right)^2} \tag{3.4}$$

其中，$\frac{\partial f}{\partial x}$ 和 $\frac{\partial f}{\partial y}$ 分别是图像在水平和垂直方向上的偏导数，表示图像在这两个方向上的灰度变化速率，可以通过 Sobel 或 Prewitt 算子进行近似计算。这些算子通过卷积核与图像进行卷积操作来实现，例如，Sobel 算子的水平核和垂直核分别为

$$\boldsymbol{G}_x = \begin{bmatrix} -1 & 0 & 1 \\ -2 & 0 & 2 \\ -1 & 0 & 1 \end{bmatrix}, \boldsymbol{G}_y = \begin{bmatrix} -1 & -2 & -1 \\ 0 & 0 & 0 \\ 1 & 2 & 1 \end{bmatrix} \tag{3.5}$$

　　此类核被用来对图像进行卷积，从而计算出每个点的水平和垂直梯度，进一步用于计算梯度幅度和方向。Canny 边缘检测器是一种更为复杂的方法，它首先使用高斯滤波降低图像噪声，然后使用类似于 Sobel 算子的梯度测量技术找到潜在的边缘点，接着通过非极大值抑制(non maximum suppression，NMS)来细化这些边缘，并最终使用双阈值方法来确定真正的边缘，从而提高检测的准确性。此外，Prewitt 算子类似于 Sobel 算子，但使用不同的卷积核，其对图像边缘的敏感性略有不同：

$$\boldsymbol{G}_x = \begin{bmatrix} -1 & 0 & 1 \\ -1 & 0 & 1 \\ -1 & 0 & 1 \end{bmatrix}, \ \boldsymbol{G}_y = \begin{bmatrix} -1 & -1 & -1 \\ 0 & 0 & 0 \\ 1 & 1 & 1 \end{bmatrix} \tag{3.6}$$

　　水下图像通常因光照不足或水体散射效应导致边缘信息不完整性。边缘检测算子通常只能确定图像边缘的大致位置，而边缘往往是不连续的。为了利用这些边缘信息进行图像分割，需要进一步的处理步骤，如边缘连接和边缘填充，这有助于形成封闭的边界，精准地提取到分割区域(图 3.3)。

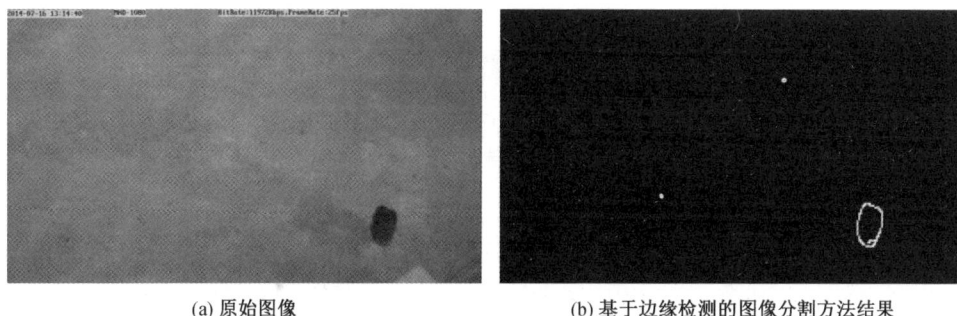

(a) 原始图像　　　　　　　　　(b) 基于边缘检测的图像分割方法结果

图 3.3　基于边缘检测的图像分割效果图

3.2.3　基于区域生长的图像分割方法

区域生长是一种基于像素相似度的图像分割方法,是常用的分割技术之一。它的基本思想是从种子点开始,逐步将与种子点相似的邻域像素加入区域中,直到没有符合条件的邻域像素为止。在水下图像分割中,区域生长方法可以有效地识别和分离具有相似颜色或纹理特征的区域。

区域生长的核心在于如何定义和计算像素间的相似度。常用的相似度指标包括灰度值、颜色和纹理等。具体地,可以通过以下公式来度量两个像素间的相似度:

$$similarity(s,q) = \exp\left\{ -\frac{[I(s) - I(q)]^2}{2\sigma^2} \right\} \tag{3.7}$$

其中,$I(s)$ 和 $I(q)$ 分别表示种子点 s 与邻域像素 q 的属性值(如灰度或颜色);σ 是衡量相似性敏感度的参数。基于高斯模型的相似度度量有助于平滑处理属性值的微小差异,从而促进区域的均匀生长。实施区域生长算法通常遵循以下步骤。

(1)初始化:从图像中选择一个或多个种子点作为生长的起始点。种子点可以是图像中亮度最高或最低的点,也可以是颜色差异显著的区域。

(2)区域扩展:对每个种子点,考察其邻域中的每个像素,并根据相似性准则决定是否将这些像素并入当前生长的区域。

(3)迭代更新:重复这一过程,直到没有新的像素可以加入现有的区域中。

为了提高分割精度和适应性,可以引入基于多特征的综合相似度度量,结合灰度、颜色和纹理等多种特征:

$$\begin{aligned} similarity_m(s,q) = &\, w_g similarity_g(s,q) + w_c similarity_c(s,q) + \\ &\, w_t similarity_t(s,q) \end{aligned} \tag{3.8}$$

其中,$\text{similarity}_{\text{m}}(s,q)$是基于多特征的综合相似度度量,表示$s$和$q$之间的相似度;$w_{\text{g}}\text{similarity}_{\text{g}}(s,q)$是$s$和$q$之间基于灰度特征的相似度;$w_{\text{c}}\text{similarity}_{\text{c}}(s,q)$是$s$和$q$之间基于颜色特征的相似度;$w_{\text{t}}\text{similarity}_{\text{t}}(s,q)$是$s$和$q$之间基于纹理特征的相似度;$w_{\text{g}}$、$w_{\text{c}}$、$w_{\text{t}}$是各特征的权重,调整这些权重可以根据具体的应用需求定制相似度度量。

对于水下图像的分割任务,实施自适应阈值技术可以根据图像的局部特性或生长区域的特征动态调整阈值,从而适应不同的图像场景并增强分割的灵活性。基于区域生长的方法在水下图像分割中表现尤为出色,图3.4展示了该方法的效果,其能够有效识别和分离具有相似颜色或纹理特征的生物或地形特征。通过针对这些具体场景调整算法参数和处理策略,区域生长可以提供精确且可靠的图像分割结果,支持水下环境中的高级图像分析和解释任务。

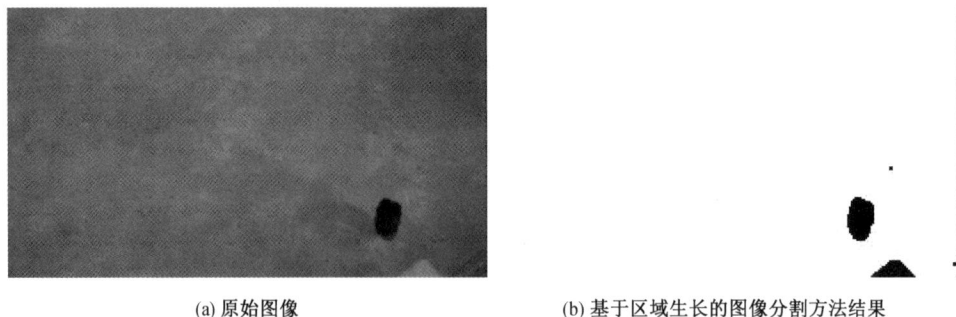

(a) 原始图像　　　　　　　　　(b) 基于区域生长的图像分割方法结果

图3.4　基于区域生长的图像分割效果图

3.3　基于深度学习的水下图像分割方法

随着深度学习技术的发展,基于深度学习的水下图像分割方法得到了广泛应用。基于深度学习的水下图像分割方法可以根据训练样本的需求分为基于全监督学习的方法和基于半监督学习的方法。基于全监督学习的方法利用大量标注数据进行训练,能够学习到丰富的特征表示,提高分割的准确性和鲁棒性。然而,在实际应用中,获取大量标注数据往往耗时耗力且昂贵,因此基于半监督学习的方法应运而生。基于半监督学习的方法在利用少量标注数据的基础上,通过结合大量未标注数据,依然能够获得较高的分割性能,从而在减少标注成本的同时,提升模型的实用性和推广能力。

3.3.1 基于全监督学习的方法

3.3.1.1 基于 UNet 的分割方法

（1）UNet

UNet 是为医学图像分割而设计的深度学习模型,最早在 2015 年提出,主要用于解决医学图像中的细胞分割问题。UNet 得到了广泛关注和应用,因为它在处理复杂背景的图像时显示出极高的准确度和效率,即使在数据量不足的情况下也能取得很好的分割效果。

UNet 设计旨在应对医学图像中细胞尺寸、形状和相似度的巨大差异,同时应对图像中常见的噪声和光照变化。其由于优良的分割性能,被广泛应用于水下图像分割领域。UNet 的架构独具特色,呈现 U 形(图 3.5),由一个收缩路径和一个对称的扩展路径组成,两者通过跳跃连接相连。收缩路径用于捕捉图像的上下文信息,而扩展路径则用于精确定位分割边界。跳跃连接的设计使网络在上采样过程中利用下采样时捕获的特征,保持边缘信息的精度。

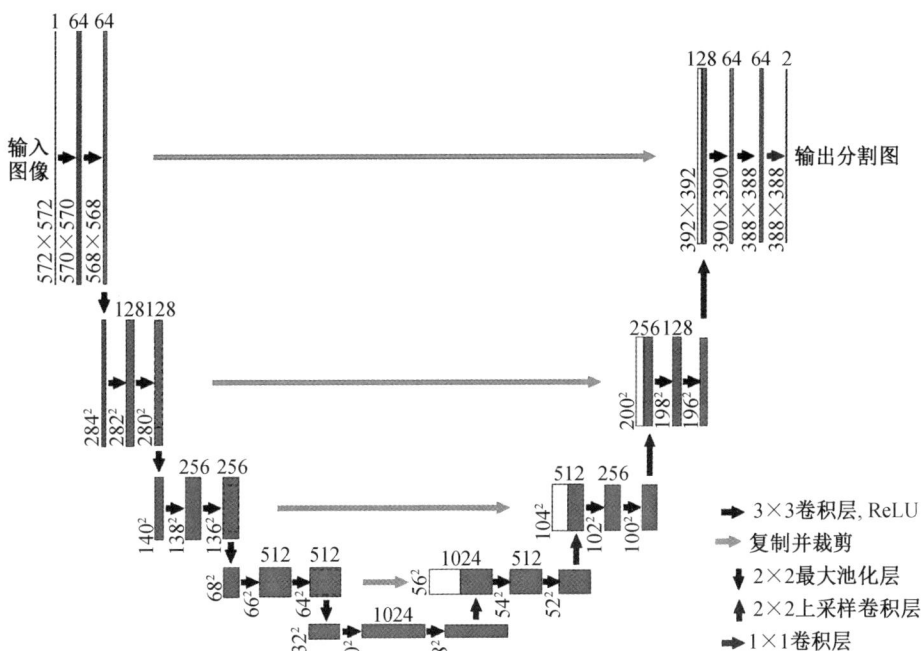

图 3.5 UNet 网络架构

收缩路径在 UNet 架构中扮演着至关重要的角色,主要负责捕获从局部到全局的图像特征。该路径的设计是基于传统的卷积神经网络,通过一系列卷积层和最大池化层来实现特征的提取与空间尺寸的缩减。以下是收缩路径的几个关键组成部分及其功能。

①卷积层

每个卷积层通常包含两个连续的 3×3 卷积操作,这是为了增强网络的学习能力而不增加额外的参数复杂性。这些卷积层用于提取图像的特征,每次卷积后通常接一个 ReLU 激活函数来引入非线性,使得网络能够捕获更复杂的特征。卷积操作后通常会使用批量归一化,这一步可以加速网络的收敛速度,同时也有助于抗过拟合。

②最大池化层

收缩路径中的最大池化层用于下采样,即减小特征图的空间维度。每个最大池化层通常使用 2×2 的窗口进行操作,步长为 2,这样可以在保留重要特征的同时减少计算量和避免过拟合。通过最大池化,网络不仅减少了每一层的特征数量,还能保留最显著的特征,这些都是后续层更深层次特征提取的基础。

③特征通道扩展

在 UNet 的收缩路径中,随着层级的加深,特征图的尺寸逐渐减小,但特征通道数会逐渐增加。这一设计是为了在图像尺寸减小的同时能够增加更多的特征表示能力,允许网络学习更抽象的图像内容。例如,从原始输入图像开始,特征通道数可能从 64 增加到 128,再到 256,最后达到 512 或更高。这种逐渐增加的通道数确保了网络能够在深层次中捕捉更复杂的图像特征。

通过这种结构安排,收缩路径在 UNet 中充分发挥了"深入捕获图像特征"的作用,为整个网络的性能和精确度提供了支撑。此外,这一路径的设计也使得 UNet 非常适合处理那些需要精细背景信息解析的复杂图像任务。

扩展路径在 UNet 架构中是收缩路径的对称反射,主要负责将通过收缩路径获得的编码特征进行上采样,并逐渐恢复到原始图像的尺寸,从而实现精确分割。该路径的设计关键在于如何有效地利用收缩路径中提取的深层特征,并结合更高分辨率的特征来精确定位图像中的目标边界。

④上采样与卷积

扩展路径的每一步通常开始于上采样操作,通常使用转置卷积或简单的双线性插值方法来实现。这些上采样操作逐步增加特征图的尺寸,减少特征通道数,逐渐接近原始图像的分辨率。上采样后,通常会进行一系列卷积操作来细化特征。卷积操作不仅能进一步处理合并的特征,还有助于消除上采样过程中可能引入的伪影。

⑤跳跃连接与特征融合

扩展路径的一个显著特点是使用跳跃连接,将收缩路径中的特征图直接传递到扩展路径中对应的层。跳跃连接通常通过特征图的拼接来实现,即将收缩路径中的特征图与上采样后的特征图在通道维度上合并。特征融合策略使得网络能够在分割过程中利用不同层级的上下文信息,保证高层次的语义信息和底层的细节信息同时被考虑,极大地增强了分割的准确性和细致度。

⑥卷积层的作用

在特征融合之后,扩展路径还会包含若干卷积层,卷积层主要用于平滑和优化合并的特征图,确保分割边界的精确和连续。与收缩路径中使用的卷积层类似,扩展路径的卷积层也通常配备 ReLU 激活函数和批量归一化,以维持网络的非线性和加速训练过程。

⑦输出层

扩展路径的最后通常会有一个 1×1 的卷积层,该卷积层的主要作用是将多通道的特征图转换为最终的分割图,其通道数对应于目标类别的数量。这一层的输出是每个像素属于各个类别的概率,常通过一个 sigmoid 或 softmax 激活函数来处理,从而生成最终的分割结果。

通过这种精心设计的扩展路径,UNet 不仅能够有效地恢复图像的细节和准确定位目标边界,还能保证在整个图像分割过程中信息的完整性和效率。结合深层语义信息和高分辨率细节信息的策略,使得 UNet 在处理需要高准确度和细节敏感的图像分割任务时表现出了卓越的性能。

⑧损失函数

在基于 UNet 图像分割任务中,损失函数是评估模型预测精确度的关键因素,其设计直接影响到模型训练的效果和最终的分割性能。常见的损失函数有交叉熵损失、Dice 损失以及它们的组合损失等。每种损失函数都有其特定的适用场景和优缺点。

交叉熵损失是较常用的损失函数之一,特别适用于处理分类问题,包括像素级的图像分割任务。在图像分割中,每个像素都被视为一个独立的分类问题。其数学表达式为

$$L = -\frac{1}{N} \sum_{i=1}^{N} \sum_{c=1}^{C} y_{ic} \log \hat{y}_{ic} \tag{3.9}$$

其中,N是像素的总个数;C是类别个数;y_{ic}是第i个像素属于类别c的标签;$\hat{y}_{ic}$是预测该像素属于类别c的概率。该损失函数计算简单,对于每个类别的概率预测提供了直接的概率估计。但是,在类别不平衡的情况下,即某些类别的像素远多于其他类别时,小类别可能会被大类别主导,从而影响模型对小类别的学习和识别。

Dice损失是一种用于衡量两个样本相似度的统计工具,常用于医学图像分析中评估分割的精度。其数学表达式为

$$\text{Dice} = \frac{2 \times \text{TP}}{2 \times \text{TP} + \text{FP} + \text{FN}} \tag{3.10}$$

$$\text{Dice 损失} = 1 - \text{Dice} \tag{3.11}$$

其中,TP、FP、FN分别代表真正例、假正例和假负例的数目。Dice系数越接近1,表示分割结果与真实标签越相似。此类损失函数特别适用于处理数据不平衡问题,因为它直接关注类间的重叠区域。但是,在有些情况下,Dice损失可能导致梯度消失,特别是当预测结果非常差时,损失函数的梯度可能接近于零,从而影响模型的训练过程。

基于UNet的水下图像分割方法因其在捕捉多尺度特征方面的卓越能力而受到人们的重视。UNet通过其独特的U形架构,结合下采样和上采样路径,有效地融合了不同层次的特征信息,从而在处理复杂的水下场景时表现出色。此外,UNet在小样本数据集上的强大表现使其特别适用于水下图像分割任务。然而,UNet也存在一些不足。由于水下环境的复杂性和光照条件的变化,UNet在应对水下图像中的噪声和低对比度时可能表现欠佳。另外,标准的UNet模型在处理高分辨率图像时计算成本较高,可能需要更高性能的硬件支持或进行模型优化,才能满足实时应用需求。

UNet架构自从2015年被提出以来,由于其出色的性能,在许多领域,特别是在医学图像分割领域,已经催生了许多强大的变种。这些变种利用了UNet的基本设计原则,并在此基础上进行了创新,以适应不同的应用需求和技术挑战。

(2)UNet++

UNet++是对原始UNet架构的一种改进,其设计了一个嵌套的、密集的跳跃连接结构。此结构不仅可以改善梯度的流动,还可以提高网络的特征学习能力。UNet++通过在不同的特征图尺度上引入深度监督,使得模型可以在不同层次上学习分割任务,这对于处理更复杂或更不规则的图像结构尤其有效。其网络结构如

图 3.6 所示。

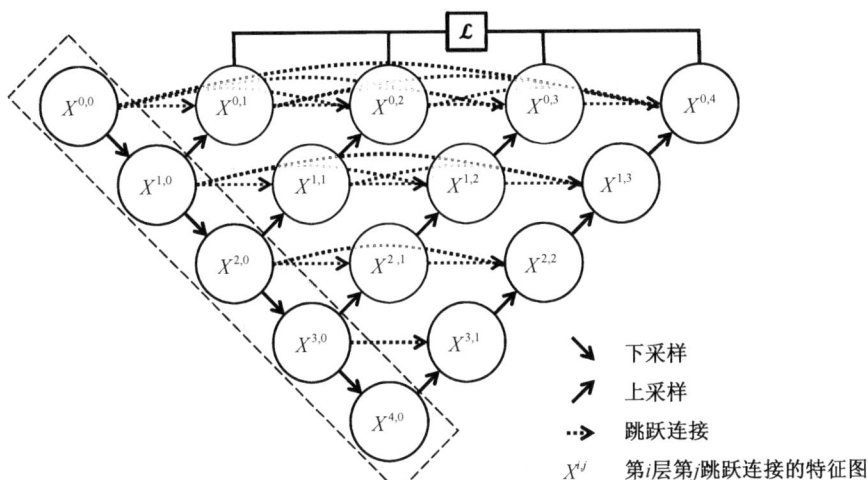

图 3.6　UNet++网络结构

　　具体来说,UNet++在每个下采样和上采样步骤之间引入了更多的跳跃连接,这些跳跃连接通过密集的方式连接不同尺度的特征图。该设计使得模型能够更好地捕捉和整合多尺度的特征,从而在处理复杂的图像结构时表现更加出色。此外,深度监督的引入意味着在模型训练过程中,不同尺度的特征图都参与了损失计算,它使得模型在不同层次上都能有效地学习到有用的分割信息。

　　(3)V-Net

　　V-Net 是专门为体积医学图像(3D 图像)设计的,它是 UNet 的三维版本。与 UNet 使用 2D 卷积层和池化层不同,V-Net 使用 3D 卷积层和 3D 最大池化层,使其能够处理三维数据,常用于 MRI 和 CT 图像的分割。V-Net 还引入了一个新颖的损失函数,这有助于更好地优化分割边界。其网络结构如图 3.7 所示。

　　具体而言,V-Net 采用 3D 卷积层来捕捉三维空间中的特征,使得它在处理包含复杂空间信息的体积数据时具有显著优势。3D 最大池化层进一步帮助网络在不同尺度上提取有用的特征,从而提高分割的精确度。为了优化分割边界,V-Net 引入了一种专门设计的损失函数,该函数在训练过程中能够更好地关注边界区域,使分割结果更加细致和准确。

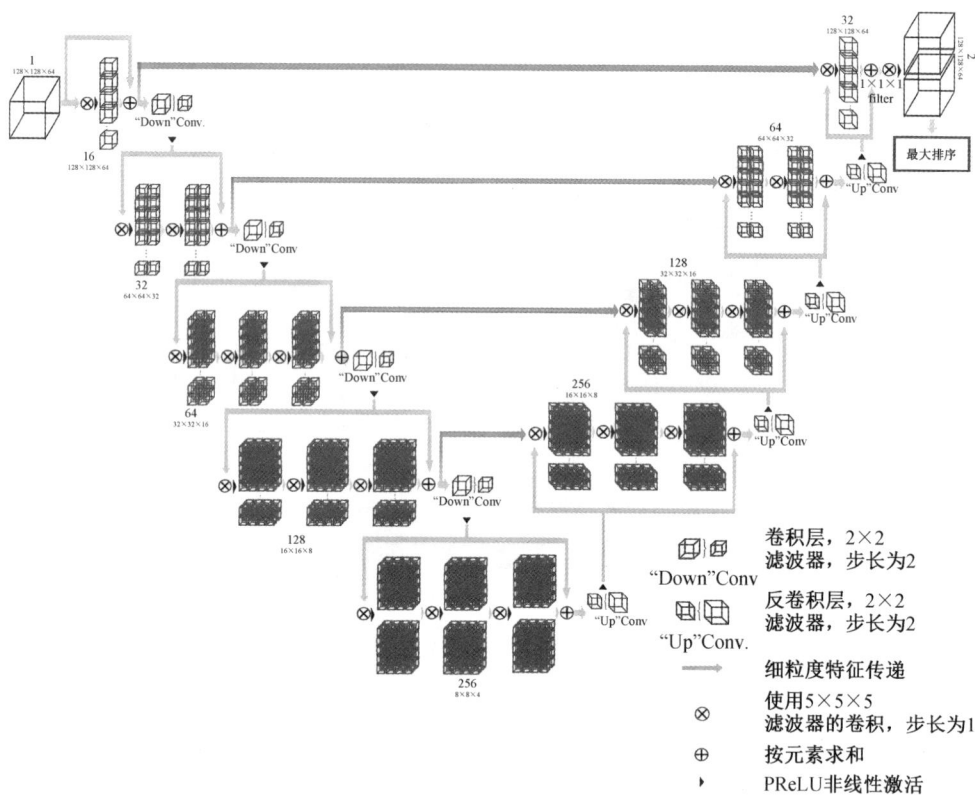

图 3.7 V-Net 网络结构

（4）Attention UNet

Attention UNet 在原有的 UNet 架构中引入了注意力机制,使得网络能够更加关注图像中的关键区域,从而提高分割的准确性。在 Attention UNet 中,注意力门控（attention gates）被引入跳跃连接中,用于过滤跳跃连接传递的特征。这种设计可以有效地防止不相关特征的干扰,提升模型对目标区域的关注度。其网络结构如图 3.8 所示。

具体来说,Attention UNet 通过注意力门控机制,在每个跳跃连接处动态调整传递的特征信息。注意力门控机制会根据上下文信息生成注意力权重,对重要的特征进行增强,对不相关的特征进行抑制。这种机制确保了网络在上采样过程中能够聚焦于图像中的关键部分,从而在分割任务中获得更高的精度。通过这种方式,Attention UNet 在处理复杂背景和具有挑战性细节的图像时表现得尤为出色。

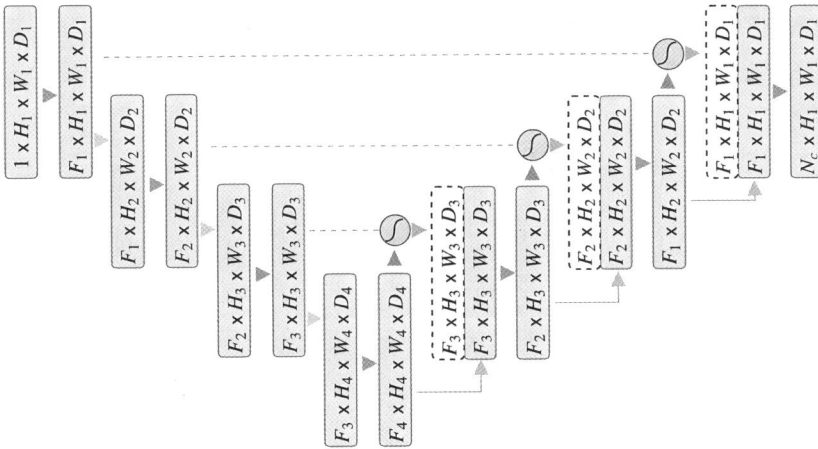

图 3.8 Attention UNet 网络结构

（5）UNet 3+

UNet 3+在 UNet++的基础上进一步发展，通过在全分辨率的特征图之间建立深层的跳跃连接来增强细节的捕获能力。它通过引入跨层连接和深度监督，实现了从低层到高层的全范围特征融合，从而优化了分割效果。其网络结构如图 3.9 所示。

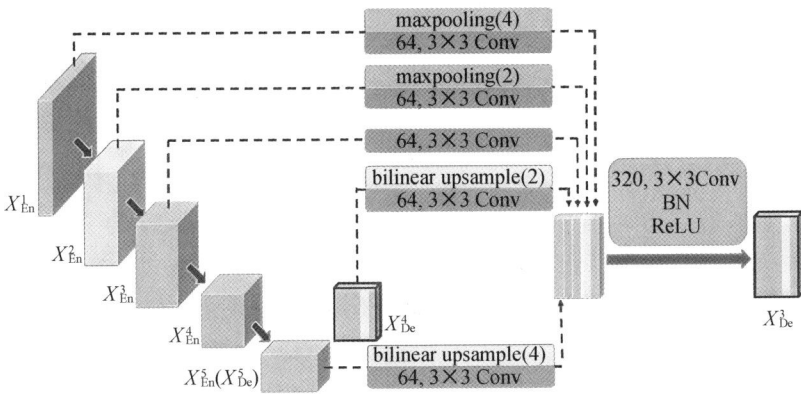

图 3.9 UNet 3+网络结构

具体来说，UNet 3+在每个网络层之间建立了更多的跨层连接，使得不同分辨率的特征图可以相互融合。此设计使得网络能够更好地捕捉细节信息，提高分割精度。此外，UNet 3+通过深度监督的方式，使得不同层次的特征图在训练过程中都能参与损失计算,这不仅增强了网络的学习能力,还提高了分割的准确性和鲁棒性。全面的特征融合和深度监督策略,使得 UNet 3+在处理复杂图像分割任务时,特别是在需要精确捕捉细节和处理高分辨率图像的应用中表现出色。

(6)R2U-Net

R2U-Net 是 UNet 的一种递归变体,它在 UNet 的基础上加入了递归卷积层。递归卷积层可以在不增加额外参数的情况下增加网络深度和复杂度,从而改善模型的学习能力。R2U-Net 尤其适合于数据量较少的情况,可以通过迭代地重复利用特征图来增强特征的表达。其网络结构如图 3.10 所示。

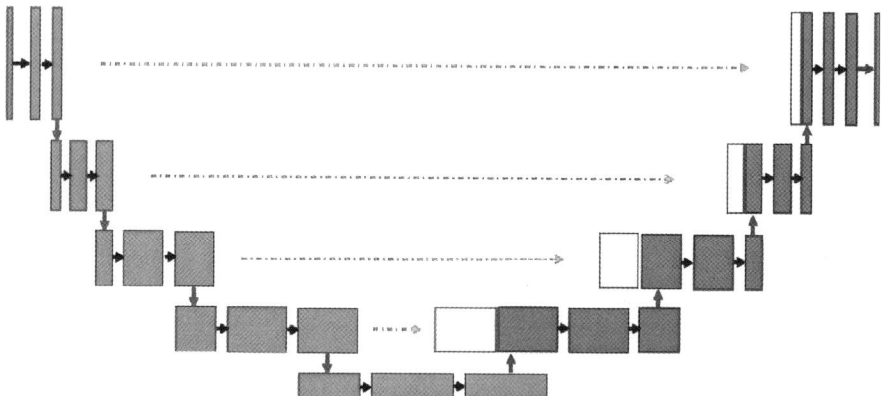

图 3.10　R2U-Net 网络结构

具体来说,R2U-Net 在每个卷积操作中引入了递归机制,使得同一层的特征图可以反复被卷积处理,从而提取更丰富的特征信息。递归操作相当于增加了网络的有效深度,提升了网络的表示能力,而不需要增加额外的参数。因此,R2U-Net 在处理小样本数据集时,能够更好地学习和泛化。此外,递归卷积层的引入使得特征图能够在迭代过程中不断强化,从而提高分割任务中的特征表达和分割精度。

3.3.1.2　基于 DeepLabv3 的分割方法

(1)DeepLabv3

DeepLabv3(图 3.11)是谷歌在 2014 年推出的一种高效语义分割框架,专为处理复杂视觉场景中的语义图像分割任务而设计。它的设计重点在于提升分割精度,特别是对物体边界区域的细致处理。其由于优异性能,被广泛应用于水下图像分割领域。

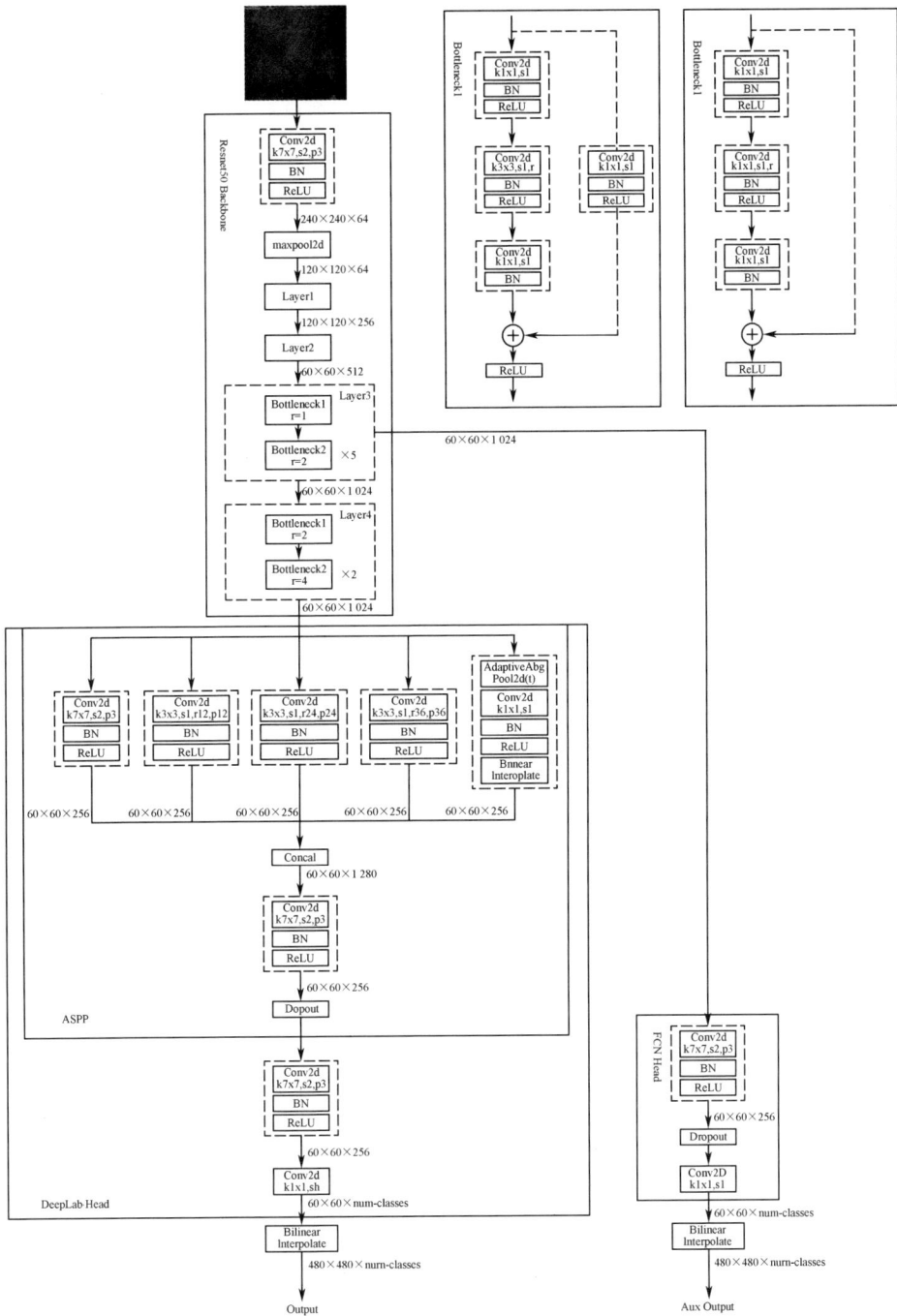

图 3.11　DeepLabv3 网络结构

DeepLabv3 通过结合空洞卷积技术,增加了网络的感受野,同时保持了图像分辨率。这种方法解决了传统 CNN 在处理小对象和细节信息时的不足之处。

空洞卷积策略允许网络在不减少图像分辨率的情况下扩大感受野,使得模型在捕捉更广泛上下文信息的同时,依然对细节保持敏感;引入了空洞空间金字塔池化(ASPP)多尺度处理技术,能够在不同尺度上捕捉特征,提高了模型的鲁棒性和适应性;利用条件随机场(CRF)作为后处理步骤,进一步优化分割边界,使得分割结果更加精确。通过系列技术的组合,DeepLabv3 在语义分割任务中,特别是在处理复杂场景和细节方面展现出优异的性能。

①空洞卷积

空洞卷积通过在标准卷积核中插入"空洞"来增加感受野,而不增加额外的计算负担或参数数量,使得网络能在更大的空间范围内整合信息,而不损失分辨率。在传统的卷积中,卷积核的元素直接作用于输入特征图的相邻元素。而在空洞卷积中,卷积核的元素通过一个预定义的间隔(称为"扩张率"或"空洞率")作用于输入特征图。给定一个扩张率 r,空洞卷积的公式为

$$y[i,j] = \sum_{m,n} x[i + rm, j + rn] \cdot k[m,n] \qquad (3.12)$$

其中,$y[i,j]$ 是输出特征图在位置 (i,j) 的值;x 是输入特征图;k 是卷积核;m 和 n 是卷积核的空间维度索引。

空洞卷积示意图如图 3.12 所示。

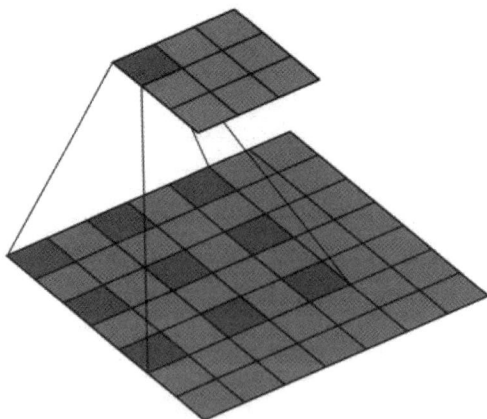

图 3.12　空洞卷积示意图

②ASPP

ASPP 利用不同采样率的空洞卷积来捕捉多尺度的信息,有效地编码不同范围的上下文信息。ASPP 金字塔池化技术可以同时处理多个尺度的图像特征,提高了模型对于不同对象尺寸的适应能力。ASPP 的示例公式为

$$Y = [\mathrm{ASPP}_1(X), \mathrm{ASPP}_2(X), \cdots, \mathrm{ASPP}_n(X)] \tag{3.13}$$

其中,$\mathrm{ASPP}_i(X)(i=1,2,\cdots,n)$ 表示对输入特征图 X 使用采样率为 r_i 的空洞卷积操作。

ASPP 结构图如图 3.13 所示。

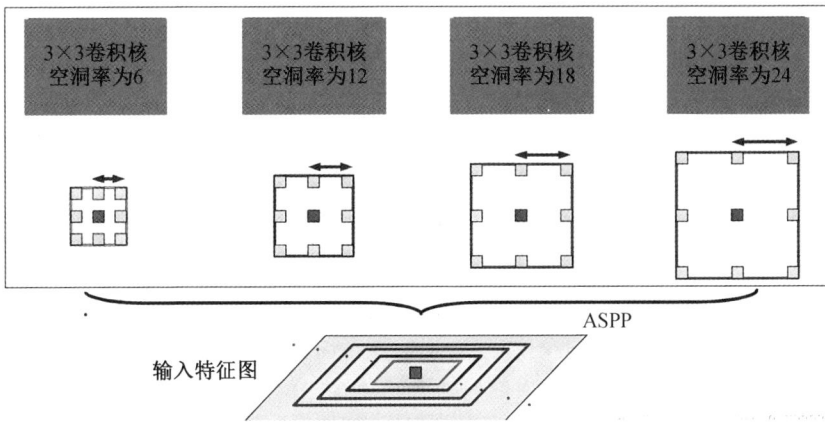

图 3.13　ASPP 结构图

③CRF

CRF 用于深度模型的输出层,以精细化分割结果,特别是在复杂的边界区域。通过模型化像素与像素之间的额外约束关系,CRF 有助于平滑分割结果中的不规则区域,提高边缘的精确度。CRF 在考虑局部特征的基础上,还能够利用全局上下文信息,从而提高模型在复杂场景下的表现。对于观测序列 $X = \{x_1, x_2, \cdots, x_n\}$ 和相应的标签序列,CRF 的条件概率表示为

$$P(Y \mid X) = \frac{1}{Z(X)} \exp\left[\sum_{i=1}^{n} \sum_{k} \lambda_k f_k(y_i, y_{i-1}, X, i)\right] \tag{3.14}$$

其中,$Z(X)$ 是归一化因子,确保了概率分布的归一性;f_k 是特征函数,用于描述观测序列 X 中的局部或全局特征和 λ_k 中的局部或全局特征。

④损失函数

DeepLabv3 通常采用 softmax 逻辑损失进行训练,该损失函数针对多类标签进

行概率估计,公式如下:

$$L = -\sum_{i=1}^{N} \log(p_i[l_i]) \tag{3.15}$$

其中,$p_i[l_i]$ 是网络预测像素 i 为 l_i 类;N 是像素总数。该损失函数有助于直接优化每个像素的分类准确性。

基于 DeepLabv3 的水下图像分割方法具有显著优势,其核心特点是利用空洞卷积和多尺度上下文信息聚合,使其能够有效捕捉和处理水下图像中的细节与全局特征。DeepLabv3 在处理复杂的水下场景时表现尤为出色,特别是在对抗模糊、光照变化和水下噪声方面,具有较高的鲁棒性。此外,DeepLabv3 的 ASPP 模块进一步增强了模型对不同尺度特征的感知能力,从而提高分割精度。

然而,DeepLabv3 也存在一些不足。尽管其空洞卷积技术十分有效,但在处理极端复杂的水下场景时,仍可能出现特征提取不充分的问题。此外,DeepLabv3 模型相对复杂,计算资源需求较高,这在资源有限的环境下可能成为限制因素。再者,与其他深度学习模型一样,DeepLabv3 在应对多样化的水下环境时,需要大量标注数据进行训练,而在实际应用中,标注数据的匮乏也是一大挑战。因此,针对水下图像分割的特殊需求,优化 DeepLabv3 模型显得尤为重要。这不仅能够提升模型的性能,还能更好地适应多样化的水下环境,推动相关领域的发展。

(2)DeepLabv3+

DeepLabv3+是一种先进的语义图像分割模型,由 Liang-Chieh Chen 等提出。它在 DeepLabv3 的基础上进行了改进,结合了多尺度特征提取和编码器与解码器结构,以增强图像分割的精度和效率。其网络结构如图 3.14 所示。DeepLabv3+相比于 DeepLabv3 主要引入了一个编解码器结构,结合了多尺度特征提取和深度可分离卷积,显著提升了分割边界的精度和计算效率。具体改进包括引入具有空洞卷积的编码器-解码器以及改进的 Aligned Xception。

深度可分离卷积将标准卷积分解为两个步骤:深度卷积和点卷积(即 1×1 卷积),从而大大降低了计算复杂度。具体而言,深度卷积在每个输入通道上独立执行空间卷积,而点卷积用于组合深度卷积的输出,如图 3.15 所示。在 DeepLabv3+中利用了这种结合了空洞卷积的卷积(亚可分卷积),并发现亚可分卷积显著降低了模型的计算复杂度,同时保持了相似甚至更好的性能。

DeepLabv3 作为编码器采用空洞卷积,以任意分辨率提取深度卷积神经网络的特征。在这里,将输出步幅表示为输入图像空间分辨率与最终输出分辨率的比率(在全局池化层或全连接层之前)。对于图像分类任务,最终特征图的空间分辨率通常比输入图像分辨率小 32 倍,因此输出步幅为 32。对于语义分割任务,可以采用输出步幅为 16 或 8 进行更密集的特征提取,这可以通过去除最后一个或两个块中的步幅,并应用相应的空洞卷积来实现。例如,当输出步幅为 8 时,分别对最后两个块应用膨胀率为 2 和 4 的空洞卷积。

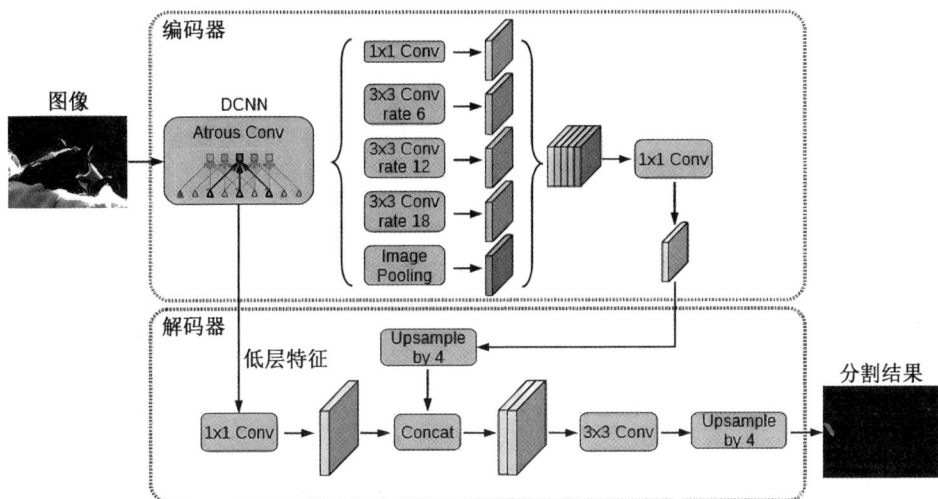

图 3.14　DeepLabv3+结构图

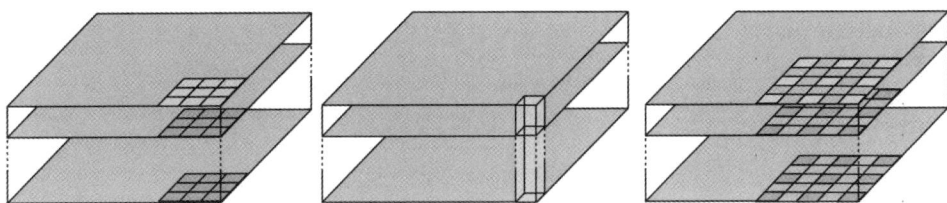

图 3.15　不同卷积

DeepLabv3 增加了 ASPP 模块,该模块通过在多个尺度上应用不同速率的空洞卷积来捕获卷积特征,同时保留了图像级特征。在原始 DeepLabv3 中,使用 logits 之前的最后一个特征映射作为编码器-解码器结构中的编码器输出。DeepLabv3 的编码器特征通常以输出步幅为 16 进行计算。然而,这种简单的解码器模块可能无法成功地恢复目标的分割细节。因此,笔者提出了一个简单而有效的解码器模块。具体而言,编码器特征首先以 4 的倍数进行双线性上采样,然后与来自具有相同空间分辨率的网络骨干的相应低级特征相连接(例如,在 ResNet-101 中跨步之前的 Conv2）。在低层特征上应用一个 1×1 的卷积来减少通道的数量,因为相应的低层特征通常包含大量的通道(例如,256 或 512),这可能会超过丰富的编码器特征(通常只有 256 个通道)的重要性,并且会使训练变得更加困难。在连接之后,应用一些 3×3 的卷积来改进特征,然后再进行一个简单的双线性上采样,上采样倍数为 4。

Xception 模型在 ImageNet 上显示出良好的图像分类结果,并且计算速度快。MSRA 团队修改了 Xception 模型(称为 Aligned Xception),并进一步提高了其在目标检测任务中的性能。基于上述基础,笔者将 Xception 模型用于语义图像分割任务。笔者在 MSRA 团队修改的基础上做了更多改进(图 3.16),具体包括:第一,采用更深层次的 Xception 模型,但没有修改入口流网络结构,以保持快速计算和内存效率;第二,所有的最大池化操作都被深度可分离卷积取代,这使得模型能够以任意分辨率应用深度可分离卷积来提取特征映射(另一种选择是将空洞卷积应用于最大池化操作);第三,在 3×3 深度卷积之后添加了额外的批处理归一化和 ReLU 激活。

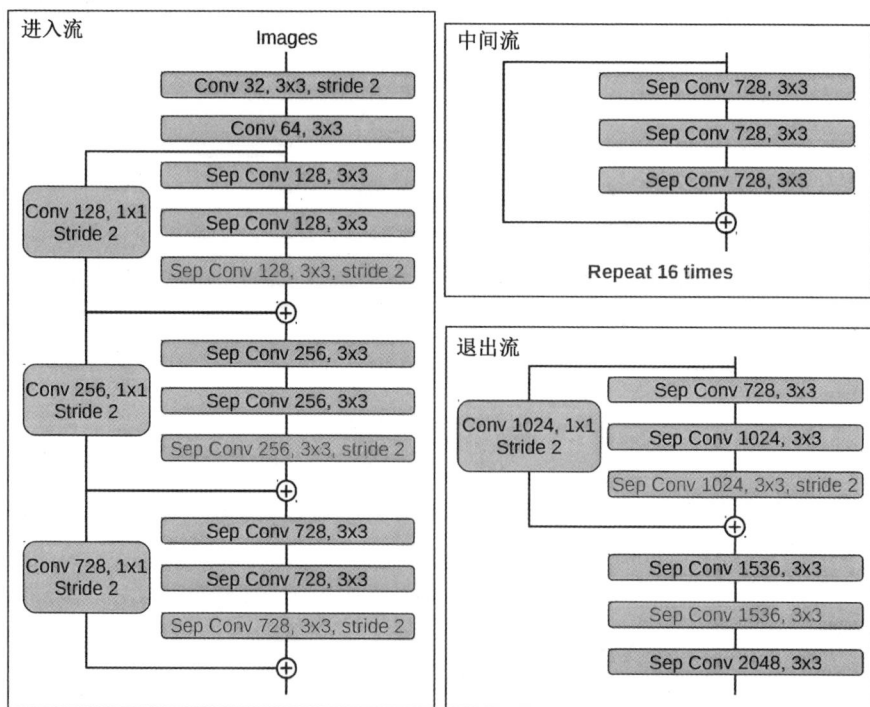

图 3.16　改进的 Aligned Xception 结构图

3.3.1.3　基于 Transformer 的图像分割方法

近年来,基于 Transformer 的图像分割方法在语义分割领域备受关注。这种新兴技术最初用于自然语言处理任务,如机器翻译和文本生成,但其强大的自注意力机制和并行化计算特性为图像处理任务提供了新的思路。

在语义分割任务中,基于 Transformer 的图像分割方法通常将图像视作一个序列(将图像像素按照一定顺序排列成序列),输入 Transformer 网络中,实现对图像的语义理解和分割。传统的 CNN 在处理长距离依赖关系和全局信息方面存在局限性,而 Transformer 通过自注意力机制,可以有效捕捉全局特征。对于复杂的水下环境,基于 Transformer 的图像分割方法能够更好地应对光照不均和低对比度等问题。

基于 Transformer 的图像分割方法通常采用类似于 Transformer 编码器–解码器结构的架构。编码器部分用于提取图像的特征表示,解码器部分则用于将特征表示映射为像素级别的语义分割结果。在编码器中,通常采用多头自注意力机制和前馈神经网络,用于捕捉图像特征之间的全局依赖关系和局部特征之间的空间关系。在解码器中,引入跳跃连接和上采样操作,有助于保留和融合不同尺度的语义信息,生成像素级别的语义分割结果。输入的水下图像被划分为多个小块,这些小块被平铺并通过一个线性层转换成一系列向量化的补丁。通过这种方式,基于 Transformer 的图像分割方法能够更好地捕捉和处理水下图像中的复杂特征,从而提升分割效果(图 3.17)。

编码器由多个堆叠的自注意力和前馈神经网络层组成,每层通过残差连接和层归一化进行正则化。编码器的计算过程如下:

$$\text{Attention}(Q,K,V) = \text{softmax}\left(\frac{QK^{\text{T}}}{\sqrt{d_k}}\right)V \tag{3.16}$$

其中,Q(查询)、K(键)和 V(值)是通过输入矩阵与对应的权重矩阵相乘得到的。多头注意力机制多次应用注意力机制,以捕捉不同的特征表示:

$$\text{MultiHead}(Q,K,V) = \text{Concat}(\text{head}_1,\text{head}_2,\cdots,\text{head}_h)W^O \tag{3.17}$$

每个头的计算如下:

$$\text{head}_i = \text{Attention}(QW_i^Q, KW_i^K, VW_i^V),\ i = 1,2,\cdots,h \tag{3.18}$$

解码器与编码器类似,也由 N 个相同的层堆叠而成。每层包括多头自注意力机制、编码器–解码器注意力机制、前馈神经网络三个主要子层。解码器在多头自注意力机制中引入了掩码(mask),以确保每个位置只能关注其之前的位置,以防止信息泄露。

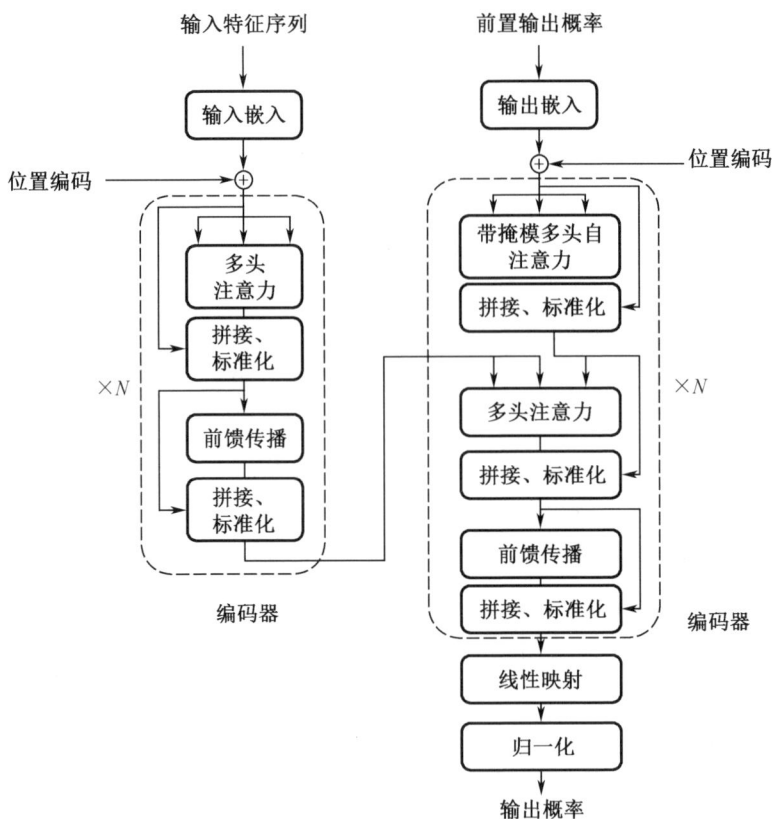

图 3.17　Transformer 架构

　　基于 Transformer 的水下图像分割方法在全局特征提取和长距离依赖关系建模方面具有显著优势,能够更准确地处理复杂背景和模糊边界问题,同时通过并行计算显著提高训练和推理效率。然而,该方法对大数据量和高计算资源的需求较高,且对噪声和颜色失真敏感,增加了模型训练和优化的复杂性,限制了其在资源受限环境中的应用。要在这些环境中有效应用基于 Transformer 的水下图像分割方法,可能需要进一步优化模型结构和算法,减少对计算资源的依赖,同时增强对噪声和颜色失真的鲁棒性。

3.3.2　基于半监督学习的图像分割方法

　　上述介绍的模型性能优异,训练这些性能优良的水下图像分割模型往往需要大量高精度的有标签数据,但一方面获取水下图像有标签数据的成本往往较高,另一方面许多场景下水下图像数据难以标注,费时费力。相对而言,无标签数据较为容易获取。半监督学习是一种使用有标签数据和无标签数据进行学习的任务,概念介于监督学习和非监督学习之间,其可以使用大量无标签数据和少量有标签数据进行模型学习。使用半监督学习的图像分割方法,可以充分利用这些无标签数据极大地提高水下图像数据的利用效率,节省大量的标注成本。

对于传统的监督学习模型,设定一个包含 l 个有标签数据的集合 $\{(x_i, y_i)\}$($i = 1, 2, \cdots, l$),其中每个样本对 (x_i, y_i) 包含了输入空间中的样本 x_i 及其对应的标签 y_i。在分类任务中,y_i 表示类别信息,而在回归任务中,y_i 则为实数值信息。这类数据集通常称为训练集。监督学习的目标是通过拟合一个函数,使得在给定未出现在训练集中的样本 x 时,能够正确预测其对应的标签 y。

在实际情况中,往往存在一个包含 u 个无标签数据的集合 $\{x_i\}$($i = l+1, l+2, \cdots, l+u$),其标签是未知的。半监督学习的目标是利用这些无标签数据来训练模型,使得模型的性能优于仅使用有标签数据训练的模型。使用半监督学习的前提条件是数据的潜在边界分布 $p(x)$ 包含了后验分布 $p(y \mid x)$ 的信息。在此情况下,可以利用无标签数据来估计 $p(x)$ 并从中推断出 $p(y \mid x)$。但当这一条件不成立时,即 $p(x)$ 不包含 $p(y \mid x)$ 的信息时,加入无标签数据并不能提升模型性能。

对于大多数数据集来说,使用半监督学习模型的基本条件是满足的,但 $p(x)$ 和 $p(y \mid x)$ 之间的关系并不是固定的。因此,人们提出了若干半监督学习的基本假设以形式化这些关系,这些假设构成了半监督学习算法的基础。目前常用的假设包括平滑性假设、低密度假设和流形假设。

(1)平滑性假设

平滑性假设在监督学习和半监督学习中都扮演着重要角色。其基本思想是,在特征空间中,如果两个数据点在输入空间中距离较近,那么它们的标签应该也是相似的。这种假设反映了数据在特征空间中的连续性和一致性。

在实际应用中,平滑性假设意味着我们可以通过在有标签数据之间进行插值来预测无标签数据。例如,在图像处理中,相邻像素的颜色通常相似,因此可以通过平滑性假设进行图像去噪和超分辨率处理。在自然语言处理中,相邻的单词或句子片段往往有相似的语义,这使得基于平滑性假设的方法在机器翻译和文本分类中表现良好。

半监督学习算法利用平滑性假设的一个典型例子是图卷积网络(graph convolutional networks,GCN)。GCN 通过构建数据点之间的图结构,并在图上进行卷积操作,使得相邻节点的特征向量更加相似,从而实现标签信息的平滑传递。另一个典型例子是基于拉普拉斯正则化的算法,它通过在损失函数中加入拉普拉斯矩阵,来确保相邻数据点的标签相似。

（2）低密度假设

低密度假设是指模型的决策边界应当位于数据密度较低的区域。此假设的核心理念是,在特征空间中,不同类别的数据点应该被分隔在高密度区域中间的低密度区域上,以减少分类错误。

这一假设在分类任务中尤为重要,因为它可以帮助模型找到更稳健的决策边界。低密度假设通常通过各种方法来实现,例如使用基于核密度估计的算法来识别低密度区域,并将决策边界放置在这些区域中。在半监督学习中,自训练是一种常见的方法,初始模型通过有标签数据进行训练,然后利用该模型预测无标签数据的标签。对于置信度较高的预测结果,这些无标签数据及其预测标签会被加入训练集中,逐步改进模型。

另一种利用低密度假设的方法是基于熵最小化的算法。该算法通过最小化模型预测的标签分布的熵,促使决策边界避开高密度区域,从而提高分类性能。低密度假设还被用于生成对抗网络(generative adversarial network,GAN)中,通过训练生成器和判别器,使得生成数据的分布更符合低密度假设,从而提高生成数据的质量和多样性。

低密度假设和平滑性假设的示意图如图 3.18 所示。

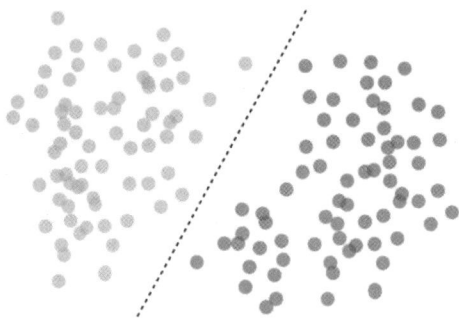

图 3.18　低密度假设和平滑性假设的示意图

（3）流形假设

流形假设认为,高维数据实际上位于低维的流形上,即数据的高维结构可以通过低维的流形来表示。流形假设基于这样一种观察:尽管数据可能具有高维特征,但这些特征存在某种内在的低维关系,通过识别和利用这些低维流形结构,可以提高模型的学习效果。

在图像处理领域,流形假设被广泛应用于数据降维和聚类任务。例如,在人脸识别任务中,尽管每张人脸图像都具有高维像素特征,但所有人脸图像的特征实际上位于一个低维的流形上。通过学习这一流形结构,人们可以实现更高效的人脸识别算法。

流形假设在半监督学习中的应用包括流形正则化和流形对齐。

流形正则化通过在学习过程中加入流形结构的约束,使得模型在低维流形上保持平滑和一致性。具体来说,流形正则化可以通过在损失函数中加入基于流形的正则化项,使得模型在低维流形上的预测更加平滑和连续。

流形对齐则通过将不同数据源的流形结构对齐,来实现跨领域的迁移学习和知识共享。例如,在跨语言文本分类任务中,不同语言的文本可能具有不同的特征分布,但它们的语义结构可以通过流形对齐方法进行对齐,从而实现跨语言的知识迁移和分类。此外,基于流形假设的变分自编码器(VAE)通过学习数据的低维流形结构,可以实现高效的数据生成和表示学习。VAE 通过在编码器和解码器中引入变分推断,使得数据在低维流形上的分布更加符合实际,从而提高生成模型的性能。

流行假设示意图如图 3.19 所示。

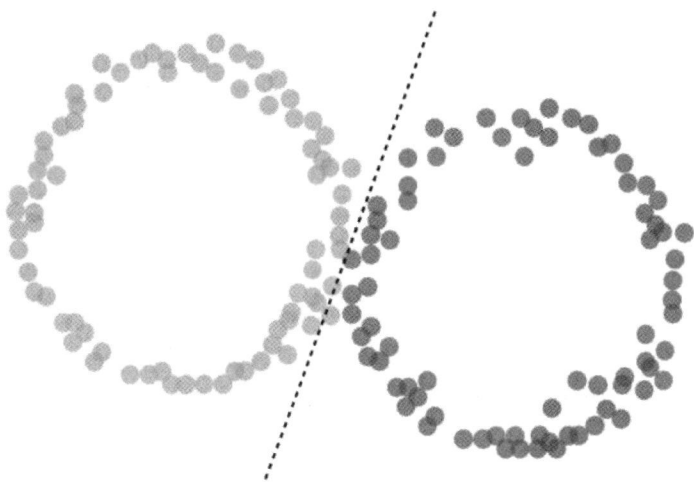

图 3.19　流行假设示意图

目前应用于水下图像分割的半监督语义分割方法主要分为两种：代理标签法和一致性正则化方法。

①代理标签法

第一个基于神经网络的半监督学习方法是 Rasmus 等提出的梯形网络(Ladder Networks)。该方法使用网络的前馈部分作为去噪自编码器的编码器,同时添加解码器,并在损失函数中增加一项用于惩罚重建的误差,从而扩展了前馈网络以合并未标记数据。Ladder Networks 的基本思想是,通过对输入数据的有效重建来学习潜在表示,这些表示也可以用于改进类别预测。

假设前馈网络具有 K 个隐层,网络的权重为 W。记第 k 层经过标准化的输入为 z^k,每层的激活函数为 h^k。对于常规的前馈网络而言,所给出的数据 x_i 的损失通过最后一层网络 $f(x_i)=h^k$ 的激活值与对应标签 y_i 经过函数 $l(f(x_i),\bar{y}_i)$ 计算得出。而对于 Ladder Networks,其加入了一个附加项 L 以惩罚网络对输入的小扰动的敏感性。这是通过将整个网络视为去噪自编码器的编码器部分来实现的。具体来说,首先向输入样本中添加均值为零、固定方差的各向同性高斯噪声,然后将现有的前馈网络视为编码器部分。接着添加解码器,该解码器使用噪声数据点 x 的最后一层表示为 h^k,并将其重建为 x。为此,网络的损失函数中增加了重建损失。这个无监督的损失项会惩罚输入数据点与其由网络生成的重建之间的差异,并适用于有标签和无标签的数据。通过这种方式,Ladder Networks 能够在无监督学习的过程中有效地利用无标签数据,增强了模型的表示能力和分类性能。Ladder Networks 的结构如图 3.20 所示。

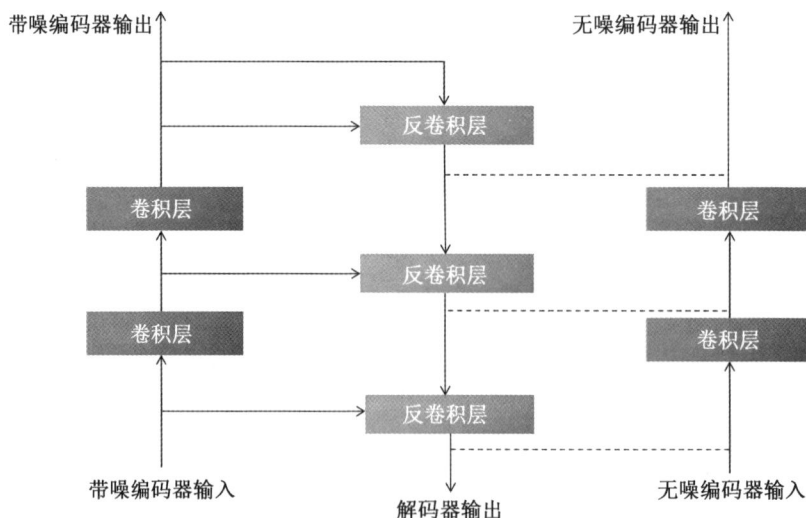

图 3.20 Ladder Networks 的结构图

虽然 Ladder Networks 的自编码器与传统的去噪自编码器有一些相似之处,但也存在以下两方面的差异。

a. 全层噪声注入:Ladder Networks 在所有层中引入噪声,而不仅仅是在第一层。具体来说,在第 k 层,噪声输入记为 $\tilde{h}_k$,产生的激活函数为 $\tilde{z}_k$。每个样本的监督损失部分 L_k 是基于这些噪声样本计算的。然而,在测试阶段,网络并不会引入噪声。

b. 改进的重建损失:Ladder Networks 的自编码器引入了一种不同的重建损失计算方法。传统的去噪自编码器仅惩罚原始输入 x 和重构后的结果 $\hat{x}$ 之间的差异。而 Ladder Networks 的自编码器不仅计算这一差异,还关注并计算数据隐藏表示的局部重构损失。为此,网络的解码器设计与编码器有相同的层数,且每层具有相同数量的节点。当数据点通过编码器时,每层都会添加噪声。在解码器中,每层的重建特征表示 $\hat{z}_k$ 会与编码器中相应层的原始特征表示 z_k 进行比较。因此,同一个数据点会分别以无噪声和加噪声的形式两次通过网络。Ladder Networks 最终的损失函数为

$$L(W) = \sum_{i=1}^{l} l(f(x_i), y_i) + \sum_{i=1}^{n} \sum_{k=1}^{K} RC(z_i^k, \hat{z}_i^k) \qquad (3.19)$$

其中,$RC(\cdot, \cdot)$ 为 ReconsCost,表示两个归一化向量平方的 L_2 范数。

除了 Ladder Networks 对输入数据进行显式扰动外,另一种半监督学习方法是直接对神经网络模型施加扰动。这种方法通过对比相同输入下扰动后的网络激活与原始网络激活之间的差异来提高模型的鲁棒性。Bachman 等提出了一种名为 Pseudo-ensembles 的通用网络框架,该框架由一个父模型和一个或多个子模型组成。父模型未经扰动,子模型通过加入噪声进行扰动,生成与父模型不同的激活输出。经过扰动的网络 $\tilde{f}_\theta^k(x_i; \xi)$ 是基于噪声样本 ξ 和父模型 $f(\theta)$ 得到的。监督损失用于计算有标签数据的误差,无监督损失则用于度量无标签数据在经过扰动后的网络输出与原始网络输出之间的一致性。假设前馈网络具有 K 层,$f_\theta^k(x_i)$ 和 $\tilde{f}_\theta^k(x_i; \xi)$ 分别是未经扰动和经过扰动的第 k 层网络,则 Pseudo-ensembles 网络的损失函数 L 为

$$L = E_{\xi \approx l}^{E}\left[\frac{1}{l} \cdot \sum_{i=1}^{l} L(\tilde{f}_\theta(x_i; \xi), y_i)\right] + E_{\xi=l}^{E}\left[\frac{1}{n} \cdot \sum_{i=1}^{n} \sum_{k=2}^{K} \lambda_k \cdot v_k(f_\theta(x_i), \tilde{f}_\theta(x_i; \xi))\right]$$
$$(3.20)$$

其中,连续性损失 v_k 是对同一个输入第 k 层未扰动和扰动网络之间的差异,是特定损失项的相对权重。该网络随着时间的推移逐渐增加 k 权重,以便人们在早期阶

段更多关注监督目标。

除了在损失函数中比较未扰动的父模型和扰动模型参数外，还可以直接比较两个扰动模型之间的差异。Laine 等提出了 Pi-model，其是 Pseudo-ensembles 模型的简单变体，通过对两个经过不同扰动的神经网络模型输出进行一致性监督，从而充分利用无标签数据，其网络结构如图 3.21 所示。在 Pi-model 中，首先对输入数据进行随机变换，生成两个版本的数据。这两个版本的数据分别输入经过 Dropout 随机扰动的两个神经网络模型中，得到相应的输出。通过平方损失函数来计算这两个输出之间的差异，以衡量两个网络输出的一致性。对于有标签的数据，还会将输出与真实标签进行比较，并使用交叉熵损失来计算二者之间的差异。最终，通过权重混合交叉熵损失和平方损失，形成最终的网络损失函数。而对于无标签的数据，仅比较两个输出之间的一致性。Pi-model 的主要优势在于，通过对两个扰动模型输出进行一致性监督，增强了模型的鲁棒性和泛化能力。然而，这种方法的缺点在于需要同时使用两个网络进行预测，导致计算资源占用较多，且计算速度较慢。

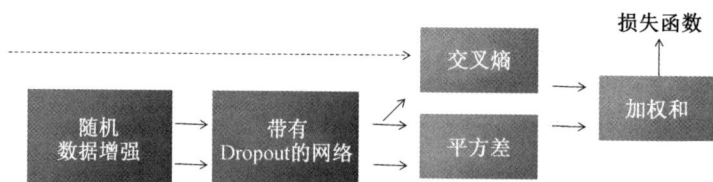

图 3.21 Pi-model 网络结构

②一致性正则化方法

一致性正则化的基本理念是：鼓励模型对同一数据样本在不同变换下的输出保持一致。Mean-Teacher 法引入了师生模型架构，除了遵循一致性正则化的思想外，还强调提高伪标签质量对于半监督语义分割模型成功的关键作用。ChenL 提出的多尺度特征半监督图像分割方法基于 Mean-Teacher 架构，如图 3.22 所示。其核心思想是利用当前训练的学生模型构建一个表现更佳的教师模型。教师模型用于预测无标签数据生成伪标签，并将这些伪标签用于训练学生模型。每次训练后，通过对学生模型的参数进行指数移动平均(exponential moving average，EMA)更新，生成一个新的教师模型。通过反复迭代这一过程，可以逐步提高学生模型的性能。最终，训练好的学生模型将被用于图像分割任务。

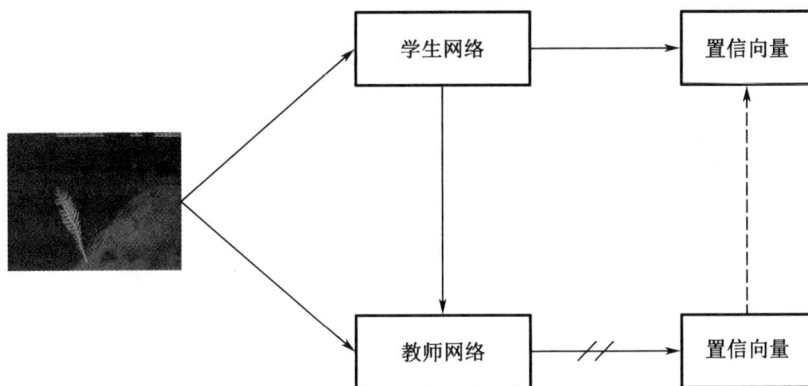

图 3.22　**Mean-Teacher 方法**

PseudoSeg 也是一种半监督语义分割框架,旨在通过生成和利用高质量的伪标签来提高无标签数据的利用效率,从而提升语义分割的性能。该框架采用双模型架构,包括教师模型和学生模型,其框架如图 3.23 所示。教师模型首先对无标签数据进行预测,生成初步的伪标签。这些伪标签会经过筛选,仅保留置信度较高的标签,从而确保标签的质量。学生模型利用这些高质量的伪标签进行训练。在训练过程中,PseudoSeg 应用一致性正则化技术,保证学生模型对同一数据样本在不同变换下的输出一致,从而增强模型的鲁棒性。每次训练后,通过对学生模型的参数进行更新,生成新的教师模型。这个过程不断迭代,使教师模型和学生模型共同进步,逐步提升模型的性能。最终,训练好的学生模型将用于实际的语义分割任务。

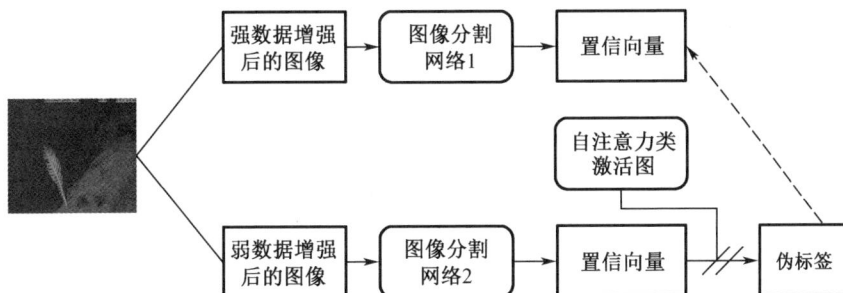

图 3.23　**PseudoSeg 框架**

GCT 方法在上述两种方法的基础上提出了一种交叉概率一致性的方法。GCT

的框架如图 3.24 所示,其中包括两个具有相同结构但初始化不同的网络,分别称为图像分割网络 1 和图像分割网络 2。为了约束这两个网络在无标签数据上的输出结果,GCT 采用一致性正则化技术对网络模型进行训练。尽管 GCT 的结构相对简单,但其效果非常出色。其在 PASCALVOC2012 图像分割数据集上,取得了优秀的效果。通过利用两个具有不同初始化的网络,并采用交叉概率一致性的训练策略,GCT 方法成功地提升了模型的性能。这种方法为半监督图像分割领域带来了重要的贡献,并展示了在无标签数据上进行交叉概率一致性训练的有效性。

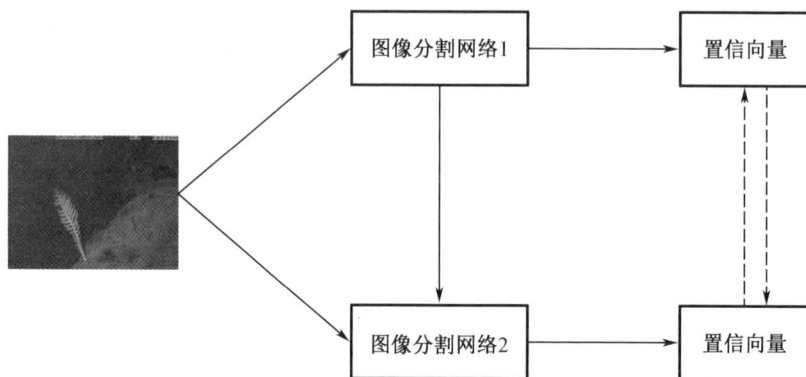

图 3.24　GCT 框架

CPS 方法结合了自训练和一致性正则化两种策略,其框架如图 3.25 所示。在训练无标签数据时,首先根据每个网络的输出置信向量通过 softmax 函数计算相应的伪标签。然后,使用生成的伪标签与另一个网络的输出置信向量进行交叉监督,计算相应的交叉监督损失。CPS 方法中的图像分割网络 1 和图像分割网络 2 具有相同的结构,但初始化参数不同。CPS 通过使用生成的伪标签进行交叉监督,体现了一致性正则化的思想。使用另一个网络生成的伪标签来监督自身网络,体现了自训练的思想。

值得注意的是,CPS 方法在测试阶段只使用其中一个图像分割网络的输出作为最终的预测结果,以减轻计算负担。CPS 方法综合了自训练和一致性正则化的优点,通过交叉监督和伪标签生成,实现了无监督数据的有效利用。该方法在训练过程中通过自训练和一致性正则化相互促进,提升了模型的性能。此外,CPS 方法在测试时只使用一个网络的输出结果,减少了计算开销,同时保持了良好的预测准确性。

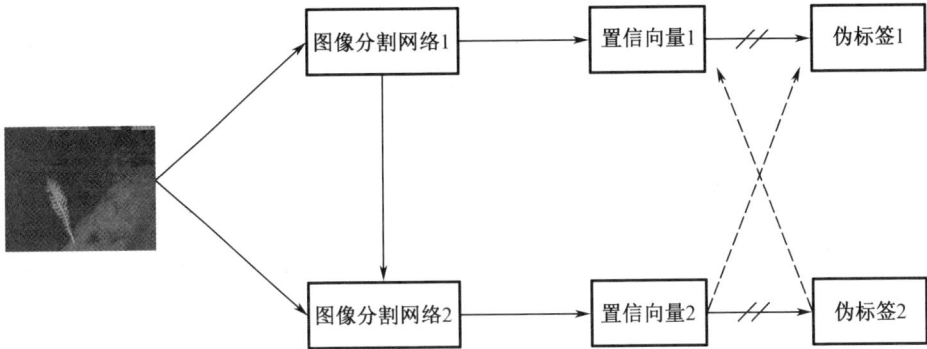

图 3.25　CPS 方法框架

3.4　应　用　案　例

精确地分割深海矿物图像在科学采矿中起着关键作用。然而,深海光照条件差,图像对比度低,且矿物多为密而小的目标,导致深海矿物图像分割效果不佳。此外,随着深度学习技术的快速发展,基于深度学习的水下矿物图像分割技术也得到了广泛应用。但是,常用的全监督深度学习算法需要大量的有标签数据用于训练,而深海矿物图像标注极为困难,导致深海矿物图标签样本少,限制了深度学习模型的性能。因此,本书提出了基于半监督学习的深海矿物图像分割方法。本实验以 Unet 模型以及 Mean-Teacher 半监督学习框架为基础对深海矿物图像进行分割。

深海矿物图像分割实验流程(图 3.26),主要包括数据预处理、模型构建与训练、测试验证三个阶段。在数据预处理阶段,获取深海视频,通过提取关键帧、裁剪等方法构建数据集,并将其划分为训练图像数据集和测试图像数据集。在模型构建与训练阶段,利用训练图像数据集,搭建基于深度学习的水下图像分割模型,并进行模型训练。如果训练模型未收敛,继续训练,直至收敛为止,并保存训练参数。在测试验证阶段,使用测试图像数据集对完成训练的模型进行测试,得到分割结果,并进行评价分析,最终得出实验结果。

(1)数据预处理

实验数据来自"蛟龙"号载人潜水器在某海山区拍摄的某一个潜次矿物资源视频,并按照如图 3.27 所示的流程构建数据集。首先收集"蛟龙"号载人潜水器在某海山区拍摄的视频数据;其次截取视频中关键帧图像,使用 Labelme 工具对图像进行标注;最后,获得 115 张图像及相应的标签,其中的 100 张作为训练集,15 张作为测试集,以及 200 张无标签数据。

(2)模型构建与训练

本实验使用的中央处理器为英特尔 i5-12490,图形处理器为 NVIDIA GeForce RTX3060,显存为 12G。软件环境为 Windows10 操作系统,Pytorch 1.13.0 深度学习框架和 PyCharm 开发平台。所有模型在训练时均使用随机梯度下降作为优化器进行参数更新,使用余弦退火策略调整学习率,每批次输入图像尺寸固定为 640 mm×640 mm,迭代次数为 100 次,批尺寸为 4。

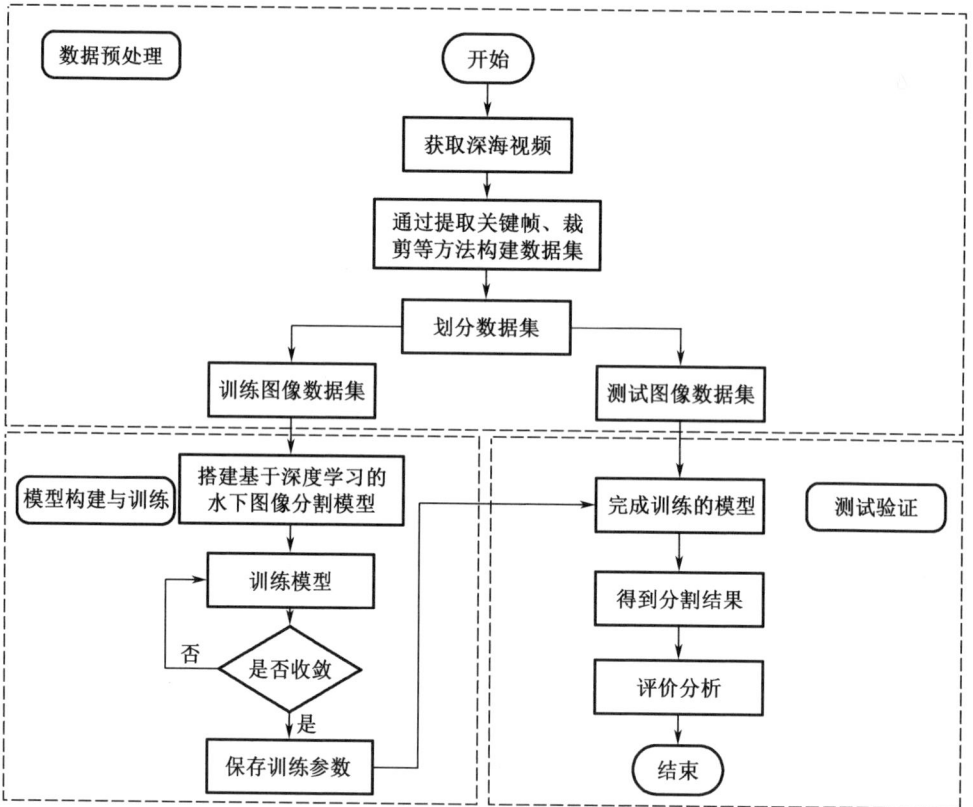

图 3.26　深海矿物图像分割实验流程

在预处理后的图像基础上,选择合适的分割模型进行矿产资源区域的分割。在构建和训练分割模型时,通常需要以下步骤。

选择模型架构:在构建图像分割模型时,首先需要选择合适的模型架构。常见的分割模型包括基于 UNet、DeepLabv3 和 Transformer 等深度学习模型,考虑到本书所使用德威数据集属于小样本数据集,即选择使用参数量和计算量相对较小的Unet 网络架构作为深海矿物图像分割模型,该网络是一个典型的 U 形结构,在医学分割领域取得了较好的效果,其详细介绍见本章的相关内容。

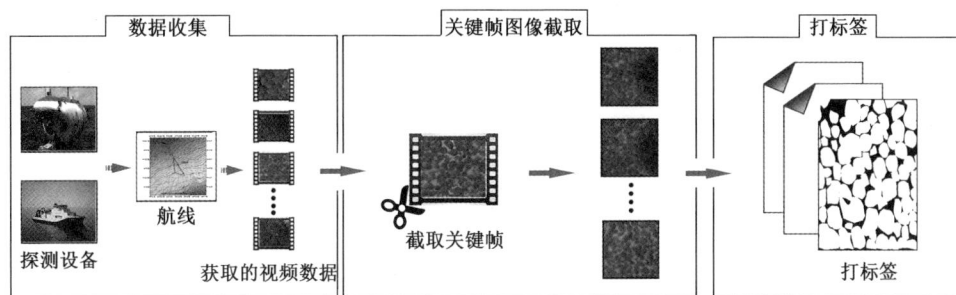

图 3.27　数据集构建流程

制定训练技巧:深海生物图像如图 3.28 所示,图像中各个矿物目标小而密集。一方面,这种形状不规则的矿物,尺度变化较大,模型难以提取特征,这对基于深度学习的图像分割模型造成了极大的困难。另一方面,这种图像提高了实验者标注的难度,极其消耗人力和物力。因此,在实验训练时我们引入了 Mean-teacher 半监督算法,通过学生–教师模型的范式提供高质量的伪标签,进而提升模型在小样本的深海矿物图像数据集上的分割性能。

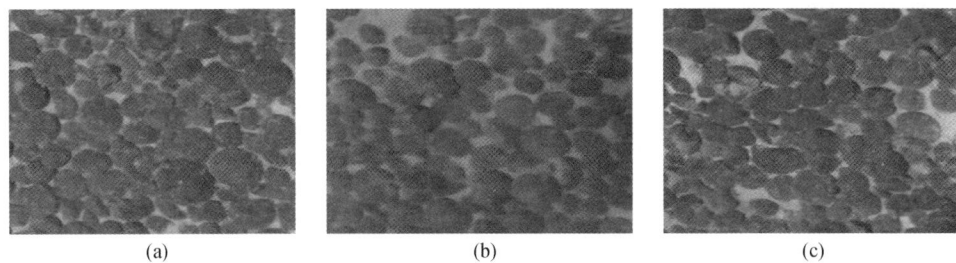

|(a)|(b)|(c)|

图 3.28　深海矿物图像

定义损失函数:图像分割任务在本质上属于像素级的分类任务,本实验采用交叉熵损失函数,交叉熵损失用于多类别分类问题,在图像分割中,每个像素都被视为一个分类问题。交叉熵损失函数公式为

$$Cross - Entropy\ Loss = -\sum_{c=1}^{C} y_{ic} \log \hat{p}_{ic} \tag{3.21}$$

其中,y_{ic}是第i个像素的真实类别标签(使用 one-hot 编码);$\hat{p}_{ic}$是第i个像素属于类别c的预测概率;c是类别数。由于使用了 Mean-teacher 半监督学习框架,我们还需添加一致性损失,使得模型学习到伪标签提供的监督信息。一致性损失函数为

$$consistency\_loss = consistency\_criterion(student\_output, teacher\_output) \tag{3.22}$$

其中,consistency_criterion 为均方差(MSE)损失函数。

选择优化器:本实验选择 Adam(自适应矩估计)作为优化器,该优化器是一种结合了动量和 RMSProp 优化器优点的优化算法,适用于处理稀疏梯度和噪声数据。它通过计算梯度的一阶和二阶矩估计,并进行偏差修正来更新模型参数。Adam 的主要参数包括学习率、一阶矩估计的指数衰减率和二阶矩估计的指数衰减率通常默认设置为$\alpha = 0.001$、$\beta_1 = 0.9$、$\beta_2 = 0.999$。由于其具有计算效率高、参数调整少的优点,被广泛应用于图像分类、自然语言处理等深度学习任务中。

进行模型训练与参数调整:进行模型训练与参数调整时,首先将训练和验证数据进行预处理与标准化,并使用数据加载器进行批量加载。然后,初始化学生模型和教师模型,并定义交叉熵损失函数和 MSE 损失函数。选择设置合适的模型训练轮次,Adam 优化器进行多轮迭代训练,每轮包括前向传播、计算损失、反向传播和参数更新,同时根据验证集性能调整模型参数,如学习率和批量大小,以达到最优配置,直至模型稳定收敛,即可完成模型的训练,保存模型训练时验证损失最小时模型的权重,便于下一步模型性能的测试验证。

(3)测试验证

本书使用业界通用的 mIOU、F1、Recall 对图像分割性能进行评估。其中,mIOU 是语义分割中非常重要的衡量分割性能的指标,其为真实标签和预测值的交和并的比值的平均值;F1 是用来衡量真实标签与预测掩膜之间的相似度的指标之一;Recall 则是衡量在所有正例中有多少被正确预测。

$$mIOU = \frac{1}{N}\sum_{i=1}^{N} \frac{2TP}{2TP + FN + FP} \tag{3.23}$$

$$Recall = \frac{1}{N}\sum_{i=1}^{N} \frac{TP}{TP + FN} \tag{3.24}$$

$$F1 = \frac{1}{N}\sum_{i=1}^{N} \frac{2 \times precision \times Recall}{precision + Recall} \tag{3.25}$$

其中,N 代表测试集图像集合;TP 为预测正确的正例;FP 为预测错误的正例;FN 为预测正确的反例;FP 为预测错误的反例;precision=TP/(TP+FP)。

图 3.29 展示了测试集中三幅图像的分割结果。其中,图 3.29(a)为输入图像,图 3.29(b)为标签图像,图 3.29(c)为模型生成的分割结果。因图 3.29(a)和图 3.29(c)的对比可知,模型在边缘部分表现良好,大多数情况下能够准确地分辨出物体的边界。虽然有些细节处可能存在少量误差,但总体上分割结果与标签相符,边缘清晰度较高。此外,模型在分割过程中保持了目标物体的整体形状,分割结果与标签在形状上基本一致。这表明模型在识别和分割物体形状方面具有较好的性能。

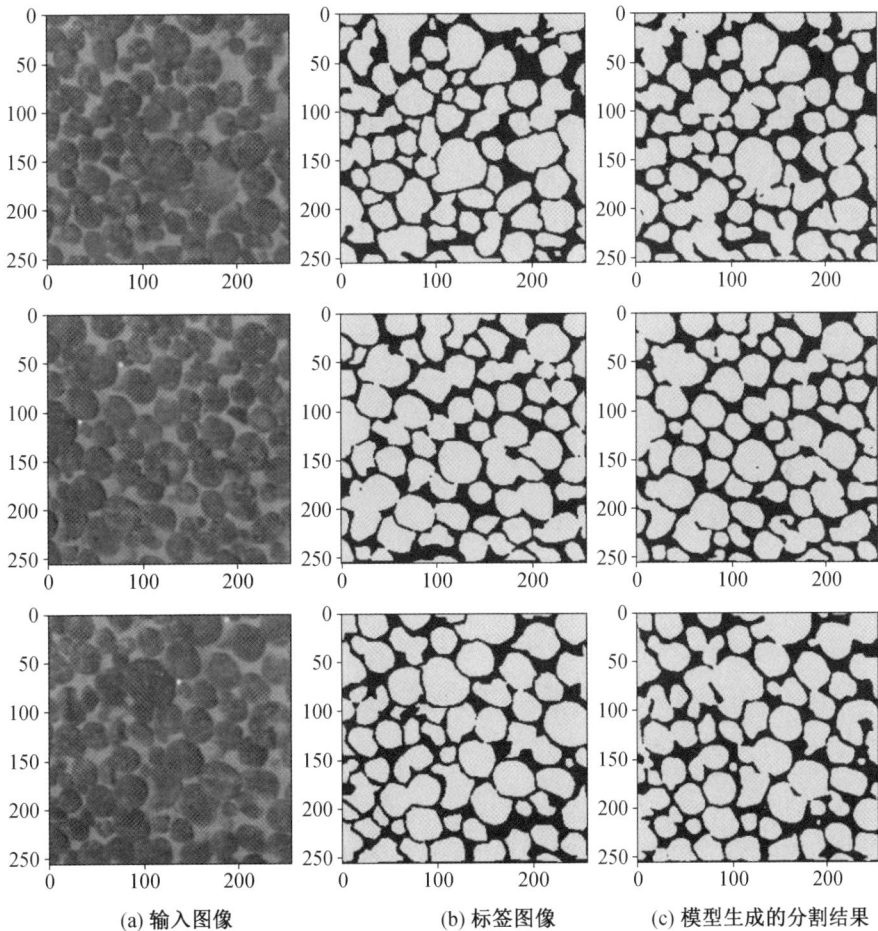

(a) 输入图像　　　　　(b) 标签图像　　　　　(c) 模型生成的分割结果

图 3.29　测试集中三幅图像的分割结果

对于同一输入图像,模型在不同区域的分割结果表现一致,没有明显的区域性错误。这种一致性说明模型具有较好的泛化能力,能够在不同环境下保持稳定的分割效果。虽然模型在大部分区域内的分割效果良好,但在一些细节部分(如小物体或边缘复杂区域)仍存在一定的误差。这些误差可能是由图像分辨率或模型本身的限制导致的,需要进一步优化,以提升整体分割效果。整体而言,模型的分割结果在主观评价中表现良好,能够清晰地识别出目标物体,并在大多数情况下与标签图像相符。

为了验证无监督算法的有效性以及展示不同数量的无标签数据对模型分割精度的影响,我们通过逐步增加无标签数据的数量来观察模型性能的变化,尝试使用100 张、500 张、1 000 张无标签数据比较不同数量无标签数据对模型性能的影响。

表 3.1 展示了验证无监督算法的有效性及不同数量无标签数据对模型分割精度的影响的实验结果。随着无标签数据从 0 张增加到 1 000 张,mIOU 从 0.823 4提高到 0.840 4,F1 分数从 0.900 5 增至 0.916 9,同时 Recall 也从 0.904 2 增加到0.928 6。这些结果表明增加无标签数据数量能够有效提升模型在分割精度和检测性能上的表现,显示了无监督学习在深海矿物图像分割任务中的潜力和有效性。

表 3.1 验证无监督算法的有效性及不同数量无标签数据对模型分割精度的影响的实验结果

有标签数据数量	无标签数据数量	mIOU	F1	Recall
98	0	0.823 4	0.900 5	0.904 2
98	100	0.830 4	0.904 9	0.911 4
98	500	0.837 4	0.913 2	0.921 0
98	1 000	0.840 4	0.916 9	0.928 6

3.5 本章小结

本章主要介绍了水下图像分割的各种方法和应用。首先,本章介绍了传统的水下图像分割方法,包括基于阈值、边缘检测和区域生长的技术。此类方法在一定程度上可以实现水下图像的分割,但受到水下环境复杂性和图像质量的限制,其性能和稳定性有待提升。其次,本章重点介绍了基于深度学习的水下图像的分割方法。该类方法利用深度学习的强大表示学习能力,在有足够标签的情况下,能够有效地提取水下图像中的特征信息,并实现高精度的图像分割。此外,本章探讨了基于半监督学习的方法,为带标签图像不足条件下,水下图像分割任务提供了新的思路和解决方案。最后,本章给出了一个具体的应用案例,即深海矿物图像分割,展示了半监督学习方法在深海图像分割领域的潜力。

参 考 文 献

[1] 凌雅婷,姚连璧,孙海丽.基于遗传算法的阈值图像分割方法在隧道渗漏检测中的应用与分析[J].工程勘察,2024(4):1-7.

[2] 刘欢,张梅,彭星星.基于边缘检测和区域生长的彩色图像分割方法研究[J].中国新通信,2016,18(11):153-154.

[3] 王妍,王履程,郑玉甫,等.基于区域生长的极光图像分割方法[J].计算机工程与应用,2016,52(23):190-195,212.

[4] 凌晓,王昕越,郭凯,等.基于 UNet 模型燃气管道高后果区分割方法研究[J].中国安全生产科学技术,2024,20(4):157-162.

[5] 姚远.基于 UNet 深度可分离残差网络的 BGA 焊点分割方法[J].现代信息科技,2023,7(19):69-74.

[6] 刘欣,柏正尧,方成.改进 Unet++的肾脏肿瘤分割方法[J].计算机应用与软件,2024,41(2):238-243,263.

[7] 孙德辉,王云专,王莉利.基于 Attention-UNet 网络的速度模型构建方法研究[J].物探化探计算技术,2024,46(1):1-10.

[8] 陈景霞,林文涛,龙旻翔,等.基于 UNet3+生成对抗网络的视频异常检测[J].计算机工程与设计,2024,45(03):777-784.

[9] 王莹,朱家明,宋泉.基于改进 R2U-Net 型网络的视网膜血管图像分割[J].无线电工程,2022,52(5):814-823.

[10] LIU M, FU B, XIE S, et al. Comparison of multi-source satellite images for classifying marsh vegetation using DeepLabV3 Plus deep learning algorithm[J]. Ecological Indicators,2021,125:107562.

[11] BAHETI B, INNANI S, GAJRE S, et al. Semantic scene segmentation in unstructured environment with modified DeepLabV3+[J]. Pattern Recognition Letters,2020,138:223-229.

［12］ CHEN L C, ZHU Y, PAPANDREOU G, et al. Encoder-Decoder with atrous separable convolution for semantic image segmentation［C］. In：Proceedings of the European Conference on Computer Vision （ECCV）,2018.

［13］ VASWANI A,SHAZEER N,PARMAR N,et al. Attention is all you need［C］. In： Advances in Neural Information Processing Systems 30 （NIPS 2017）,2017.

［14］ RASMUS A,BERGLUND M,HONKALA M,et al. Semi-Supervised learning with ladder networks ［C］. In：Advances in Neural Information Processing Systems 28 （NIPS 2015）,2015.

［15］ BACHMAN P,ALSHARIF O,PRECUP D. Learning with pseudo-ensembles［C］. In：Advances in Neural Information Processing Systems 27 （NIPS 2014）,2014.

［16］ LAINE S, AILA T. Temporal ensembling for semi-supervised learning［C］. In： Proceedings of the 5th International Conference on Learning Representations （ICLR 2017）,2017.

［17］ ZOU Y, ZHANG Z, ZHANG H, et al. PseudoSeg：designing pseudo labels for semantic segmentation［C］. In：Proceedings of the 9th International Conference on Learning Representations （ICLR 2021）,2021.

［18］ LIU Q, DOU Q, CHEN H, et al. Semi-Supervised medical image segmentation method based on cross-pseudo labeling leveraging strong and weak data augmentation strategies ［C］. In：Proceedings of the IEEE/CVF International Conference on Computer Vision （ICCV）,2024.

［19］ CHEN X,YUAN Y,ZENG G,et al. Semi-Supervised semantic segmentation with cross pseudo supervision［C］. In：Proceedings of the IEEE/CVF Conference on Computer Vision and Pattern Recognition （CVPR）,2021.

第4章 水下图像拼接

4.1 引　　言

水下图像拼接技术是一种将多幅具有重叠区域的水下图像无缝融合在一起,形成一幅更大视野的图像的技术。该技术在海洋研究、资源勘探、水下考古等领域具有广泛应用。例如,在海洋生物研究中,研究人员可以通过拼接多个小范围拍摄的图像,获得更大范围的海底生态环境图像,有助于更全面地了解海洋生物的分布和生态系统。此外,在资源勘探中,拼接技术可以帮助科学家更好地分析海底地形和矿产资源分布,提高勘探效率和精度。

然而,由于水下环境的特殊性,水下图像拼接面临诸多挑战。首先,水下光线衰减和散射现象严重,导致图像质量较差,色彩失真和对比度下降。其次,水下环境中常常存在大量悬浮物,干扰图像的清晰度。此外,水下拍摄的图像通常存在较大的几何畸变和运动模糊,诸多因素都增加了图像拼接的难度。因此,针对水下图像的特殊情况,研究人员提出了多种拼接方法,以解决诸多挑战并提高拼接效果。

本章将详细介绍几种主要的水下图像拼接方法,包括基于特征的拼接方法、基于直接法的水下图像拼接方法和基于变换模型的水下图像拼接方法。基于特征的水下图像拼接方法通过检测和匹配图像中的特征点来实现拼接,如尺度不变特征变换(SIFT)、加速鲁棒特征(SURF)、快速旋转不变二进制特征(ORB)和随机抽样一致性(RANSAC)等经典算法;基于直接法的水下图像拼接方法则利用图像的像素强度信息,通过最小化灰度差异来求解图像的变换关系,如基于互信息法和基于相位相关法;而基于变换模型的水下图像拼接方法通过建立图像之间的几何变换模型,解决多种复杂场景下的拼接问题。最后介绍了图像拼接在水下环境中的实际应用案例。

4.2 基于特征的水下图像拼接方法

基于特征的水下图像拼接方法的原理是通过检测和匹配图像中的特征点来实现拼接的。常见的特征点检测算法包括 SIFT、SURF 和 ORB 等。此类算法首先提取图像中的特征点;其次,利用特征描述子进行匹配,在匹配过程中,RANSAC 算法被用于估计图像之间的变换矩阵,以过滤掉错误匹配,从而保证仅使用正确匹配的特征点来计算图像之间的几何变换;最后,通过变换矩阵,将多幅图像精确对齐并无缝拼接在一起,形成完整的拼接图像。该方法在处理光照变化和噪声等问题上表现出色,广泛应用于水下勘测、考古和环境监测等领域。这类方法通过提高图像的整体质量和连贯性,显著提升了图像处理的效果和应用价值。

4.2.1 SIFT 检测算法

SIFT 算法由 David Lowe 于 1999 年提出,是一种经典的图像特征点检测与描述算法。SIFT 检测算法通过检测图像中的关键点,并为每个关键点生成一组描述子,来实现图像匹配和拼接,其基本原理如图 4.1 所示。

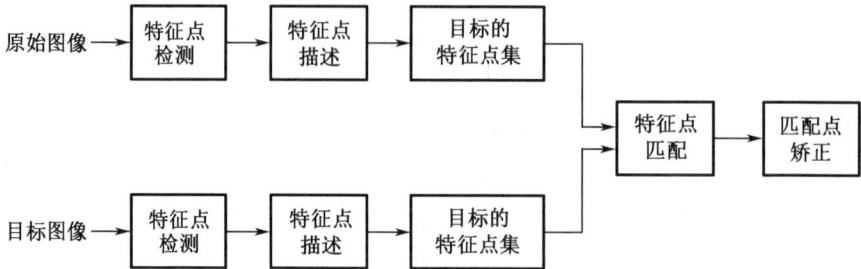

图 4.1 SIFT 检测算法流程

SIFT 检测算法通过高斯差分(DoG)方法构建尺度空间,以检测图像中的关键点。在这一过程中,首先对图像进行多尺度高斯模糊处理,然后计算相邻尺度图像的差分,以生成 DoG 图像。高斯模糊处理的公式为

$$L(x,y,\sigma) = G(x,y,\sigma) * I(x,y) \tag{4.1}$$

其中,$G(x,y,\sigma)$ 表示尺度为 σ 的高斯核函数;$I(x,y)$ 表示输入图像;$*$ 表示卷积操作。DoG 图像的生成公式为

$$D(x,y,\sigma) = L(x,y,k\sigma) - L(x,y,\sigma) \tag{4.2}$$

其中,k 是相邻尺度的比例因子。在 DoG 图像中,SIFT 算法通过寻找局部极值点来检测关键点,极值点在空间和尺度上都具有显著性。在检测到初步的关键点后,SIFT 算法对这些点进行精确定位。为了提高定位的精度和稳定性,SIFT 算法使用泰勒级数展开对关键点的位置进行细化,并剔除低对比度和不稳定的边缘响应点。这一过程可以确保只保留具有显著特征的关键点,从而提高特征点匹配的可靠性和准确性。关键点的精确定位公式为

$$\hat{x} = -\boldsymbol{H}^{-1}\nabla D \tag{4.3}$$

其中,$\hat{x}$ 表示关键点的偏移量;$\boldsymbol{H}$ 是 DoG 函数的黑塞(Hessian)矩阵;∇D 是 DoG 函数的一阶导数。接下来,SIFT 检测算法为每个关键点分配一个主方向,以实现旋转不变性。通过关键点邻域内梯度方向的直方图,选择峰值方向作为关键点的主方向。计算梯度方向和幅值的公式分别为

$$\theta(x,y) = \arctan\left[\frac{L_y(x,y)}{L_x(x,y)}\right] \tag{4.4}$$

$$m(x,y) = \sqrt{L_x(x,y)^2 + L_y(x,y)^2} \tag{4.5}$$

其中,L_x、L_y 分别表示图像在 x 和 y 方向上的梯度。在完成关键点的定位和方向分配后,SIFT 检测算法在每个关键点的方向和尺度下,生成特征描述子。描述子是关键点周围图像梯度的局部直方图,通常为 128 维向量。这些描述子将关键点邻域划分为 4×4 的小区域,每个小区域内计算 8 个方向的梯度直方图,共计 4×4×8=128 维。描述子的生成过程如下。

(1)计算关键点邻域内的梯度幅值和方向。

(2)将邻域划分为 4×4 的小区域。

(3)对每个小区域内的梯度方向进行量化,并计算 8 个方向的梯度直方图。

(4)将所有小区域的直方图连接成一个 128 维向量。

在水下环境中,SIFT 检测算法的旋转和尺度不变性表现出良好的鲁棒性,使其能够在光照变化和水体散射等影响下仍然有效。SIFT 检测算法不仅具备旋转和尺度不变性,还具有较高的匹配精度,因此适用于复杂的图像匹配任务。然而,SIFT 检测算法的计算复杂度较高,在处理大规模图像时效率较低。此外,由于 SIFT 检测算法的专利问题,其在某些商业项目中的应用受到了限制。尽管如此,SIFT 检测算法在学术研究和非商业应用中仍然广泛使用,尤其是在需要高精度特征点匹配的场景中,如水下勘测、考古和环境监测等领域。

4.2.2　SURF 检测算法

SURF 检测算法是 SIFT 检测算法的改进版本,由 HerbertBay 等于 2006 年提出。SURF 检测算法通过使用积分图像和 Hessian 矩阵等方法,显著提高了特征点检测的速度,同时保持了较好的稳健性。SURF 检测算法的基本步骤与 SIFT 检测算法类似,但在细节上有所不同。首先,SURF 检测算法利用 Hessian 矩阵在不同尺度下检测关键点。

Hessian 矩阵的引入使得图像的关键点检测速度大大加快,Hessian 行列式图像产生过程如图 4.2 所示。具体地,Hessian 矩阵的定义如下:

$$\boldsymbol{H}(x,y,\sigma) = \begin{pmatrix} L_{xx}(x,y,\sigma) & L_{xy}(x,y,\sigma) \\ L_{xy}(x,y,\sigma) & L_{yy}(x,y,\sigma) \end{pmatrix} \tag{4.6}$$

其中,$L_{xx}(x,y,\sigma)$、$L_{xy}(x,y,\sigma)$ 和 $L_{yy}(x,y,\sigma)$ 分别表示在尺度 σ 下,图像的二阶高斯导数。为了加快计算速度,SURF 检测算法使用了积分图像的概念。积分图像可以在一定时间内计算出任意矩形区域内的像素和,这使得图像卷积的计算量大大减少。积分图像的定义如下:

$$I_{\text{sum}}(x,y) = \sum_{i=0}^{x} \sum_{j=0}^{y} I(i,j) \tag{4.7}$$

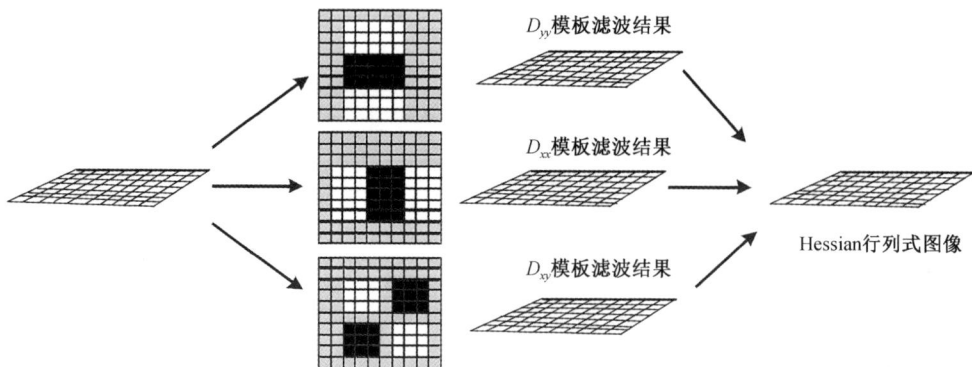

图 4.2　Hessian 行列式图像产生过程示意图

利用积分图像,可以快速计算出 Hessian 矩阵的元素,从而快速检测关键点。在特征点描述阶段,SURF 检测算法采用了哈尔(Haar)小波响应与方向积分图来进行方向分配和描述子生成。Haar 小波响应通过计算关键点邻域内的水平和垂直方向上的亮度变化,得到特征点的主方向。具体而言,SURF 检测算法在特征点周围计算 Haar 小波响应的和,响应在不同的方向上求和以确定特征点的主方向。一旦确定了特征点的主方向,SURF 检测算法会在该方向上生成特征描述子。描述子通过计算特征点周围的 Haar 小波响应的统计量生成,具有旋转不变性和部分尺度不变性。SURF 描述子的生成过程如下。

(1)计算关键点邻域内的 Haar 小波响应。

(2)将邻域划分为 4×4 的小区域。

(3)对每个小区域内的响应进行统计,并计算特征向量。

(4)将所有小区域的向量连接成一个 64 维的描述子。

在水下环境中,SURF 检测算法由于其高效性和较强的鲁棒性,特别适用于实时应用场景。例如,在水下机器人导航和海底地形绘制中,SURF 检测算法能够快速检测和匹配特征点,提供可靠的图像特征支持。然而,SURF 检测算法在某些情况下的特征点检测稳定性不如 SIFT,尤其是在处理尺度变化较大的图像时表现较为明显。这是因为 SIFT 检测算法在特征点检测过程中更注重尺度不变性和旋转不变性,因此在处理多尺度图像时更为稳定。总体而言,SURF 检测算法在速度和鲁棒性之间取得了良好的平衡。虽然其特征点检测在某些复杂环境下可能不及 SIFT 稳定,但在实时性要求较高的应用中,SURF 检测算法的高效性使其成为一种广泛使用的特征点检测算法。

4.2.3　ORB 检测算法

ORB 是由 OpenCV 实验室于 2011 年提出的一种高效的特征点检测与描述算法。ORB 结合了 FAST(加速段测试的特征)检测和 BRIEF(图像二进制鲁棒独立基本特征)描述,并通过引入方向信息和金字塔结构,提高了算法的鲁棒性和计算效率。ORB 不仅能保持高效的计算速度,还能在保持高性能的同时克服 SIFT 和 SURF 的专利限制。

ORB 检测算法的主要创新在于将 FAST 检测和 BRIEF 描述结合起来,并针对 FAST 和 BRIEF 的一些缺陷进行了改进,具体体现在特征点的方向不变性和描述子的旋转不变性上。以下详细介绍 ORB 检测算法在水下图像拼接中的应用,包括其原理、步骤及其在实际中的表现。

首先,ORB 使用改进的 FAST 检测算法进行特征点检测。FAST 检测算法通过在图像的每个像素周围选择一圈像素,如果一个像素与它周围的邻域像素之间的差异超过一个阈值,则该像素被认为是特征点。具体来说,对于一个像素点 p,FAST 检测算法在其周围选择一个半径为 3 mm 的圆周上的 16 个像素。如果在这

些像素中有连续的 n 个像素,它们的灰度值都比中心像素点的灰度值高或低一个阈值,则该像素点被认为是一个特征点。为了提高稳定性,ORB 对 FAST 检测检测到的特征点进行了非极大值抑制。

为了使特征点具有方向不变性,ORB 检测算法通过计算特征点邻域内的方向信息来为每个特征点分配一个方向。具体方法是通过计算特征点邻域内像素的灰度质心,再以特征点为中心,质心的方向为特征点的方向。设特征点坐标为 (x_c,y_c),其邻域像素坐标为 (x_i,y_i),像素的灰度值为 $I(x_i,y_i)$,则灰度质心的坐标 (x_g,y_g) 计算如下:

$$x_g = \frac{\sum_i x_i I(x_i,y_i)}{\sum_i I(x_i,y_i)} \tag{4.8}$$

$$y_g = \frac{\sum_i y_i I(y_i,y_i)}{\sum_i I(x_i,y_i)} \tag{4.9}$$

特征点的方向为质心指向特征点的方向:

$$\theta = \arctan\left(\frac{y_g - y_c}{x_g - x_c}\right) \tag{4.10}$$

ORB 检测算法使用旋转不变的 BRIEF 描述子来进行特征描述,如图 4.3 所示。BRIEF 描述子通过在特征点邻域内选择一对像素点,并比较它们的灰度值,将结果记录为二进制特征描述子。为了使描述子具有旋转不变性,ORB 根据特征点的方向信息对 BRIEF 描述子进行旋转校正。具体来说,在特征点邻域内选择随机一对像素点,计算其灰度值差异,并生成一个二进制字符串作为特征描述子。

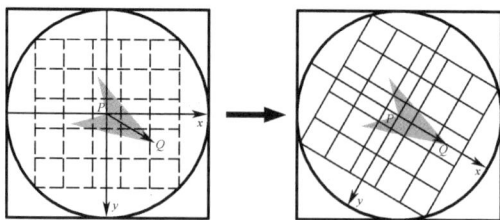

图 4.3 ORB 在计算 BRIEF 描述子

ORB 特征描述子的生成过程如下。

(1)在特征点邻域内选择一对对像素点 (x_1,y_1) 和 (x_2,y_2)。

(2)比较这对像素点的灰度值,如果 $I(x_1,y_1)<I(x_2,y_2)$,则输出 1,否则输

出 0。

（3）重复上述过程,生成长度为 256 位或 512 位的二进制特征描述子。

在水下图像拼接中,ORB 检测算法可以用于特征点的检测和匹配,从而实现图像的对齐和拼接。具体步骤如下。

在处理图像拼接时,我们首先使用 ORB 检测算法来检测特征点,这些特征点带有方向信息。其次,我们通过 ORB 描述子对这些特征点进行描述,生成二进制特征描述子。再次,我们利用描述子匹配算法(如汉明距离)对特征点进行匹配,从而得到匹配点对。最后,根据这些匹配点对,我们计算图像之间的几何变换参数,进行图像对齐和拼接。

ORB 检测算法在水下图像拼接中的优势主要体现在计算效率高、方向不变性和尺度不变性上。首先,ORB 结合了 FAST 检测和 BRIEF 描述,这两者以高效著称,使得 ORB 在实时应用中表现优异,非常适合像水下机器人这样资源受限的环境。其次,ORB 检测算法通过计算特征点的方向信息和利用图像金字塔结构,实现了特征点的方向不变性和尺度不变性,这使其能够在不同视角和尺度下稳定地检测和匹配特征点,能够适应水下复杂环境中的多样变换。总的来说,ORB 检测算法通过高效的特征点检测和描述,使我们能够在资源有限的环境下实现实时的图像拼接,同时其不变性特征确保了在复杂水下环境中的稳定性和可靠性。

ORB 检测算法对光照变化和悬浮物干扰较为敏感。水下环境中光照条件复杂多变,悬浮物也会干扰图像的清晰度,此类因素会影响 ORB 特征点的检测和匹配精度。此外,ORB 检测算法依赖特征点的检测和匹配,对于特征点稀疏或图像质量较差的情况,拼接效果可能不佳。特征点匹配错误或不足会导致几何变换参数估计不准确,从而影响最终的拼接效果。同时注意,ORB 检测算法生成的 BRIEF 描述子是二进制特征描述子,虽然计算效率高,但描述子的区分能力和抗干扰能力相对于浮点型描述子(如 SIFT、SURF)稍弱。在噪声较大的水下环境中,BRIEF 描述子可能会受到干扰,从而影响匹配的准确性。

4.2.4　RANSAC 算法

在水下图像拼接中,上述介绍的特征点检测和匹配是关键步骤。这些算法能够在复杂的水下环境中提取稳定的特征点,并进行匹配。然而,水下环境的复杂性,如光照变化和悬浮物干扰,可能导致匹配结果中包含大量的错误匹配点。为了解决这一问题,RANSAC 算法被引入,用于在噪声和异常值中鲁棒地估计变换模型参数,从而实现稳健的图像拼接。

　　RANSAC 是一种用于从包含异常值的数据集中估计模型参数的迭代方法，特别适用于水下图像拼接中的变换模型参数估计。RANSAC 算法通过随机采样和一致性检测，可以有效排除异常值，实现稳健的模型参数估计。RANSAC 算法首先从点云数据中随机选取一些点来拟合模型参数，然后使用剩余点集验证模型的有效性。计算内点数量，如果达到设定的阈值，则获得最优模型参数，否则继续迭代直到达到终止条件，如图 4.4 所示。

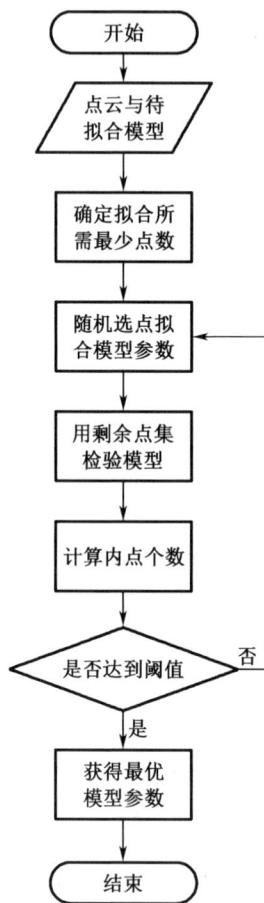

4.4　RANSAC 算法流程图

　　随机从数据集中选取最少数量的数据点来拟合模型。对于一个给定的模型，选择最少数量的数据点来估计模型参数。例如，对于平移变换模型，只需两个点；对于仿射变换模型，需三个点。假设选择了 (x_1, y_1) 和 (x_2, y_2) 两个点，估计的平移参数为(t_x, t_y)。

用选定的数据点来估计模型参数。对于平移变换模型,平移参数可以通过以下公式计算:

$$t_x = x_2 - x_1 \tag{4.11}$$

$$t_y = y_2 - y_1 \tag{4.12}$$

对于仿射变换模型,假设选择了三个点$(x_1, y_1) \leftrightarrow (x'_1, y'_1)$和$(x_2, y_2) \leftrightarrow (x'_2, y'_2)$,仿射变换矩阵$(x_3, y_3) \leftrightarrow (x'_3, y'_3)$可以通过以下公式计算:

$$\begin{pmatrix} x'_i \\ y'_i \end{pmatrix} = A \begin{pmatrix} x_i \\ y_i \\ 1 \end{pmatrix} \tag{4.13}$$

其中,仿射变换矩阵A为

$$A = \begin{pmatrix} a & b & t_x \\ c & d & t_y \\ 0 & 0 & 1 \end{pmatrix} \tag{4.14}$$

根据所选的三个点,可以构建以下方程组:

$$\begin{pmatrix} x'_1 & y'_1 & 1 \\ x'_2 & y'_2 & 1 \\ x'_3 & y'_3 & 1 \end{pmatrix} = \begin{pmatrix} a & b & t_x \\ c & d & t_y \\ 0 & 0 & 1 \end{pmatrix} \begin{pmatrix} x_1 & y_1 & 1 \\ x_2 & y_2 & 1 \\ x_3 & y_3 & 1 \end{pmatrix} \tag{4.15}$$

通过解上述方程组,可以估计仿射变换矩阵的参数a、b、c、d、t_x、t_y。

用估计的模型参数验证所有其他数据点,统计符合该模型的内点数量。计算每个点与模型的误差,如果误差小于某个阈值,则该点被认为是内点。误差计算公式如下:

$$S = \sqrt{(x'_i - \hat{x}_i)^2 + (y'_i - \hat{y}_i)^2} \tag{4.16}$$

其中,(x'_i, y'_i)为实际坐标;$(\hat{x}_i, \hat{y}_i)$为估计的坐标。

重复上述步骤一定次数,选择内点数量最多的模型作为最终结果。最终估计的模型参数是内点数量最多的那次采样的结果。

在水下图像拼接中,RANSAC 算法可以有效地处理特征点匹配中的噪声和错误匹配。首先,在待拼接的图像中使用相关算法(如 SIFT、SURF 或 ORB)检测特征点,并进行特征点匹配。假设我们有一组匹配点对$\{(x_{A1}, y_{A1}) \leftrightarrow (x_{B1}, y_{B1}),$ $(x_{A2}, y_{A2}) \leftrightarrow (x_{B2}, y_{B2}), \cdots\}$。然后,使用 RANSAC 算法从这些匹配点对中随机选取最少数量的点来估计模型参数。例如,对于平移变换,选择两对点$(x_{A1}, y_{A1}) \leftrightarrow$

(x_{B1}, y_{B1}) 和 $(x_{A2}, y_{A2}) \leftrightarrow (x_{B2}, y_{B2})$，估计的平移参数为

$$t_x = \frac{(x_{B1} - x_{A1}) + (x_{B2} - x_{A2})}{2} \tag{4.17}$$

$$t_y = \frac{(y_{B1} - y_{A1}) + (y_{B2} - y_{A2})}{2} \tag{4.18}$$

接着,用估计的平移参数验证所有其他匹配点,计算每个点的误差:

$$S = \sqrt{[x_{Bi} - (x_{Ai} + t_x)]^2 + [y_{Bi} - (y_{Ai} + t_y)]^2} \tag{4.19}$$

如果误差小于某个阈值,则该点被认为是内点。统计内点数量,并重复上述步骤一定次数,选择内点数量最多的模型作为最终结果。

RANSAC 算法的一个主要优点是能够在存在大量噪声和异常值的情况下,鲁棒地估计模型参数。通过随机抽样和一致性检测,RANSAC 可以有效地排除异常值,从而提高模型参数估计的精度。在水下图像拼接中,RANSAC 算法特别有用,因为它能够处理由于光照变化和悬浮物干扰等因素引起的特征点匹配错误。尽管 RANSAC 算法有很多优点,但它也存在一些不足。首先,RANSAC 的计算复杂度较高,特别是在数据集中异常值比例较高的情况下,需要较多的迭代次数来找到最佳模型。其次,算法的结果依赖于一些关键参数的选择,例如内点阈值和迭代次数,参数需要根据具体的应用场景进行调整。最后,当处理高维变换模型时,RANSAC 算法的计算复杂度会显著增加,因此可能需要更高效的算法来进行优化。

4.3 基于直接法的水下图像拼接方法

基于直接法的水下图像拼接方法是一种利用图像像素强度信息进行拼接的技术。与基于特征的水下图像拼接方法不同,基于直接法的水下图像拼接方法使用图像的灰度值或颜色信息,通过最小化图像之间的差异来求解图像的变换关系。在水下图像拼接中,基于直接法的水下图像拼接方法特别有用,因为水下环境的复杂性和不稳定性可能会导致特征点检测和匹配方法的效果不理想。基于直接法的水下图像拼接方法常用的拼接技术包括基于互信息法和基于相位相关法。基于互信息法通过计算图像间的互信息来找到最佳的拼接参数,而基于相位相关法则利用频域中的相位信息来实现图像对齐和拼接。此类方法在处理水下图像时表现出色,因为它们能够有效地应对由于水下光照变化、悬浮物干扰等因素带来的挑战,不依赖于不稳定的特征点检测和匹配,从而提供更稳定和可靠的拼接效果。

4.3.1 基于互信息法

基于互信息法的图像拼接方法广泛应用于多模态图像配准中,如 CT 与 MRI 图像的配准。互信息是从信息论中引入的一种度量方法,用于衡量两个随机变量之间的依赖关系。在图像拼接中,互信息用于衡量两幅图像的相似程度,通过最大化两幅图像的互信息量来实现图像的对齐和拼接。互信息量的定义如下:

$$I(A,B) = \sum_{a \in A} \sum_{b \in B} p(a,b) \log\left[\frac{p(a,b)}{p(a)p(b)}\right] \tag{4.20}$$

其中,$p(a,b)$ 是联合概率分布,表示图像 A 中像素值为 a 和图像 B 中像素值为 b 的联合概率;$p(a)$ 和 $p(b)$ 分别是图像 A 和图像 B 的边缘概率分布。

在水下图像拼接过程中,通过调整图像 B 的变换参数,使得拼接区域的互信息量达到最大值,即可实现图像的最佳对齐。首先,选择一个初始的变换参数(如平移、旋转、缩放等),将图像 B 进行初步变换。接着,在变换后的图像 B 与图像 A 的重叠区域内,计算互信息量 $I(A,B)$。为了计算互信息,我们需要计算联合概率分布 $p(a,b)$ 和边缘概率分布 $p(a)$ 和 $p(b)$。假设图像 A 和 B 的灰度值范围为 $0 \sim 255$,我们可以通过以下公式计算联合概率分布:

$$p(a,b) = \frac{1}{N} \sum_{i=1}^{N} \delta(I_A(i) - a) \cdot \delta(I_B(i) - b) \tag{4.21}$$

其中,N 是重叠区域内的像素总数;$\delta(\cdot)$ 是狄拉克 δ 函数;$I_A(i)$ 和 $I_B(i)$ 分别是图像 A 和 B 在第 i 个像素的灰度值。边缘概率分布可以通过联合概率分布求得:

$$p(a) = \sum_{b \in B} p(a,b) \tag{4.22}$$

$$p(b) = \sum_{a \in A} p(a,b) \tag{4.23}$$

然后,计算互信息量:

$$I(A,B) = \sum_{a \in A} \sum_{b \in B} p(a,b) \log\left[\frac{p(a,b)}{p(a)p(b)}\right]$$

接下来,利用优化算法(如梯度下降法)调整变换参数,最大化互信息量。在优化过程中,我们需要计算互信息对变换参数的导数,以便使用梯度下降法进行参数更新。假设变换参数为 θ,则互信息对变换参数的导数为

$$\frac{\partial I(A,B)}{\partial \theta} = \sum_{a \in A} \sum_{b \in B} \left\{ \frac{\partial p(a,b)}{\partial \theta} \log\left[\frac{p(a,b)}{p(a)p(b)}\right] + \frac{p(a,b)}{p(a)p(b)} \left[\frac{\partial p(a)}{\partial \theta} + \frac{\partial p(b)}{\partial \theta}\right] \right\}$$

$$\tag{4.24}$$

最后,根据优化后的变换参数,将图像 B 与图像 A 对齐并进行拼接。优化算法

在每次迭代中更新变换参数,使得互信息量逐渐增大,最终达到最大值。

例如,假设我们有两幅水下图像 A 和 B。首先,对图像 B 应用一个初始变换,可能是一个平移变换 (t_x, t_y)。计算变换后的图像 B 与图像 A 的重叠区域的互信息量:

$$I(A,B) = \sum_{a \in A} \sum_{b \in B} p(a,b) \log \left[\frac{p(a,b)}{p(a)p(b)} \right]$$

通过调整平移参数 (t_x, t_y),不断更新变换后的图像 B,并重新计算互信息量。使用优化算法如梯度下降法,不断调整平移参数,直到互信息量达到最大值:

$$\frac{\partial I(A,B)}{\partial t_x} = 0, \quad \frac{\partial I(A,B)}{\partial t_y} = 0 \tag{4.25}$$

互信息法的一个主要优点是它对不同模态图像的适应性非常强。与依赖图像灰度或颜色相似性的方法不同,互信息法可以很好地处理多模态图像的配准,这使它在医学影像、遥感图像等领域特别有用。然而,互信息法也有一些不足之处。互信息法的计算复杂度较高,尤其是在高维变换参数空间中,计算时间往往较长。这意味着在处理复杂的图像配准任务时,互信息法可能需要较长的时间来完成计算。互信息法对图像的噪声和伪影比较敏感。如果图像中存在较多的噪声或伪影,互信息法的配准精度可能会受到影响。因此,在使用互信息法之前,通常需要进行图像预处理,以减少噪声和伪影的干扰,从而提高配准的精度。

4.3.2 基于相位相关法

基于相位相关法的图像拼接方法是一种快速、有效的图像配准技术,广泛应用于医学图像处理、遥感图像处理等领域。相位相关法利用图像的傅里叶变换,通过计算两幅图像的相位差来估计图像之间的平移参数。

首先,对两幅待拼接的图像 A 和 B 进行傅里叶变换,得到频域表示 $F_A(u,v)$ 和 $F_B(u,v)$。傅里叶变换的公式为

$$F(u,v) = \sum_{x=0}^{M-1} \sum_{y=0}^{N-1} f(x,y) e^{-j2\pi \left(\frac{ux}{M} + \frac{vy}{N} \right)} \tag{4.26}$$

其中,$f(x,y)$ 是图像的空间域表示;$F(u,v)$ 是图像的频域表示。

接着,计算两幅图像的相位差,得到相位相关函数:

$$R(u,v) = \frac{F_A(u,v) \cdot F_B^*(u,v)}{|F_A(u,v) \cdot F_B^*(u,v)|} \tag{4.27}$$

其中,$F_B^*(u,v)$ 是 $F_B(u,v)$ 的共轭复数。

　　然后,对相位相关函数 $R(u,v)$ 进行逆傅里叶变换,得到一个狄拉克 δ 函数,狄拉克 δ 函数的峰值位置即为图像 A 和图像 B 的平移量:

$$r(x,y) = \mathcal{F}^{-1}\{R(u,v)\} \tag{4.28}$$

其中,$\mathcal{F}^{-1}$ 表示傅里叶逆变换。

　　最后,我们根据计算得到的平移量,将图像 B 平移到图像 A 的位置上,并进行拼接。相位相关法在这一步骤中非常有用,因为它具有计算速度快、精度高的优点,尤其适用于图像之间存在纯平移关系的情况。傅里叶变换在频域内对平移不敏感,而相位相关法能够有效地估计图像之间的平移量,即使在存在一定噪声和光照变化的情况下,仍能保持较高的配准精度。

　　然而,相位相关法也有其局限性。它对图像之间的旋转和缩放变化不敏感。如果两幅图像之间存在较大的旋转或缩放变换,那么相位相关法的效果会显著下降。为了解决这个问题,可以结合多尺度金字塔和旋转不变特征描述子等技术,来改进相位相关法的适用性。

　　在水下图像拼接中,基于相位相关法具有很大的优势,因为水下图像通常受光照变化和噪声影响较大,而相位相关法能够在这些情况下保持较高的配准精度。例如,假设我们有两幅水下图像 A 和 B,首先对它们进行傅里叶变换,得到频域表示 $F_A(u,v)$ 和 $F_B(u,v)$。计算相位差,得到相位相关函数:

$$R(u,v) = \frac{F_A(u,v) \cdot F_B^*(u,v)}{|F_A(u,v) \cdot F_B^*(u,v)|}$$

　　然后,对相位相关函数进行傅里叶逆变换,得到一个 $r(x,y)$ 函数,该函数的峰值位置即为图像 A 和图像 B 的平移量:

$$r(x,y) = \mathcal{F}^{-1}\{R(u,v)\}$$

　　根据计算得到的平移量,将图像 B 平移到图像 A 的位置上,并进行拼接。为了进一步提高拼接的精度,可以在频域中对图像进行多尺度处理。具体来说,可以构建图像金字塔,在每个尺度上分别应用相位相关法,然后将各个尺度的结果综合起来,得到最终的平移量。

　　在实际应用中,相位相关法具有计算速度快、适应性强的优点,非常适合用于实时拼接需求。然而,当图像之间存在较大旋转或缩放变换时,相位相关法的效果会受到限制。在这种情况下,可以结合其他方法,如特征点匹配和基于互信息的方法,来提高拼接的鲁棒性和精度。

4.4 基于变换模型的水下图像拼接方法

基于变换模型的水下图像拼接方法通过建立图像之间的几何变换关系来实现拼接。此类方法假设图像之间存在某种数学变换关系,常见的变换模型包括平移变换、旋转变换、缩放变换、仿射变换和透视变换。通过估计这些变换参数,我们可以将多幅图像进行对齐和拼接。以下详细介绍图4.5所示的变换模型及其在水下图像拼接中的应用。

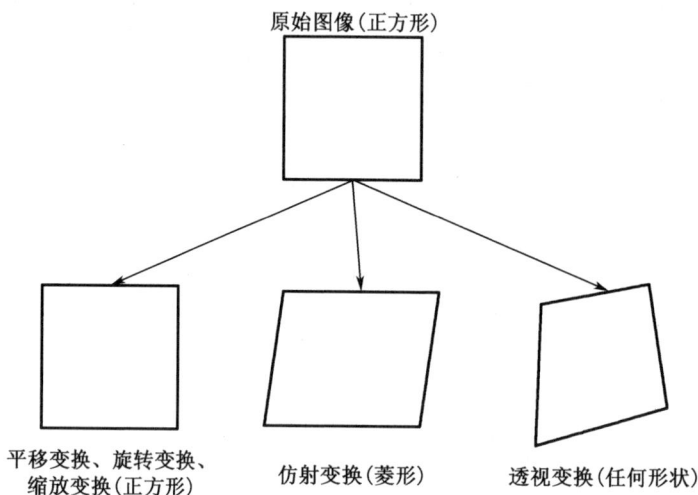

图 4.5　各种变换模型

4.4.1 平移变换

平移变换假设图像之间只有平移关系,即图像中的每个像素点都沿相同的方向和距离移动。平移变换的数学表达式为

$$\begin{pmatrix} x' \\ y' \end{pmatrix} = \begin{pmatrix} x + t_x \\ y + t_y \end{pmatrix} \qquad (4.29)$$

其中,(x,y)是原始图像的像素坐标;(x',y')是变换后的像素坐标;t_x 和 t_y 分别表示在水平方向和垂直方向上的平移量。

在水下图像拼接过程中,通过检测和匹配图像中的特征点,可以估计出平移参数 t_x 和 t_y,从而实现图像的对齐和拼接。平移变换适用于摄像机在同一高度移动拍摄的场景。例如,水下机器人在平坦的海底表面进行移动拍摄时,各帧图像之间的关系通常可以用平移变换来描述。为了实现平移变换的图像拼接,首先,在待拼接的图像中使用相关算法(如 SIFT、SURF 或 ORB)检测特征点。检测到的特征点可以用矩阵表示,如图像 A 的特征点为 $\{(x_{A1}, y_{A1}), (x_{A2}, y_{A2}), \cdots\}$,图像 B 的特征点为 $\{(x_{B1}, y_{B1}), (x_{B2}, y_{B2}), \cdots\}\}$。接着,通过描述子匹配算法(如汉明距离)对特征点进行匹配,得到匹配点对,如 $(x_{A1}, y_{A1}) \leftrightarrow (x_{B1}, y_{B1})$ 等。

根据匹配的特征点对,可以使用最小二乘法或 RANSAC 算法计算平移参数 t_x 和 t_y。假设匹配点对为 $(x_{Ai}, y_{Ai}) \leftrightarrow (x_{Bi}, y_{Bi})$,则平移参数可以表示为

$$t_x = \frac{1}{N} \sum_{i=1}^{N} (x_{Bi} - x_{Ai}) \tag{4.30}$$

$$t_y = \frac{1}{N} \sum_{i=1}^{N} (y_{Bi} - y_{Ai}) \tag{4.31}$$

其中,N 是匹配点对的数量。

最后,根据计算得到的平移参数,将图像 B 沿水平方向平移 t_x 个像素,沿垂直方向平移 t_y 个像素,与图像 A 进行对齐。可以使用线性混合、加权平均等方法融合重叠区域,减少拼接缝的视觉差异。

基于平移变换的方法计算简单,适用于摄像机在同一高度移动拍摄的场景。其由于计算速度快,非常适合实时应用。然而,这种方法仅适用于图像之间存在纯平移关系的情况,无法处理旋转和缩放变换。在使用基于平移变换的方法进行图像拼接时,如果图像中特征点较为稀疏或匹配误差较大,拼接效果可能不理想,因为该方法无法纠正由于旋转或缩放引起的图像变形。尽管存在上述局限性,基于平移变换的方法在一些特定场景中仍然非常有效,特别是在摄像机移动平稳、视角变化较小的情况下。

4.4.2　旋转变换

旋转变换假设图像之间存在旋转关系,即图像中的每个像素点都围绕某个中心点进行旋转。旋转变换的数学表达式为

$$\begin{pmatrix} x' \\ y' \end{pmatrix} = \begin{pmatrix} \cos\theta & -\sin\theta \\ \sin\theta & \cos\theta \end{pmatrix} \begin{pmatrix} x \\ y \end{pmatrix} \tag{4.32}$$

其中,θ 是旋转角度。

在水下图像拼接过程中,通过检测和匹配图像中的特征点,可以估计出旋转角度 θ,从而实现图像的对齐和拼接。旋转变换适用于摄像机绕同一中心点旋转拍

摄的场景。例如,水下机器人在固定位置旋转拍摄时,各帧图像之间的关系通常可以用旋转变换来描述。为了实现旋转变换的图像拼接,首先,在待拼接的图像中使用算法(如 SIFT、SURF 或 ORB)检测特征点,并进行特征点匹配。假设在图像 A 中检测到特征点(x_{A1}, y_{A1}),在图像 B 中检测到对应的特征点(x_{B1}, y_{B1}),则旋转参数可以通过以下方法计算:

$$\theta = \arctan\left(\frac{y_{B1} - y_{A1}}{x_{B1} - x_{A1}}\right) \tag{4.33}$$

通过最小二乘法或 RANSAC 算法,可以得到更加精确的旋转角度。接着,根据计算得到的旋转参数,将图像 B 绕其中心点旋转 θ 度,使其与图像 A 进行对齐。我们可以使用线性混合、加权平均等方法融合重叠区域,减少拼接缝的视觉差异。

旋转变换法适用于摄像机绕同一中心点旋转拍摄的场景,能够有效处理图像之间的旋转变换。其计算过程相对简单,因此在特定情况下非常实用。然而,该方法仅适用于纯旋转关系的图像拼接,无法处理图像的平移和缩放变换。在使用旋转变换法进行图像拼接时,如果图像中特征点较为稀疏或匹配误差较大,拼接效果可能会受到影响,因为该方法不能纠正由平移或缩放引起的图像变形。

4.4.3　缩放变换

缩放变换假设图像之间存在缩放关系,即图像中的每个像素点都按某个比例进行放大或缩小。缩放变换的数学表达式为

$$\begin{pmatrix} x' \\ y' \end{pmatrix} = \begin{pmatrix} s_x \cdot x \\ s_y \cdot y \end{pmatrix} \tag{4.34}$$

其中,s_x 和 s_y 分别表示水平方向和垂直方向上的缩放比例。

在水下图像拼接过程中,通过检测和匹配图像中的特征点,可以估计出缩放比例 s_x 和 s_y,从而实现图像的对齐和拼接。缩放变换适用于摄像机距离被拍摄物体变化较大的场景。例如,水下机器人在不同距离拍摄海底特定区域时,各帧图像之间的关系通常可以用缩放变换来描述。为了实现缩放变换的图像拼接,首先,在待拼接的图像中使用算法(如 SIFT、SURF 或 ORB)检测特征点,并进行特征点匹配。假设在图像 A 中检测到特征点(x_{A1}, y_{A1}),在图像 B 中检测到对应的特征点(x_{B1}, y_{B1}),则缩放参数可以通过以下方法计算:

$$s_x = \frac{x_{B1}}{x_{A1}} \tag{4.35}$$

$$s_y = \frac{y_{B1}}{y_{A1}} \qquad (4.36)$$

　　通过最小二乘法或 RANSAC 算法,可以得到更加精确的缩放比例。接着,根据计算得到的缩放参数,将图像 B 进行缩放,使其与图像 A 进行对齐。我们可以使用线性混合、加权平均等方法融合重叠区域,减少拼接缝的视觉差异。

　　缩放变换法适用于摄像机距离被拍摄物体变化较大的场景,能够处理图像之间的缩放变换。计算过程相对简单。但是,该方法仅适用于纯缩放关系的图像拼接,无法处理平移和旋转变换。对于特征点稀疏或匹配误差较大的情况,拼接效果可能不佳。

4.4.4　仿射变换

　　仿射变换包括平移、旋转、缩放和剪切变换,可以描述图像在二维平面上的任意线性变换。仿射变换的数学表达式为

$$\begin{pmatrix} x' \\ y' \end{pmatrix} = \begin{pmatrix} a & b \\ c & d \end{pmatrix} \begin{pmatrix} x \\ y \end{pmatrix} + \begin{pmatrix} t_x \\ t_y \end{pmatrix} \qquad (4.37)$$

其中,a、b、c 和 d 是仿射变换矩阵的参数;t_x 和 t_y 分别表示平移量。

　　在水下图像拼接过程中,通过检测和匹配图像中的特征点,可以估计出仿射变换矩阵的参数,从而实现图像的对齐和拼接。仿射变换适用于摄像机在不同角度和高度拍摄的场景。例如,水下机器人在不同角度和高度拍摄海底特定区域时,各帧图像之间的关系通常可以用仿射变换来描述。为了实现仿射变换的图像拼接,首先,在待拼接的图像中使用算法(如 SIFT、SURF 或 ORB)检测特征点,并进行特征点匹配。假设在图像 A 中检测到特征点 (x_{A1}, y_{A1}),在图像 B 中检测到对应的特征点 (x_{B1}, y_{B1}),则仿射变换矩阵可以通过以下方法计算:

$$\begin{pmatrix} x_{B1} \\ y_{B1} \end{pmatrix} = \begin{pmatrix} a & b \\ c & d \end{pmatrix} \begin{pmatrix} x_{A1} \\ y_{A1} \end{pmatrix} + \begin{pmatrix} t_x \\ t_y \end{pmatrix} \qquad (4.38)$$

　　通过最小二乘法或 RANSAC 算法,可以得到更加精确的仿射变换矩阵参数。接着,根据计算得到的仿射参数,将图像 B 进行仿射变换,使其与图像 A 进行对齐。我们可以使用线性混合、加权平均等方法融合重叠区域,减少拼接缝的视觉差异。

　　仿射变换法是一种能够处理图像之间平移、旋转、缩放和剪切变换的方法,适用范围非常广泛。这使得它特别适合于摄像机从不同角度和高度拍摄的场景。然而,仿射变换法的计算复杂度较高,因为需要估计多个变换参数。该方法依赖于特征点的检测和匹配,因此在特征点稀疏或图像质量较差的情况下,拼接效果可能不

理想。尽管如此,当特征点丰富且图像质量较好时,仿射变换法仍可以提供非常精确的拼接效果。

4.4.5 透视变换

透视变换假设图像之间存在透视关系,即图像中的每个像素点都按一定的投影规则映射到新的位置。透视变换的数学表达式为

$$\begin{pmatrix} x' \\ y' \\ w \end{pmatrix} = \begin{pmatrix} h_{11} & h_{12} & h_{13} \\ h_{21} & h_{22} & h_{23} \\ h_{31} & h_{32} & h_{33} \end{pmatrix} \begin{pmatrix} x \\ y \\ 1 \end{pmatrix} \tag{4.39}$$

其中,h_{11} 和 h_{33} 是透视变换矩阵的参数;w 是归一化因子。

在水下图像拼接过程中,通过检测和匹配图像中的特征点,可以估计出透视变换矩阵的参数,从而实现图像的对齐和拼接。透视变换适用于摄像机位置和角度变化较大的场景。例如,水下机器人在不同角度和高度拍摄海底特定区域时,各帧图像之间的关系通常可以用透视变换来描述。为了实现透视变换的图像拼接,首先,在待拼接的图像中使用算法(如 SIFT、SURF 或 ORB)检测特征点,并进行特征点匹配。假设在图像 A 中检测到特征点 (x_{A1}, y_{A1}),在图像 B 中检测到对应的特征点 (x_{B1}, y_{B1}),则透视变换矩阵可以通过以下方法计算:

$$\begin{pmatrix} x_{B1} \\ y_{B1} \\ 1 \end{pmatrix} = \begin{pmatrix} h_{11} & h_{12} & h_{13} \\ h_{21} & h_{22} & h_{23} \\ h_{31} & h_{32} & h_{33} \end{pmatrix} \begin{pmatrix} x_{A1} \\ y_{A1} \\ 1 \end{pmatrix} \tag{4.40}$$

通过最小二乘法或 RANSAC 算法,可以得到更加精确的透视变换矩阵参数。

接着,根据计算得到的透视参数,将图像 B 进行透视变换,使其与图像 A 进行对齐。我们可以使用线性混合、加权平均等方法融合重叠区域,减少拼接缝的视觉差异。

透视变换法能够处理摄像机位置和角度变化较大的场景,适用范围广,能够较好地处理各种复杂的变换关系。但是,其计算复杂度较高,需要估计多个变换参数。依赖特征点的检测和匹配,对于特征点稀疏或图像质量较差的情况,拼接效果可能不佳。对光照变化和噪声较为敏感,需要结合图像预处理技术以提高拼接精度。

4.5　应　用　案　例

在深海探测中,获取大面积、高分辨率的海底图像对于研究海底地形地貌、资源勘探和环境监测具有重要意义。然而,由于深海环境的特殊性,获取连续、完整的海底图像面临诸多挑战。通过图像拼接技术,可以有效地解决这些问题。

本节将主要讲述图像拼接在水下环境中的实际应用案例。相较而言,在上述各种拼接方法中,基于特征的拼接方法通常具有更好的准确性和鲁棒性,应用范围更广。因此,本节将基于潜水器所拍摄到的深海底质视频,展示基于特征的拼接方法在水下图像拼接领域中的实际应用,以便读者对该技术产生更深的理解。

本节所展示的深海图像拼接的整体流程如图 4.6 所示。

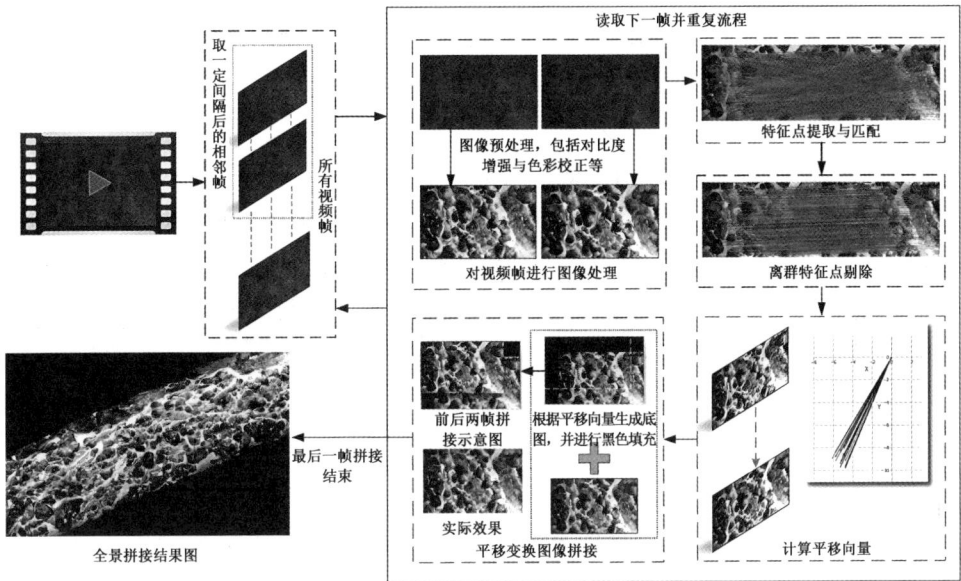

图 4.6　深海图像拼接的整体流程图

初始阶段,根据潜水器的行进速度来确定视频帧的采集频率,并利用在深海人造光源环境中建立的成像模型对采集到的帧进行初步处理。接下来,通过 CUDA 优化的 SURF 算法来识别图像中的关键特征,并利用 KD 树算法来实现这些特征的快速匹配。随后,利用 KNN 算法对可能的错误匹配进行识别与排除,并通过公式(4.41)计算相邻帧之间的平移变换矩阵 M。最终,通过基于前帧的位移变换矩阵 M 生成拼接所需的底图。并将当前帧拼接到底图上,得拼接全景图。

$$M = \begin{bmatrix} 1 & 0 & t_x \\ 0 & 1 & t_y \\ 0 & 0 & 0 \end{bmatrix} \tag{4.41}$$

特别指出,传统图像拼接技术在执行过程中,每增加一帧都需要重新识别和配对特征点,这导致随着拼接的深入,处理特征点的数量急剧上升,求解图像变换矩阵的效率也随之下降。这种处理方式不仅增加了计算负担,还可能因为误差的累积而影响最终的拼接效果和速度。为了解决这一问题,本节介绍了一种创新的增量式图像拼接技术,该技术利用传递的特征点坐标向量,通过整合相邻帧之间的运动向量与特征点位置数据,实现对上一帧特征点在合成图像中位置的连续更新。这种方法避免了在已合成的图像上重复进行特征点搜索的步骤,显著提高了拼接的速度,并减少了误差的传递风险,其详细步骤如图4.7所示。

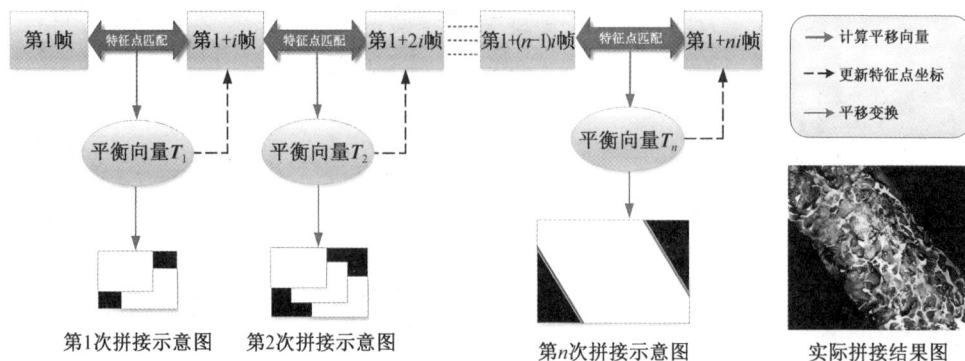

图 4.7　增量式拼接流程图

图4.7中,T 表示运动估计向量,i 表示视频帧的取样间隔。在对第 1 帧与第 $1+i$ 帧进行特征点匹配后,根据向量 T_1 更新第 $1+i$ 帧的特征点坐标,保存第 $1+i$ 帧的特征点在上次拼接大图上的位置信息,接着与第 $1+2i$ 帧直接进行特征点匹配,计算出第 $1+i$ 帧与第 $1+2i$ 帧之间的平移向量,并依据向量 T_2 更新第 $1+2i$ 帧的特征点坐标。以此类推,通过传递和增量式更新特征点位置信息,可实现特征点在整个序列中的有效利用。此外,由于本方法避免了对整幅图像重复搜索特征点,节约计算资源,因此其在处理大规模图像序列时更加高效。

依据前文描述的步骤,以载人潜水器所拍摄的深海底质视频为例,利用图像预处理技术和拼接方法对所收集的数据进行处理,从而生成一幅完整的底质拼接图像,本节所用部分视频图像如图 4.8 所示。

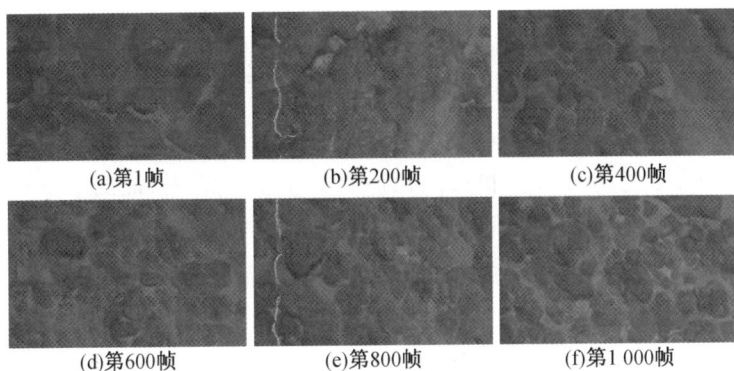

(a)第1帧　　　(b)第200帧　　　(c)第400帧

(d)第600帧　　　(e)第800帧　　　(f)第1 000帧

图 4.8　所用部分视频图像

在本节中,设定拼接的帧取样间隔 i 为 3,以预处理后的视频为输入,从读取视频的第一帧开始计时,最后一帧拼接完成后结束计时,得到如图 4.9 所示的全景底质拼接大图。

图 4.9　全景底质拼接结果图

从图 4.9 中可知,本方法在图像拼接过程中保持了原始细节和清晰度,从而在主观视觉上呈现出连续统一的效果,使得拼接结果图中基本看不见局部细微的拼接痕迹,研究人员以此可以更好地把握全局信息,快速直观地对视频中的深海底质信息进行解读,满足了科研需求,验证了此方法在水下图像拼接中的可行性。

4.6 本章小结

本章详细探讨了水下图像拼接的几种主要方法。基于特征的水下图像拼接方法通过检测和匹配图像中的特征点来实现拼接,该方法在处理特定图像变换时具有较高的鲁棒性。基于直接法的水下图像拼接方法利用图像的像素强度信息,通过最小化灰度差异来求解图像变换关系,该方法在处理光照变化和复杂变换时表现出色。基于变换模型的水下图像拼接方法通过建立图像之间的几何变换模型,解决了多种复杂场景下的拼接问题。

通过对这些方法的深入研究与实际应用案例的分析,可以发现每种方法都有其独特的优势和适用范围。未来的研究应结合多种方法的优点,进一步提高水下图像拼接的精度和效率,以满足更多实际应用的需求。

参 考 文 献

[1] LOWE D G. Object recognition from local scale-invariant features[C]. In: Proceedings of the International Conference on Computer Vision (ICCV),1999.

[2] BAY H,TUYTELAARS T,VAN GOOL L. SURF:speeded up robust features[C]. In: Proceedings of the 9th European Conference on Computer Vision (ECCV),2006.

[3] RUBLEE E,RABAUD V,KONOLIGE K,et al. ORB:An efficient alternative to SIFT or SURF[C]. In: Proceedings of the IEEE International Conference on Computer Vision (ICCV),2011.

[4] FISCHLER M A,BOLLES R C. Random sample consensus:a paradigm for model fitting with applications to image analysis and automated cartography[J]. Communications of the ACM,1981,24(6):381-395.

[5] MAES F, COLLIGNON A, VANDERMEULEN D, et al. Multi-modality image registration by maximization of mutual information[J]. IEEE Transactions

on Medical Imaging,1997,16(2):187-198.

[6] SZELISKI R. Image alignment and stitching:a tutorial[J]. Foundations and Trends
　　® in Computer Graphics and Vision,2006,2(1):104.

[7] KUGLIN C D,HINES D C. The phase correlation image alignment method[C]. In:
　　Proceedings of the IEEE International Conference on Cybernetics and
　　Society,1975.

[8] HARTLEY R,ZISSERMAN A. Multiple view geometry in computer vision[M].
　　Cambridge:Cambridge University Press,2003.

[9] REDDY B S,CHATTERJI B N. An FFT-based technique for translation,rotation,
　　and scale-invariant image registration [J]. IEEE Transactions on Image
　　Processing,1996,5(8):1266-1271.

[10] BROWN L G. A survey of image registration techniques[J]. ACM Computing
　　Surveys (CSUR),1992,24(4):325-376.

[11] ZITOVA B,FLUSSER J. Image registration methods:a survey[J]. Image and
　　Vision Computing,2003,21(11):977-1000.

第 5 章　水下目标检测

5.1　引　　言

　　水下目标检测作为水下机器视觉领域的重要研究方向之一,具有广泛的应用前景和挑战。随着海洋资源开发、海底考古、海洋环境监测等领域的不断拓展,人们对水下目标检测技术的需求日益增加。然而,水下环境的特殊性以及水下图像的模糊、失真、光照变化等问题给水下目标检测带来了诸多挑战。传统的基于机器学习的方法在处理这些复杂的水下图像时存在一定的局限性,难以取得良好的检测效果。因此,研究人员开始探索更加高效、准确的水下目标检测方法,其中基于深度学习的方法成为研究热点。

　　深度学习技术以其强大的特征学习和表示能力,以及端到端的训练方式,在图像处理和计算机视觉领域取得了巨大的成功。近年来,基于深度学习的水下目标检测方法也取得了显著进展。通过利用深度卷积神经网络等深度学习模型,水下目标检测系统可以进行更加丰富、抽象的特征表示,从而提高了目标检测的准确性和鲁棒性。

　　本章将从基于传统机器学习的水下目标检测方法和基于深度学习的水下目标检测方法两个方面介绍水下目标检测技术的研究进展。首先,本章回顾传统机器学习方法中基于 Haar 特征和 HOG 特征的水下目标检测方法,并分析其在实际应用中的优缺点。其次,本章介绍基于深度学习的水下目标检测方法,包括基于一阶段模型和两阶段模型的技术原理及网络结构。最后,本章通过具体的应用案例,展示基于深度学习的水下目标检测技术在深海生物目标检测任务中的应用效果。

5.2　基于传统机器学习的水下目标检测方法

在水下机器视觉领域,目标检测扮演着至关重要的角色。由于水下环境的特殊性,包括光线衰减、水体散射和浮游生物干扰等因素,人们对高效且鲁棒的目标检测技术需求日益增加。尽管深度学习技术在图像识别和处理方面已显示出强大的性能,但在数据有限或计算资源受限的实际应用场景中,传统机器学习技术依然展现出不可替代的优势。一般的基于机器学习的水下生物目标检测算法通常通过滑动窗口选择感兴趣区域,再应用 Haar 等算法进行特征提取,最后设计基于机器学习的分类器(如支持向量机或极限学习机)对所提取的特征进行分类,以确定感兴趣区域中是否包含待检对象,其流程图如图 5.1 所示。

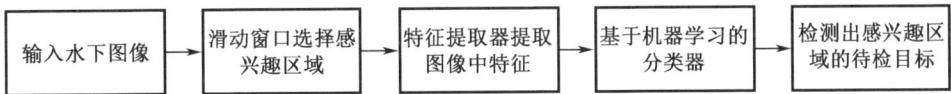

图 5.1　基于传统机器学习方法的流程图

5.2.1　基于 Haar 特征的方法

(1)Haar 特征基本原理

Haar 特征是一种用于对象检测的图像特征,由 Paul Viola 和 Michael Jones 在其面向对象检测的研究中提出。其基本原理是通过一系列黑白矩形区域的组合,计算这些区域内像素强度的差值来描述图像的局部特性。例如,一个典型的 Haar 特征可能包括两个并排的矩形区域,一个为白色(正权重),另一个为黑色(负权重)。这种结构使得 Haar 特征特别适合于检测图像中的边缘和线条。

在应用于水下图像时,Haar 特征即使在光线不足或存在视觉干扰的情况下,也能有效地突出显示水下物体的轮廓。水下环境中,光线的衰减和水体的散射常常导致图像质量下降,Haar 特征的简单性在这种情况下尤为重要。它们不仅能快速执行任务,还能降低对高质量图像的需求。此外,Haar 特征对于识别静态或缓慢移动的水下对象尤为有效,如海底地形、植被等。这种方法通过其高效和稳健的特性,成为水下目标检测中的一个重要工具。计算 Haar 特征的流程图如图 5.2 所示。

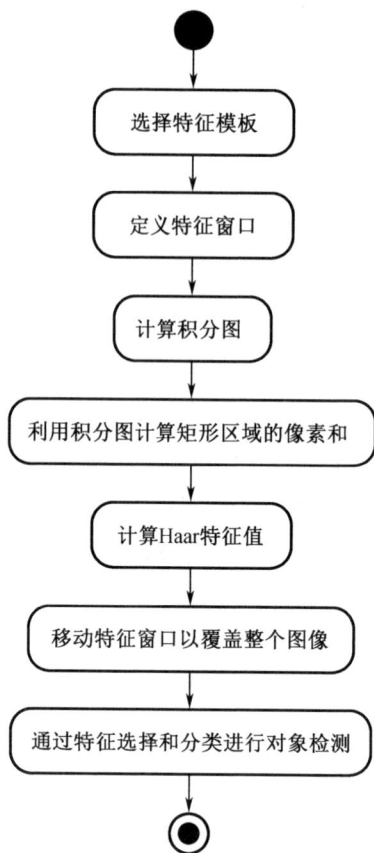

图 5.2　计算 Haar 特征的流程图

选择特征模板：Haar 特征模板包括边缘特征(edge feature)、线条特征(line feature)和四边形特征(four-rectangle feature)。每个模板由相邻的白色和黑色矩形区域组成，用于捕捉图像中的基本变化。

定义特征窗口：在图像中选择一个矩形窗口，其大小与 Haar 特征模板的大小相同。通过移动窗口，可以在整个图像中计算该特征。

计算积分图：常见的模板类型包括边缘特征(两个并排的矩形，一个亮一个暗)、线条特征(三个并排的矩形，中间的与两侧相反)和四边形特征(由四个矩形组成的 2×2 格局，对角线上的矩形具有相同的颜色)。这些模板被设计来捕捉图像中的基本变化，如水平、垂直和对角线方向的边缘及纹理。

为了快速计算图像中任何矩形区域的像素总和，一般使用积分图法进行高效求解。积分图可以在单一遍历过程中被构建,并允许在一定时间内求得任何矩形区域的像素和,极大地加速了特征提取过程。积分图 $S(x,y)$ 定义为原图 $I(x,y)$ 在点 (x,y) 左上角到图像原点区域内所有像素的累积和:

$$S(x,y) = \sum_{x' \le x, y' \le y} I(x',y') \tag{5.1}$$

利用积分图,任何矩形区域的像素和可以通过四个数组访问得到,大幅提升计算效率。在实际应用中,目标的大小和位置可能会有很大的变化。为了提高系统的适应性,Haar 特征需要在多个尺度上被提取。通过改变窗口的大小和步长,在整个图像上滑动窗口来实现这一点。每个窗口位置的 Haar 特征响应都会被计算并评估,以确定该位置是否可能包含目标。

计算矩形区域的和:利用积分图,可以快速计算矩形区域的像素和。对于一个矩形区域,定义其左上角为 (x_1, y_1) 和右下角为 (x_2, y_2),该区域内像素的和可以通过以下公式计算:

$$\text{Sum} = I(x_2, y_2) - I(x_1 - 1, y_2) - I(x_2, y_1 - 1) + I(x_1 - 1, y_1 - 1) \tag{5.2}$$

计算 Haar 特征值:对于给定的窗口,根据特征模板定义的矩形区域,利用积分图计算每个矩形区域的像素和。然后计算这些和的加权差值,即为 Haar 特征值。例如,对于一个边缘特征,Haar 特征值等于白色矩形和与黑色矩形和的差值。

移动特征窗口:将特征窗口移动到图像中的不同位置,重复上述步骤计算 Haar 特征值。这一步通常会在不同尺度上进行,即使用不同大小的特征窗口,以便检测不同尺寸的目标。

(2)Haar 特征结合 AdaBoost 实现水下目标检测

目前研究中,多数学者将 Haar 特征结合 AdaBoost 实现水下目标检测,构建基于 Haar 特征的水下目标检测系统,以实现水下目标的高精度检测,具体的实现流程如图 5.3 所示。

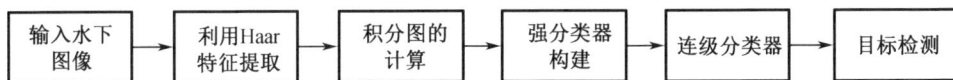

图 5.3　Haar 特征结合 AdaBoost 实现水下目标检测流程图

在基于 Haar 特征的水下目标检测系统中,训练分类器是决定系统性能的关键步骤。利用 AdaBoost(Adaptive Boosting)算法来训练一个强分类器,通过结合多个简单的弱分类器(例如决策树)来形成一个更准确的模型(图 5.4)。弱分类器通常选择简单的决策树,这些决策树只包含一个决策节点和两个叶子节点,被称为一层决策树或决策树桩。尽管弱分类器在单独使用时分类效果有限,但它们的简单性可以使其快速计算并适用于 AdaBoost 的迭代过程中。

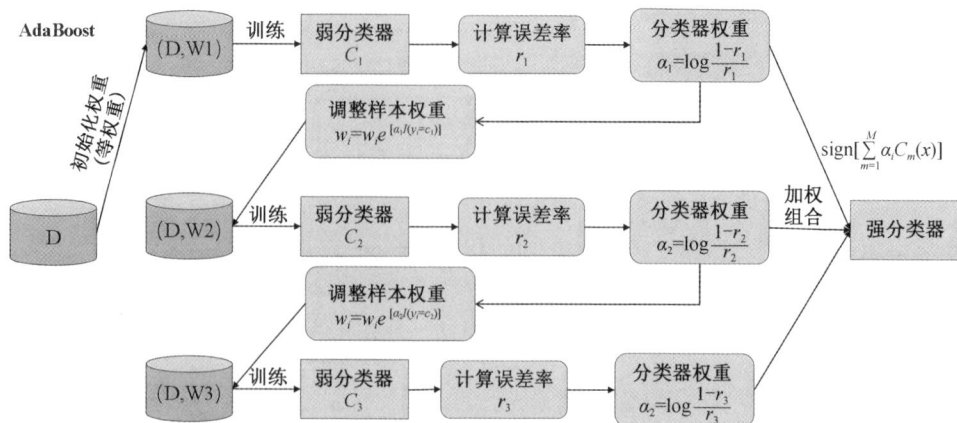

图 5.4 AdaBoost 流程图

简而言之,假设给定训练数据集以及对应的标签值,AdaBoost 通过从训练数据中学习一系列弱分类器或基本分类器,然后将弱分类器组合成一个强分类器。每次迭代中,AdaBoost 会调整训练样本的权重,使得那些被前一轮分类错误的样本在下一轮中受到更多关注。最终,通过加权投票的方式将所有弱分类器的结果综合起来,形成一个性能更优的强分类器。该过程极大地提高了分类器在复杂水下环境中的目标检测能力。

首先,初始化训练数据的权值分布。每一个训练样本最开始时都被赋予相同的权值:$W_i = 1/N$。

在训练开始时,每个训练样本都被赋予相等的权重。这意味着在第一轮迭代中,每个样本对训练结果的影响是一样的。在每一轮迭代中,选择一个弱分类器,使其在当前权重下最小化加权分类错误。具体来说,弱分类器会尝试找到最佳的特征及其对应的阈值来分割正样本和负样本。加权错误率为

$$\epsilon_t = \frac{\sum_{i=1}^{n} w_i \cdot 1(y_i \neq h_t(x_i))}{\sum_{i=1}^{n} w_i} \tag{5.3}$$

其中,y_i 是样本 i 的真实标签;$h_t(x_i)$ 是分类器对样本 i 的预测;w_i 是样本的权重。对于正确分类的样本,其权重将被减小,而对于错误分类的样本,其权重将被增加。

权重的更新公式为

$$w_i \leftarrow w_i \cdot \exp\{\alpha_t \cdot 1[y_i \neq h_t(x_i)]\} \tag{5.4}$$

其中,该分类器的性能权重,计算方式为

$$\alpha_t = \frac{1}{2}\ln\left(\frac{1-\epsilon_t}{\epsilon_t}\right) \tag{5.5}$$

最后,AdaBoost 通过线性组合所有训练得到的弱分类器来形成最终的强分类器。每个弱分类器的投票权重由其性能权重确定,通过符号函数 sign 的作用,得到当前的强分类器为

$$H(x) = \text{sign}\left[\sum_{t=1}^{T}\alpha_t h_t(x)\right] \tag{5.6}$$

其中,T 是总的迭代次数;$h_t(x)$ 是第 t 轮的弱分类器。

基于 Haar 特征和 AdaBoost 算法的水下目标检测方法具有高计算效率、良好的鲁棒性以及强自适应性,使其特别适用于需要实时处理和高可靠性的水下环境。然而,这种方法对图像噪声较为敏感,对复杂形状或细微纹理的识别能力有限,当水下图像数据质量和数量不足时,模型的泛化能力可能受影响。此外,尽管 Haar 特征计算速度快,但大量特征的计算和多次迭代训练仍会对计算资源提出较高要求,限制了该方法在实际应用中的范围。

5.2.2　基于 HOG 特征的方法

(1)HOG 特征基本原理

HOG 特征是一种在计算机视觉领域广泛使用的特征描述符,专门设计来捕捉图像中的形状信息。分析局部区域的梯度方向,可评估图像局部区域内像素点的梯度和方向,构建一个方向梯度的直方图来描述这些区域的形状和纹理信息。每个局部区域的 HOG 特征可以捕获关键的边缘信息,而不受背景内容的干扰。

HOG 特征优势在于其对局部形状和光照变化的高度不变性,使其成为检测和识别具有固定形状特征的对象的理想工具。在水下目标检测应用中,此特性尤为重要,因为水下环境通常伴随着光照不均和视觉干扰,如浑浊的水质或浮游生物遮挡。HOG 特征能够通过梯度信息强调水下对象的轮廓和结构细节,从而在复杂背景中准确地识别目标。例如,对于水下机器人视觉系统,使用 HOG 特征可以帮助识别和区分各种海底特征,如珊瑚、岩石、水草以及人为结构如水下管道和沉船。即使在光线较弱或受到反光和阴影影响的条件下,HOG 特征依然能提供稳定的性能,这主要得益于它在特征提取时对图像的局部梯度信息进行了综合考虑,有效地

增强了特征的可靠性和鉴别力。

此外,HOG 特征的计算实现相对简单,其依赖于标准的图像处理技术,如梯度计算、直方图统计和区域归一化。HOG 特征不仅适用于高级计算平台,也可在资源有限的嵌入式系统中实现。因此,无论是在大型水下探测系统还是小型自主水下车中,HOG 特征都能够提供一种有效的解决方案,以实现可靠的水下目标检测和识别。HOG 特征计算流程图如图 5.5 所示。

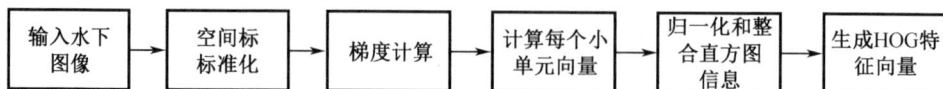

输入水下图像 → 空间标标准化 → 梯度计算 → 计算每个小单元向量 → 归一化和整合直方图信息 → 生成HOG特征向量

图 5.5 HOG 特征计算流程图

首先将获取的彩色图像转换为灰度图像。灰度化有助于简化后续处理步骤,因为梯度计算在单通道图像中更有效率,同时也减少了计算复杂性。且采用适当的图像平滑技术,如高斯模糊,可以有效减少噪声对梯度计算的影响。接着使用 Sobel 算子分别计算图像每个像素点在水平 G_x 和垂直 G_y 方向的梯度,这两个方向的梯度可以组合计算得到每个像素的梯度大小 G 和方向 θ:

$$G = \sqrt{G_x^2 + G_y^2}$$
$$\theta = \arctan 2(G_y, G_x) \tag{5.7}$$

梯度方向通常被量化到固定的区间,例如 0°到 180°(无向)或 360°(有向),以便在直方图中表示。接着构建梯度直方图,将图像分割成多个小的单元格(例如 8×8 像素)。在每个单元格内,根据梯度方向将梯度大小累积到直方图中。直方图的每个"bin"代表一个梯度方向范围,梯度大小作为该方向的权重。

为了提高特征的鲁棒性,对梯度大小进行加权处理,通常使用像素位置的高斯权重来减少单元格边缘的影响。同时,考虑到减少光照变化和阴影对目标检测的影响,可以通过将单元格组合成较大的块,并对每个块中的直方图进行归一化。归一化通常采用 L_2 范数等方法,通过调整直方图的尺度来控制梯度信息的强度,从而在增强重要特征的同时抑制噪声,生成最终的 HOG 特征向量。

(2)HOG 特征结合基于机器学习模型实现水下目标检测

使用从训练图像集中提取的 HOG 特征向量,通常可以训练一个机器学习分类器以实现模型对水下目标类别的识别,具体的实现流程如图 5.6 所示。接下来介绍两种机器学习模型,分别为支持向量机和极限学习机的应用原理。

图 5.6　HOG 特征结合支持向量机或极限学习机实现水下目标检测

　　支持向量机是 20 世纪 60 年代提出的一种监督型学习算法,广泛应用于分类、拟合等问题的研究。相比于神经网络,支持向量机有着更严格的理论基础。基本的支持向量机模型只能用于解决二分类问题,其目标是在特征空间中求解使得分类间隔最大的超平面。如图 5.7 所示,距离超平面最近的样本点被称为支持向量,其所在的超平面为决策边界,两条决策边界之间的距离为分类间隔。

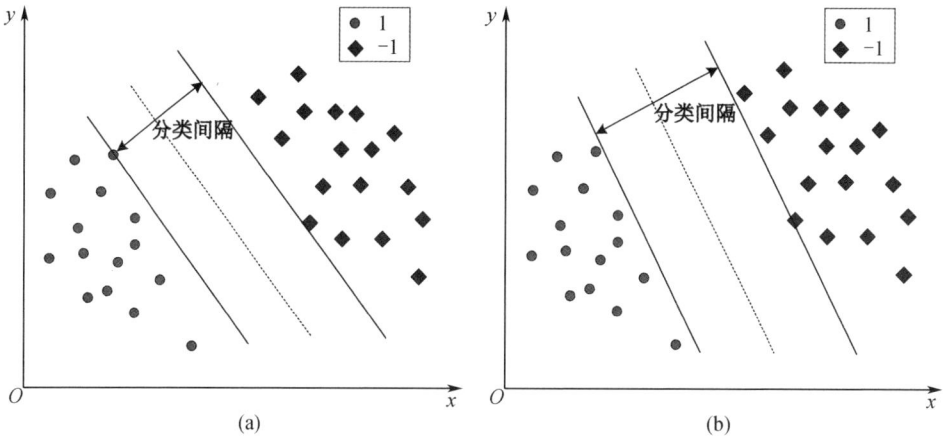

图 5.7　分类间隔示意图

　　对于给定的训练集 $T = \{(t_1, s_1), (t_2, s_2), \cdots, (t_n, s_n)\}$ 以及超平面 (ω_s, b_s),$t_i(i = 1, 2, \cdots, n)$ 是一个维的特征向量,s_i 为 t_i 对应的标签,且有 $s_i \in \{-1, 1\}$。那么对于分类正确的样本,必然可以满足如下条件:

$$\begin{cases} \omega_s t_i + b_s \geqslant 1, & s_i = 1 \\ \omega_s t_i + b_s \leqslant -1, & s_i = -1 \end{cases} \tag{5.8}$$

式(5.6)可以等价为

$$s_i(\omega_s t_i + b_s) \geqslant 1 \tag{5.9}$$

　　定义样本点 (t_i, s_i) 与超平面 (ω_s, b_s) 之间的函数间隔为

$$\gamma_i = s_i \left(\frac{\omega_s}{\|\omega_s\|} t_i + \frac{b_s}{\|\omega_s\|} \right) \tag{5.10}$$

其中，$\|\omega_s\|$ 表示的 ω_s 范数。对于所有的训练样本，定义 γ_i 的最小值为 γ，当 γ_i 取最小值时，必然使得式(5.8)的等号成立，即有

$$\gamma = \min_{i=1,2,\cdots,n} \gamma_i = \frac{1}{\omega_s} \tag{5.11}$$

结合式(5.7)、式(5.8)，最优超平面的求解可由式(5.10)表示。也就是说，希望求得这样一个超平面 (ω_s^*, b_s^*)，使得在所有训练样本中函数间隔的最小值 γ 最大。

$$(\omega_s^*, b_s^*) = \arg \max_{(\omega_s, b_s)} (\gamma) \tag{5.12}$$

在式(5.12)中，最大化 γ 的问题又可以理解为最大化 $\frac{1}{\|\omega_s\|}$ 的问题［结合式(5.10)即可看出］。为了计算上的方便，上述问题转化为式(5.11)的形式。这是一个带不等式约束的凸二次规划问题。

$$\begin{cases} \min \frac{1}{2}\omega_s^2 \\ \text{s.t. } s_i(\omega_s t_i + b_s) \geq 1 \end{cases} \tag{5.13}$$

这类问题的求解可以利用拉格朗日乘数法，如式(5.12)所示。其中，拉格朗日乘子为

$$L(\omega_s, b_s, \alpha) = \frac{1}{2}\omega_s^2 - \sum_{i=1}^{n} \alpha_i [s_i(\omega_s t_i + b_s) - 1] \tag{5.14}$$

对变量进行求导得到最终的结果为

$$L(\alpha) = \frac{1}{2}\sum_{i=1}^{n}\sum_{j=1}^{n} s_i s_j \alpha_i \alpha_j t_i^T t_j - \sum_{i=1}^{n} \alpha_i \tag{5.15}$$

对于式(5.15)的求解通常又转化为其对偶问题的求解，如式(5.16)所示。在此形式下，最优超平面的求解最终变为最大化，通常可以通过序列最小优化(SMO)算法求解这个问题。在此不再赘述。

$$Q(\alpha) = \sum_{i=1}^{n} \alpha_i - \frac{1}{2}\sum_{i=1}^{n}\sum_{j=1}^{n} s_i s_j \alpha_i \alpha_j t_i^T t_j \tag{5.16}$$

极限学习机也是应用较为广泛的机器学习分类器，极限学习机由黄广斌等在2006年首次提出，其基本思想为：随机确定输入层、隐含层之间的权重、隐含层神经元的偏置，仅需通过简单的最小二乘算法求解隐含层与输出层之间的权重，其主要优点如下。

①同其他人工神经网络一样具备任意精度逼近非线性函数的能力。

②学习速度快。极限学习机的输入权重和隐含层偏置随机选取,只需选择恰当的隐含层神经元数,不需要迭代求解便能得到全局最优解。

③泛化性能强。

④简单易用。极限学习机算法简单,易于理解和实现。

极限学习机为单隐含层前馈神经网络,如图 5.8 所示,共三层,输入层、隐含层、输出层。与经典的单隐含层前馈神经网络不同,极限学习机的输入层权重、隐含层偏置为随机给定,只需通过最小二乘求解输出层权重。由于极限学习机不需要迭代求解,极限学习机具有学习速度快、不易陷入局部最优点的特点。

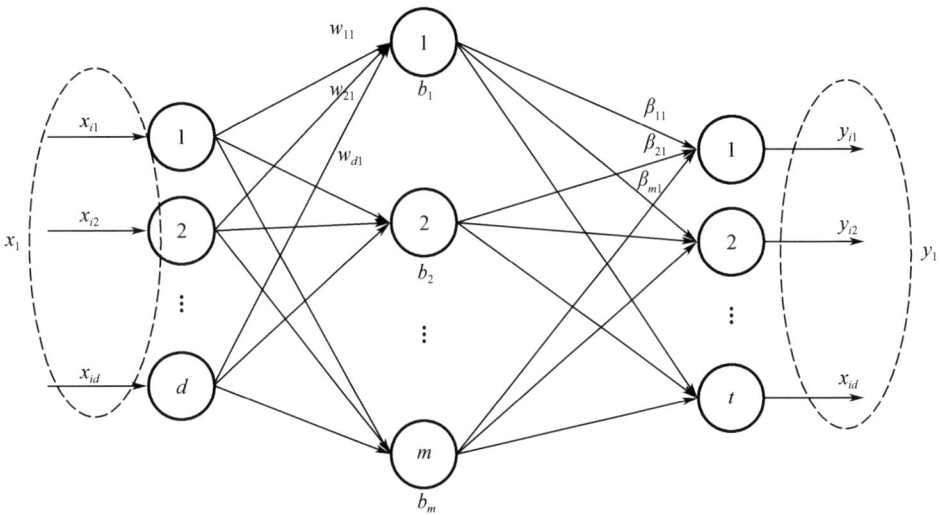

图 5.8　极限学习机网络模型图

对于给定的训练集 $\mathbf{Z} = \{(\boldsymbol{x}(t), y(t) \mid \boldsymbol{x}(t) \in \mathbf{R}^M, y(t) \in \mathbf{R}, t = 1, 2, \cdots, \mathbf{N}\}$,极限学习机的数学表达式为

$$\hat{y}(t) = \sum_{j=1}^{L} \boldsymbol{\beta} g(\boldsymbol{w}_j \cdot \boldsymbol{x}(t) + b_j), \ t = 1, 2, \cdots, N, N \in \mathbf{Z}_+ \tag{5.17}$$

其中,$\boldsymbol{w}_j = [w_{j1} \quad w_{j2} \quad \cdots \quad w_{jL}]^{\mathrm{T}} \in \mathbf{R}^M$ 为输入层与第 j 个隐含层之间的权重向量;b_j 为第 j 个隐含层神经元的偏置;$\boldsymbol{x}(t)$ 为输入层的输入向量数据;$\hat{y}(t)$ 为输出层的输出数据;$\boldsymbol{\beta}$ 为输出层的权重向量;$<\boldsymbol{w}_j, \boldsymbol{x}(t)>$ 为 $\boldsymbol{w}_j$ 和 $\boldsymbol{x}(t)$ 的内积;$g(\cdot)$ 为隐含层神经元的激活函数,神经网络因为激活函数形成的网络而具备强大的非线性映射能力。图 5.9 展示了几种不同的激活函数。

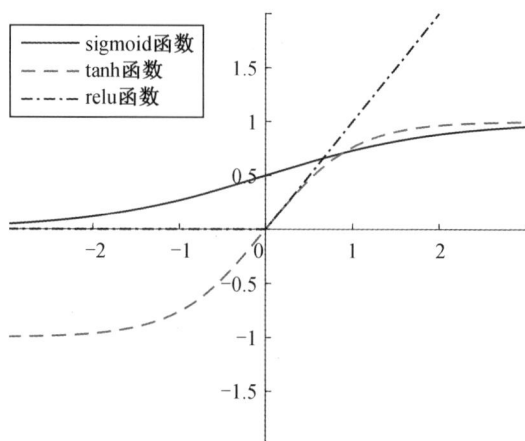

图 5.9 激活函数图

非线性激活函数满足如下关系:

$$\int_R \left[g'(x) \right]^2 \mathrm{d}x < \infty \quad \text{或者} \quad \int g^2(x) \mathrm{d}x < \infty \tag{5.18}$$

极限学习机的学习目标是使极限学习机的输出无限接近实际样本输出,其损失函数为

$$\text{loss} = \sum_{t=1}^{N} \| \hat{y} - y(t) \| \tag{5.19}$$

把式(5.16)代入式(5.17),可得

$$\text{loss} = \sum_{t=1}^{N} \sum_{j=1}^{L} \left[\boldsymbol{\beta}_j g(\boldsymbol{w}_j \cdot \boldsymbol{x}(t) + b_j) - y(t) \right]^2 \tag{5.20}$$

式(5.20)写成矩阵的形式为

$$\boldsymbol{H\beta} = \boldsymbol{Y} \tag{5.21}$$

其中,

$$
\begin{aligned}
&\boldsymbol{H}(\boldsymbol{w}_1, \boldsymbol{w}_2, \cdots, \boldsymbol{w}_L, \boldsymbol{x}(1), \boldsymbol{x}(2), \cdots, \boldsymbol{x}(N), b_1, b_2, \cdots, b_L) \\
&= \begin{bmatrix}
g(\boldsymbol{w}_1 \cdot \boldsymbol{x}(1) + b_1) & g(\boldsymbol{w}_2 \cdot \boldsymbol{x}(1) + b_2) & \cdots & g(\boldsymbol{w}_L \cdot \boldsymbol{x}(1) + b_L) \\
g(\boldsymbol{w}_1 \cdot \boldsymbol{x}(2) + b_1) & g(\boldsymbol{w}_2 \cdot \boldsymbol{x}(2) + b_2) & \cdots & g(\boldsymbol{w}_L \cdot x(2) + b_L) \\
\vdots & \vdots & & \vdots \\
g(\boldsymbol{w}_1 \cdot \boldsymbol{x}(N) + b_1) & g(\boldsymbol{w}_2 \cdot \boldsymbol{x}(N) + b_2) & \cdots & g(\boldsymbol{w}_L \cdot \boldsymbol{x}(N) + b_L)
\end{bmatrix}_{N \times L}
\end{aligned}
\tag{5.22}
$$

$\boldsymbol{H}$ 表示隐含层输出矩阵,共 N 行 M 列,每一行表示一组数据,即代表 $\boldsymbol{x}(t)$ 经 L

个神经元运算后的结果;$\boldsymbol{\beta}=[\beta_1 \quad \beta_2 \quad \cdots \quad \beta_L]^T$ 表示输出层权重矩阵。对于回归问题,其为 $L×1$ 的列向量,$\boldsymbol{Y}=[y(1) \quad y(2) \quad \cdots \quad y(N)]^T$ 表示实际输出矩阵,对于回归问题,其为 $N×1$ 的列向量,$y(t)$ 与 $x(t)$ 为一一对应的映射关系。

定理 2.1　对于任意给的误差 $\varepsilon>0$,以及在任意区间内可导的激活函数 $g(\cdot)$ 的单隐含层前馈神经网络,任意给定 N 个样本 $(\boldsymbol{x}(t),\boldsymbol{Y}(t))$,$\boldsymbol{x}(t)=[x_1(t) \quad x_2(t) \quad \cdots$

$x_M(t)]\in\mathbf{R}^M,\boldsymbol{Y}(t)=[Y_1(t) \quad Y_2(t) \quad \cdots \quad Y_m(t)]\in\mathbf{R}^m,t=1,2,\cdots,N$,总存在一个具有 $\widehat{N}$ 个隐节点单隐含层神经网络,在 w_j 和 b_j 随机给定的条件下,满足:

$$\|H_{N\times\widehat{N}}\beta_{\widehat{N}\times m} - Y_{N\times m}\| < \varepsilon \tag{5.23}$$

Huang 等根据定理 2.1 提出了著名的极限学习机在隐含层神经元数 L 和训练样本数 N 相等,随机给定 w_j 和 b_j,且 H 为可逆矩阵时,能实现零误差逼近训练样本。通过最小二乘算法获取极限学习机的输出层权重 $\boldsymbol{\beta}$:

$$\hat{\beta} = \arg \min_{\beta\in\mathbf{R}^{L\times 1}} \|H\beta - Y\|^2 \tag{5.24}$$

进一步求解得

$$\hat{\beta} = H^\dagger Y \tag{5.25}$$

一般情况下,训练样本的数据量远大于隐含层神经元数,即 $N\gg L$,此时,需要求解 H 的伪逆,$H^\dagger=(H^TH^{-1})H^T$ 为隐含层输出矩阵 H 的摩尔-彭若斯广义逆矩阵。

经典的神经网络,比如 BP 神经网络,采用梯度下降算法训练神经网络模型,其最优参数求解表达式为

$$\varphi_k = \varphi_{k-1} - \eta \frac{\partial \mathrm{loss}}{\partial\varphi} \tag{5.26}$$

其中,向量 $\boldsymbol{\varphi}$ 为参数 $(w_j,b_j,\boldsymbol{\beta})$ 的集合;η 表示学习率。

梯度下降法存在一些问题,比如难于学习率的确定、易于陷入局部最小点、泛化能力差、学习速度慢等。由于极限学习机的最优参数求解未使用梯度下降算法,输入权重 w_j、隐含层神经元的偏置 b_j 为随机给定,只需求解输出层权重 $\boldsymbol{\beta}$,因此其训练速度快、参数不易陷入局部最小点。

基于 HOG 特征的方法在水下目标检测领域具有显著优势和一些局限。其优点包括其具备强大的形状描述能力,能有效捕捉物体的局部结构和纹理信息,以及对光照变化具有较好的鲁棒性,因为它侧重于梯度信息而非光照强度。此外,HOG 特征的计算相对直接,适合实时处理需求。然而,它对图像噪声较为敏感,尤其是在复杂或模糊的背景下,可能难以准确识别目标。而且,HOG 特征对于重叠或遮挡的物体检测效果不佳,因为这会干扰梯度的局部分布,影响特征的丰富度。

5.3 基于深度学习的水下目标检测方法

随着人工智能和并行计算技术的快速发展,深度学习已成为水下目标检测领域的重要工具。深度学习模型能够从大量数据中自动学习复杂和抽象的特征,在图像识别和分类任务中表现出色,较传统方法具有更高的鲁棒性和精度。目前,基于深度学习的水下生物目标检测算法主要分为两类,第一类是两阶段算法,此类算法首先通过区域生成网络生成感兴趣区域,再利用网络对感兴趣区域进行分类;第二类是一阶段算法,该类算法将目标检测中的定位和分类问题视为回归任务,通过端到端的方式实现检测,这两类算法均有各自的优势和应用场景。

5.3.1 基于两阶段模型的方法

(1)R-CNN 算法

R-CNN 算法是 Girshick 等在 2014 年提出的,开创性地使用卷积神经网络实现目标检测任务,是两阶段目标检测算法的开篇之作。R-CNN 摒弃了传统的滑动窗口(通过多尺度滑动窗口确定所有可能的目标区域)和人工选取特征的方法,将候选区域算法和卷积神经网络相结合,使得检测速度和精度明显提升。其网络结构如图 5.10 所示。检测流程:首先是区域选择,在原图上使用一定的方法产生一些感兴趣的区域,也就是可能含有目标的区域;其次是特征提取:将产生的候选区域固定大小后输入一个 CNN 网络提取出固定维度的特征向量;最后将提取到的特征输入给预先训练好的一组 SVM 分类器,识别出区域中的目标。该算法的目标检测流程如图 5.10 所示。

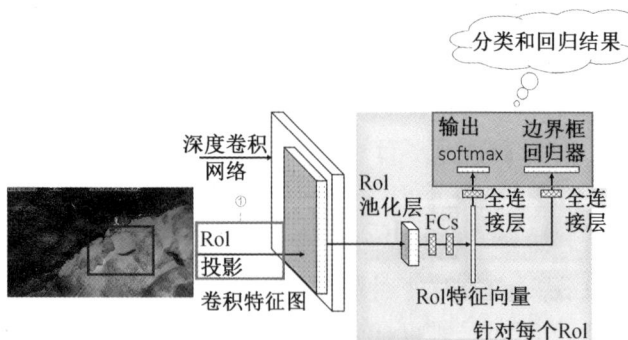

图 5.10 R-CNN 网络结构图

（2）Fast R-CNN

为了解决 R-CNN 重复提取特征以及多级管道训练等问题，2015 年，Fast R-CNN 算法被 Girshick 等提出。算法引入 ROI pooling 层，避免了 R-CNN 算法对同一区域多次提取特征的情况，从而提高了算法的运行速度，其网络结构如图 5.11 所示。其主要思想为，通过深度网络中的卷积层对图像进行特征提取，得到图片的特征图；通过选择性搜索算法得到图像的感兴趣区域；对得到的感兴趣区域进行 ROI pooling（感兴趣区域池化），统一了特征大小；将 ROI pooling 层的输出作为每个感兴趣区域的特征向量；将感兴趣区域的特征向量与全连接层相连，并定义了多任务损失函数，分别与 softmax 分类器和 boxbounding 回归器相连，分别得到当前感兴趣区域的类别及坐标包围框；对所有得到的包围框进行非极大值抑制（NMS），得到最终的检测结果。

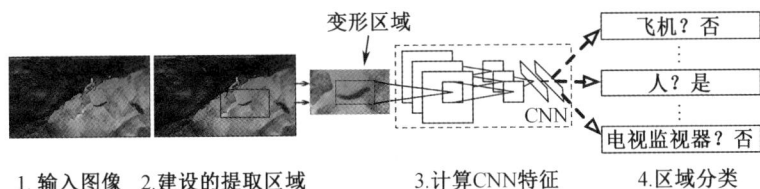

图 5.11　Fast R-CNN 网络结构图

（3）Faster R-CNN

为了解决 Fast R-CNN 获得候选区域时间复杂度高等问题，R. B. Girshick 在 2016 年提出了 Faster R-CNN 算法，Faster R-CNN 相比 Fast R-CNN 的最大改进就在于提出 RPN 网络，其网络结构如图 5.12 所示。首先特征图的提取是利用 CNN 最后一个共享卷积层完成的，之后特征图经过 RPN 后获得候选区域框，RoI Pooling 层会依据 RPN 的输出在特征图上选择与各个候选区域相对应的特征，并将维度设为固定的值。最后根据候选区域的特征图来判断候选框所属的具体类别信息，并且使用边框回归的方式来获得检测框最终的精确位置。

5.3.2　基于一阶段模型的方法

（1）YOLO 系列目标检测算法

YOLO 系列算法是一类典型的一阶段目标检测算法，其利用锚框将分类与目标定位的回归问题结合起来，从而做到了高效、灵活和泛化性能好。由于其检测速度远高于两阶段检测算法，被研究者广泛地应用于水下目标检测领域，实现高效且精准地水下生物检测与监控,如水下生物的数量统计与异常行为检测,推动了渔牧业监测以及深海生态环境调研领域的研究。

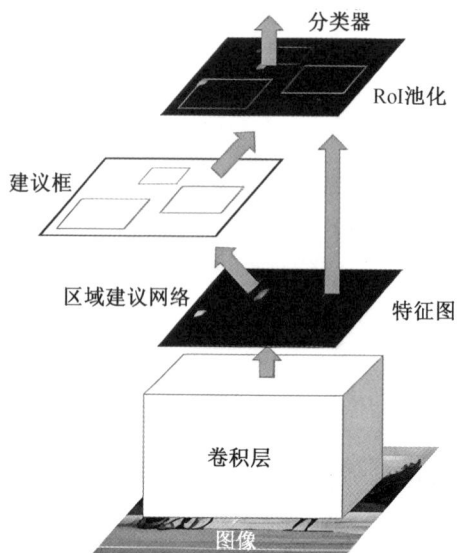

图 5.12　Faster R-CNN 网络结构图

YOLO 算法采用一个单独的 CNN 模型实现端对端的目标检测,核心思想就是利用整张图作为网络的输入,直接在输出层回归边界框的位置及其所属的类别。该系列算法的大致框架如图 5.13 所示,主要由输入侧、Backbone 侧、Neck 侧、Head 侧这四个部分组成,其中在模型训练时会利用不同技巧,实现更快收敛以及更好的泛化性能。输入侧是对输入图像重新改变大小,以及使用一些图像增强算法,提高图像的多样性,以增强模型的泛化性能。Backbone 侧是利用卷积神经网络对输入图像将进行特征提取的结构。最后,进行非最大抑制,即根据置信度对检测结果进行阈值筛选。颈部网络是进行特征融合的结构,检测头是进行各种损失函数计算的结构,包括置信度损失、类别损失和边界框回归损失等。

由于 YOLO 系列的目标检测算法具有检测速度快、易部署等优势,更新迭代较快,且每一代都被研究者应用于各种水下环境的目标检测任务中,因此接下来简要介绍不同版本的网络结构以及改进的部分,详细介绍较为火爆的 YOLOv5 算法。

①YOLOv1

YOLOv1 提出了一种全新的目标检测思路:将目标检测任务转化为单个神经网络的回归问题,其检测过程如图 5.14 所示。YOLOv1 将图像划分为网格,并在每个网格单元中预测目标的类别和位置信息。YOLOv1 模型的网络架构包括输入层接受 448×448 大小的图像，随后通过 24 个卷积层提取特征，包括多个 3×3 和 1×1 的卷积核以及最大池化层，用于下采样，紧跟着是全连接层，最后是输出层，为每个网格单元输出一个边界框和相应的置信度得分，以及目标类别的概率分布。

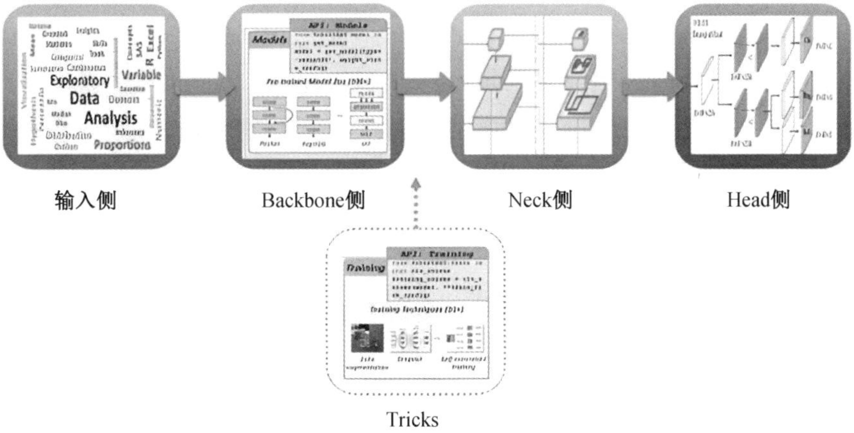
Exploratory
Data
Analysis
Variable
Proportions
输入侧
Backbone侧
Neck侧
Head侧
Tricks

图 5.13　YOLO 系列算法的大致框架

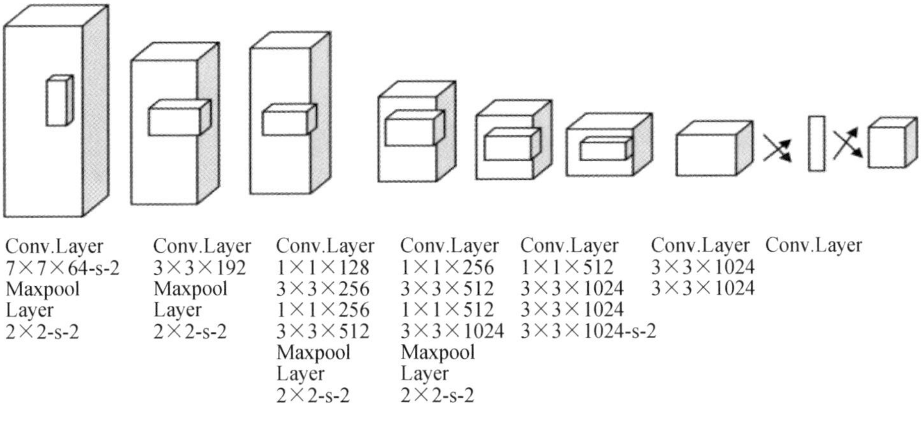
Conv.Layer
7×7×64-s-2
Maxpool
Layer
2×2-s-2
Conv.Layer
3×3×192
Maxpool
Layer
2×2-s-2
Conv.Layer
1×1×128
3×3×256
1×1×256
3×3×512
Maxpool
Layer
2×2-s-2
Conv.Layer
1×1×256
3×3×512
1×1×512
3×3×1024
Maxpool
Layer
2×2-s-2
Conv.Layer
1×1×512
3×3×1024
3×3×1024
3×3×1024-s-2
Conv.Layer
3×3×1024
3×3×1024
Conv.Layer

图 5.14　YOLOv1 网络结构图

这种端到端的检测方式使得 YOLOv1 具有非常快的检测速度，但在小目标检测和定位精度上存在一定局限。因此，该算法的优势是可以高速实时地检测物体，能够理解广义对象表示，模型也不太复杂。但是局限性是如果小对象以集群或组的形式出现，则该网络模型效果不好。

②YOLOv2

YOLOv2 在 YOLOv1 的基础上进行了一系列改进,包括使用更深的卷积网络(Darknet-19)、引入多尺度训练、使用先验框(anchor boxes)等。最重要的改进之一是 YOLOv2 引入了对超过 9 000 个类别标签的支持,从而称为 YOLO9000。这使得 YOLOv2 能够在更广泛的应用场景下进行目标检测。YOLOv2 是 YOLO 的改进版本,其网络结构如图 5.15 所示,网络架构包括输入层接受 416×416 大小的图像,经过 19 个卷积层和 5 个池化层提取特征,其中使用了不同尺寸的卷积核,包括 3×3 和 1×1,同时采用了残差连接和批量归一化来提高模型的性能和训练稳定性。在输出层,每个网格单元输出多个边界框以提高检测准确性,同时引入 Anchor Boxes 来处理不同尺寸和形状的目标。

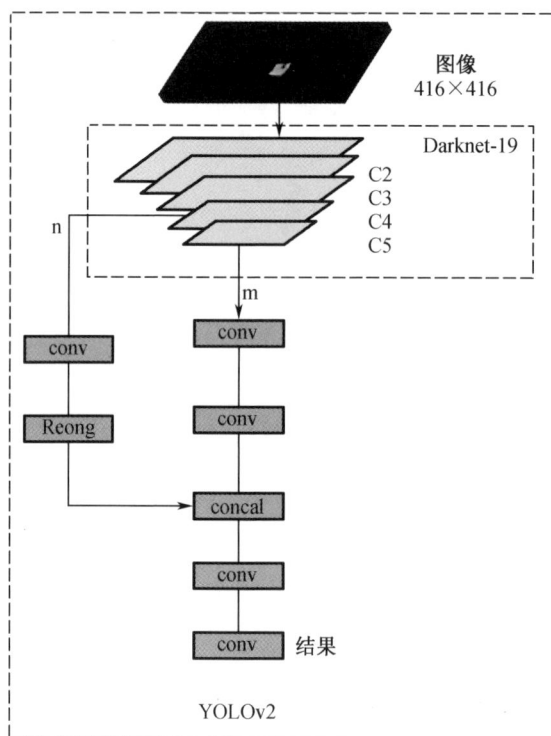

图 5.15　YOLOv2 网络结构图

但 YOLOv2 对于小目标的检测精度仍有待提高,定位精度较低并且由于使用 softmax 分类器,使得每个单元格只能预测一个类别,因此其对重叠的目标进行检测时并不友好。

③YOLOv3

YOLOv3 是 YOLO 系列算法的第三个版本,在目标检测的准确性和速度方面进行了进一步改进。YOLOv3 采用了更深、更大的卷积网络 Darknet-53,同时引入了多尺度预测的方法,可以检测不同大小的目标。该算法还增加了特征金字塔网络(FPN),使用二进制交叉熵损失函数。此外,YOLOv3 通过引入跨层次连接(skip connections)来提高特征提取的效果,在保持实时检测能力的同时也提升了检测精度和检测较小物体的能力。其网络架构如图 5.16 所示。

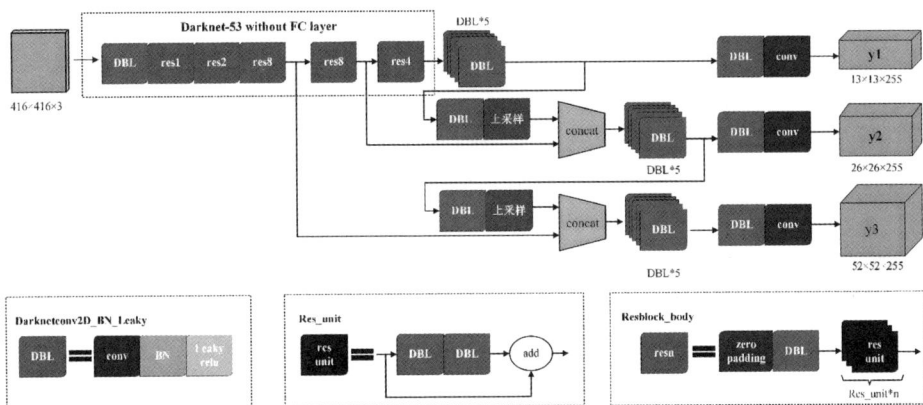

图 5.16　YOLOv3 网络结构图

④YOLOv4

YOLOv4 是 YOLO 系列算法的第四个版本,通过优化网络结构和训练策略,进一步提升了检测速度和准确率。YOLOv4 引入了多项技术创新,包括 CSPDarknet53 网络结构、Mish 激活函数、SAM 和 SAM+模块、PANet 等。这些技术的引入使 YOLOv4 在目标检测领域取得了新的突破,适用于许多实际场景中的目标检测任务。其网络架构如图 5.17 所示。

⑤YOLOv5

YOLOv5 是 YOLO 系列近几年最为火爆的目标检测算法,因此本小节详细介绍该算法。其原理如图 5.18 所示,将原输入图像划分为 $S \times S$ 的网格,分别在每个网格中预测 B 个边界框,以对不同类别的目标进行检测,输出每类目标的边界框及每个边界框的置信度。通过设定阈值,剔除类别置信度低于阈值的边界框,并通过非极大值抑制得到最终的边界框。

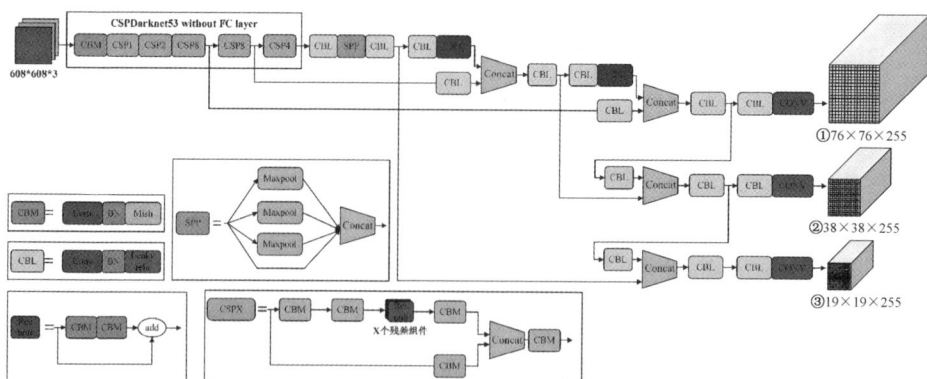

图 5.17　YOLOv3 网络结构图

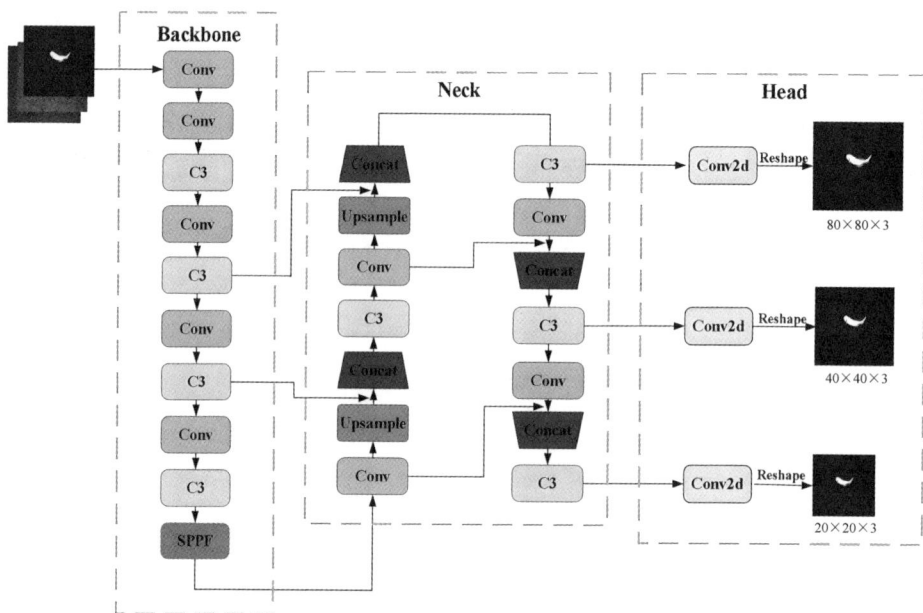

图 5.18　YOLOv5 网络结构图

　　YOLOv5 系列总共分为 YOLOv5n、YOLOv5s、YOLOv5m、YOLOv5l 和 YOLOv5x。它们的复杂度依次升高,但是模型的网络架构相同,主要由输入端、骨干网络、颈部网络和检测头组成。其网络架构如图 5.19 所示。输入端采用自适锚框和 Mosaic 数据增强等图像预处理技术。Mosaic 数据增强通过翻转、缩放和色域变化等方式处理输入图像,再将这些图片拼接成一张新的图片,由此丰富了图片背景,节省了训练资源。通过自适应锚框代替设置初始长宽的锚框能增加锚框和真实框的重合度,使得模型在训练时能够更快收敛。骨干网络是用于提取目标不同尺度特征的结构,它由 Conv、C3 结构、快速空间金字塔池化结构组成。Conv 是由二维卷积、二维批量归一化和 SiLU 激活函数串联组成的;C3 是两分支结构,其中一分支由一个 1×1 的卷积和 Bottleneck 模块串联组成,另外一支分由一个 1×1 的卷积模块组成,最后将两支结果拼接后经过 1×1 卷积得到输出结果;SPPF 结构是先通过一个 1×1 的卷积将输入特征的通道数减半,再分为两条支路,上支路由三个 5×5 的最大池化层串联组成,下支路未经过任何操作,最后将两个支路拼接并通过一个 1×1 的卷积输出结果。

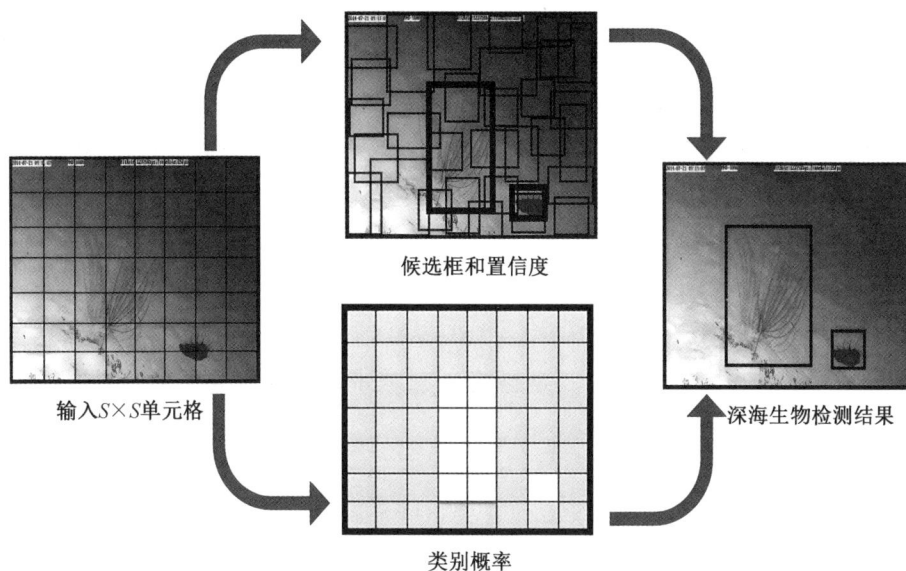

图 5.19　YOLOv5 检测原理

颈部网络采用特征金字塔和路径聚合网络相结合的特征融合结构,首先通过特征金字塔自顶向底的方式传递高级的语义特征,使得底层特征图得到来自顶层的语义信息,接着通过路径聚合网络自底向顶的方式传递纹理和位置等特征,使得顶层特征图能够获得来自低层特征图中更多的纹理和位置等信息。这种结构实现了不同尺度特征之间的融合,生成了同时具备高精度位置和纹理等信息以及强语义信息的多尺度特征,提高模型在检测各个尺度物体时的敏感度。

检测头是负责将提取的特征映射转换成目标位置坐标和类别置信度的结构。该结构主要通过计算损失函数以优化模型参数,实现图像中目标的定位和分类。总损失函数 L 的表达式为

$$L = l_{\text{conf}}(c_i^{gt}, \hat{c}_i) + l_{\text{cls}}(p_i^{gt}, \hat{p}_i) + l_{\text{coord}}(b_i^{gt}, \hat{b}_i) \tag{5.27}$$

其中, l_{conf} 是置信度损失; l_{cls} 是分类损失; l_{coord} 是边界框回归损失; $\hat{c}_i$ 和 c_i^{gt} 分别是第 i 个网格内存在目标的预测置信度和真实置信度; $\hat{p}_i(z)$ 和 $p_i^{gt}(z)$ 分别是第 i 个网格内目标属于 z 类别的预测概率和真实概率; $\hat{b}_i$ 和 b_i^{gt} 分别是第 i 个网格中预测框和真实框的坐标值。 l_{conf} 的表达式为

$$l_{\text{conf}}(c_i^{gt}, \hat{c}_i) = -\sum_{i=0}^{S^2}\sum_{j=0}^{B} I_{ij}^{obj}\left[c_i^{gtj}\ln \hat{c}_i^j + (1 - c_i^{gtj})\ln(1 - \hat{c}_i^j)\right]$$
$$-\sum_{i=0}^{S^2}\sum_{j=0}^{B} I_{ij}^{noobj}\left[c_i^{gtj}\ln \hat{c}_i^j + (1 - c_i^{gtj})\ln(1 - \hat{c}_i^j)\right] \tag{5.28}$$

其中, S^2 是网格的数量; B 是每一个网格单元的边界框数量; I_{ij}^{obj} 是代表第 i 个网格第 j 个边界框是否负责检测这个目标; $\hat{c}_i^j$ 和 c_i^{gtj} 分别是第 i 个网格第 j 个边界框内存在目标的预测置信度和真实置信度。 l_{cls} 的表达式为

$$l_{\text{cls}}(p_i^{gt}, \hat{p}_i) = -\sum_{i=0}^{S^2}\sum_{j=0}^{B} I_{ij}^{obj}\sum_{z \in \text{classes}}\left\{p_i^{gtj}(z)\log \hat{p}_i^j(z) + \left[1 - p_i^{gtj}(z)\right]\log\left[1 - \hat{p}_i^j(z)\right]\right\}$$
$$\tag{5.29}$$

其中, $\hat{p}_i^j(z)$ 和 $p_i^{gtj}(z)$ 分别是第 i 个网格第 j 个边界框内目标属于 z 类别的预测概率和真实概率。 l_{coord} 的表达式为

$$l_{\text{coord}}(b_i^{gt}, \hat{b}_i) = \sum_{i=0}^{S^2}\sum_{j=0}^{B} I_{ij}^{obj}\left[1 - \text{IoU} + \frac{\rho^2(j_i^{gt}, \hat{j}_i)}{d^2} + \frac{\frac{16}{\pi^3}(\arctan w^{gt}/h^{gt} - \arctan \hat{w}/\hat{h})^3}{(1 - \text{IoU}) + \frac{4}{\pi^2}(\arctan w^{gt}/h^{gt} - \arctan \hat{w}/\hat{h})^2}\right]$$
$$\tag{5.30}$$

其中,IoU 是预测框与真实框的交并比; w^{gt}/h^{gt} 和 $\hat{w}/\hat{h}$ 分别是真实框宽高比和预测框宽高比; $\hat{j}_i$ 和 j_i^{gt} 分别是第 i 个网格中预测框和真实框的中点值; ρ^2 是两点间的欧氏距离; d 是能包含真实框和预测框的包闭区域的对角线距离。

⑥YOLOv6

YOLOv6 是由美团点评研究团队开发的目标检测模型,虽然它并非由 YOLO 系列的原始作者发布,但继承了 YOLO 家族的设计哲学,即实现高效率和高性能的目标检测。YOLOv6 的设计重点在于优化模型的速度与准确性,使其适用于实时

应用。

在网络架构方面,YOLOv6 进行了多项改进,以提高运行效率和检测精度,其网络架构如图 5.20 所示。它采用了更高效的卷积层设计,通过减少计算量密集的操作和优化网络的数据流动,显著提升了模型的处理速度。此外,YOLOv6 引入了新的特征融合技术,有助于模型更好地理解不同尺度的图像特征,从而提高对小物体的检测能力。

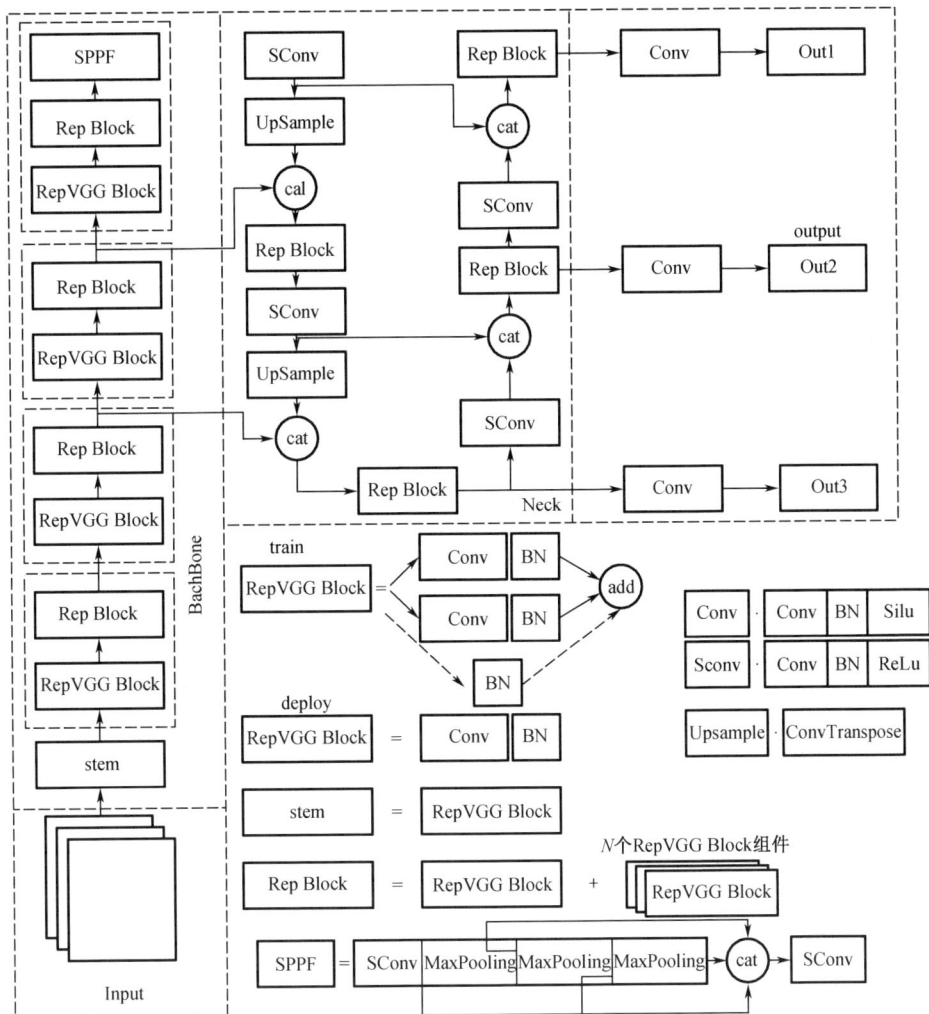

图 5.20　YOLOv6 网络结构图

在训练策略上,YOLOv6采用了更为先进的数据增强技术和正则化方法,这些技术帮助模型在训练过程中获得更好的泛化能力。通过模拟不同的光照条件、遮挡情况和背景噪声,模型能够在各种复杂环境中保持稳定的性能。YOLOv6特别适用于需要快速响应的场景,如自动驾驶、视频监控和工业自动化。其优化后的处理速度允许这些系统在实时获取环境信息的同时,快速准确地做出决策。

⑦YOLOv7

YOLOv7是在YOLOv5的基础上进一步优化和调整的版本,由原YOLO系列的开发者之一参与开发,其网络结构如图5.21所示。该版本的目标在于进一步提升检测精度和速度,同时保持模型的轻量化,以适应更多种类的应用环境。YOLOv7在网络结构上进行了重要的优化,包括引入了更先进的注意力机制和卷积结构。这些改进有助于模型更加有效地学习和提取图像中的重要特征,同时减少不必要的计算开销。例如,通过使用更深,但计算效率更高的残差网络,YOLOv7能够在不增加太多计算负担的情况下,提升模型深度和性能。

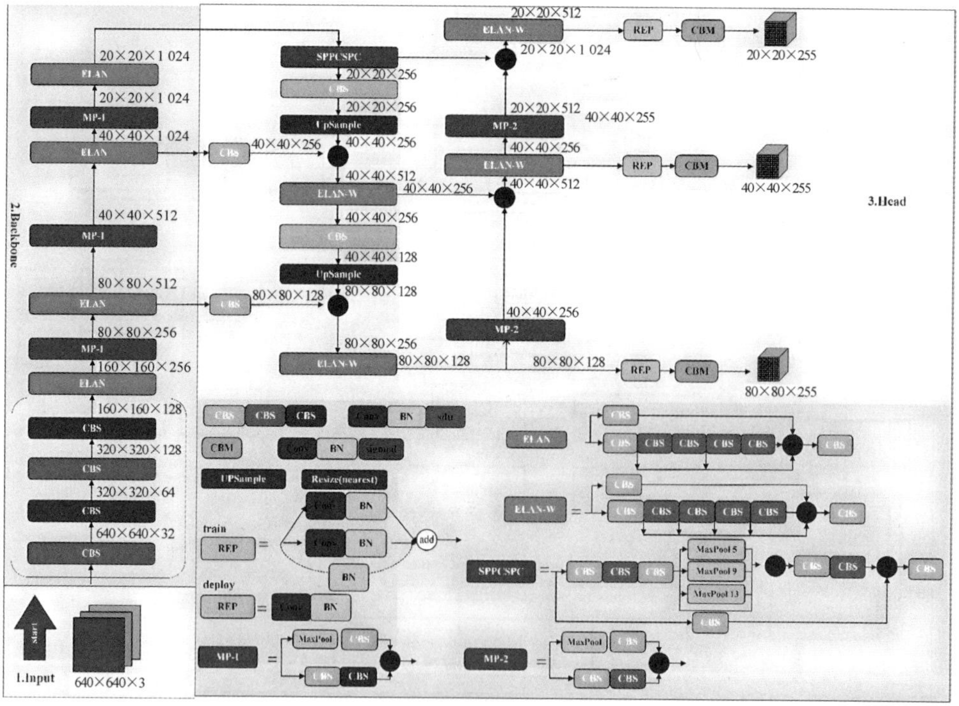

图5.21 YOLOv7网络结构图

YOLOv7 采用了新的损失函数设计,这一设计更加注重于不同类别和不同尺度的检测平衡,特别是在处理小物体和大场景时的表现。此外,YOLOv7 在训练过程中采用了自适应学习率调整、更复杂的数据增强策略和更精细的批次归一化处理,这些都有助于模型在各种数据集上获得更好的训练结果。YOLOv7 的性能在多个公开数据集上表现优异,尤其是在 COCO 和 PASCAL VOC 这样的标准检测数据集上。模型不仅能够在这些数据集上达到行业领先的准确率,同时在实时性方面也有显著的表现,使其非常适合用于实时视频分析、无人机监控等高要求的应用场景。

⑧YOLOv8

YOLOv8 建立在 YOLOv5 版本的成功基础上进行了改进,在公共数据集上的多个方面超越了之前的 YOLOv5 模型。该模型设计的目的是快速、准确且易于使用,使其成为对象检测和跟踪、实例分割、图像分类和姿态估计任务的首选。YOLOv8s 算法模型主要由骨干网络(Backbone)、颈部网络(Neck)、检测头模块(Detect)三个部分构成,如图 5.22 所示。

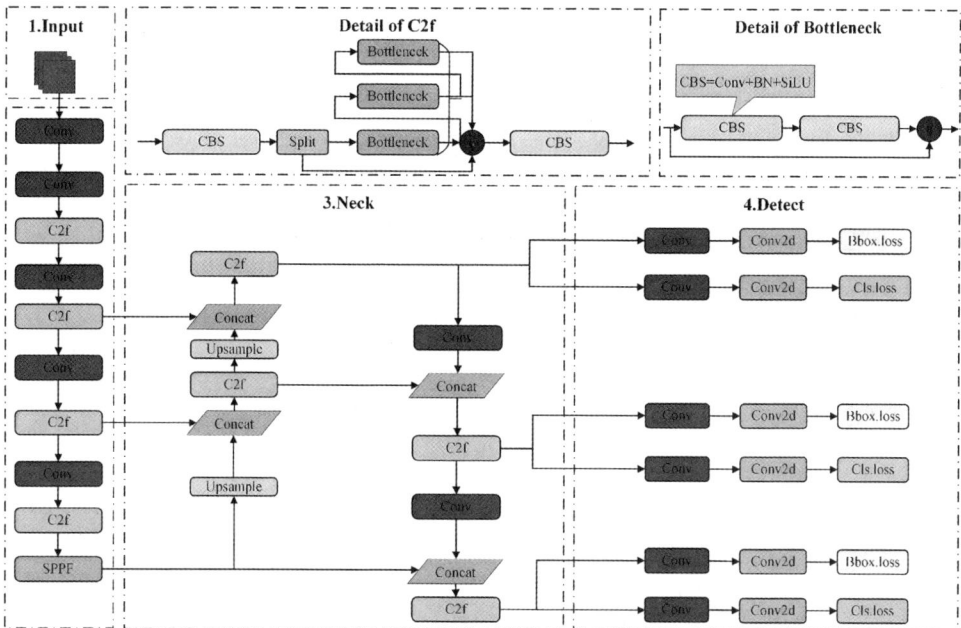

图 5.22 YOLOv8 网络结构图

YOLOv8s 的骨干网络沿用了 YOLOv5 使用的 CSPDarkNet 结构,将 C3 模块替换为 C2f 模块。C2f 模块相比 C3 模块具有更丰富的梯度流,并增加了跨层连接和额外的 Split 操作。颈部网络采用 PAN(Path Aggregation Network)结构,通过自顶向下和自下向上的跨层连接,使特征更加充分地融合,最终将 PAN 的三个输出分支送入检测模块。

检测模块采用解耦头结构,将回归分支和预测分支分离,加速了模型的收敛。相比 YOLOv5 等前几个版本,YOLOv8s 网络结构更加精简,能够快速、准确地识别目标,在目标检测跟踪、实例分割、图像分类和行为识别等任务中表现优越。不过,YOLOv8s 在处理遮挡或小型目标的检测任务时仍有待优化。

(2)SSD 系列目标检测算法

Liu 等提出了一种名为单次多框检测器(single shot multibox detector,SSD)的目标检测算法,用于目标检测的深度卷积神经网络模型。该算法将目标检测任务转化为回归问题求解,一次性完成目标检测中的定位和分类任务。SSD 是一种一阶段目标检测算法,具有更快的检测速度和更少的计算资源需求,以其高效性和准确性而著名,能够在单个前向传递中实现对图像中多个目标的检测和定位。SSD 网络包括三个主要部分:基础网络、特征提取网络和检测网络。特征提取采用的基础网络结构是从分类网络借鉴而来的,SSD 采用了 VGG-16 作为骨干网络,并使用了 VGG16 的前 5 层,将用于分类的全连接层(FC6、FC7)替换为卷积层(Conv6、Conv7)。此外,模型还额外增加了 4 个卷积层(Conv8_2、Conv9_2、Conv10_2、Conv11_2)用来提取不同尺度的特征图。然后将提取到的特征图放入检测器中进行检测。最后,通过对所有预测层的分类和边界框回归结果进行整合,生成最终的目标检测结果。通常使用非极大值抑制(non-maximum suppression,NMS)来消除重叠的检测框,确保最终的输出中只有一个准确的检测结果。通过这些设计,SSD 可以有效地捕捉各种尺度和比例的目标,并能够处理不同形状的目标。SSD 网络结构如图 5.23 所示。

SSD 网络结构的特征提取网络是 VGG-16,是由英国牛津大学的 Visual Geometry Group 于 2014 年提出的,它是一种经典网络结构,它的网络结构是由卷积层、全连接层堆叠而成的,VGG-16 是由 13 个卷积层和 3 个全连接层堆叠而成的,这个网络结构的主要特点是简单而纯粹,只使用了 3×3 的小卷积核和 2×2 的最大池化操作,使得网络结构更加规整和易于理解。其网络结构如图 5.24 所示。

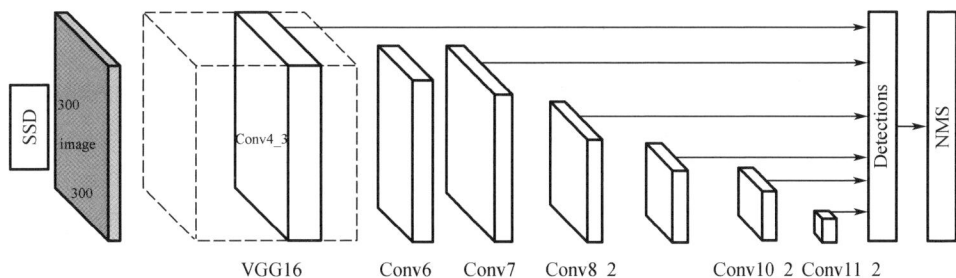

图 5.23 SSD 网络结构图

在卷积层部分,VGG-16 采用了小尺寸的卷积核(通常为 3×3)和最大池化操作来逐渐减小特征图的空间尺寸,增加网络的深度。每个卷积层都使用 ReLU 激活函数来引入非线性。通过多次堆叠卷积层和池化层,VGG-16 可以逐渐提取图像的高级特征。在全连接层部分,卷积部分提取到的特征被压缩成一维向量,并经过多个全连接层进行分类。这些全连接层帮助网络学习到不同类别之间的关系,最终输出图像的分类结果。VGG-16 的最后一层是一个全连接层,输出对应的类别。

SSD 损失函数主要由两部分组成:分类损失和定位损失。分类损失用于衡量模型对目标类别的预测准确性,而定位损失用于衡量模型对目标位置的预测准确性。在 SSD 中,每个位置都会生成一组预测框,每个预测框都有一个与之对应的类别预测。分类损失使用 softmax 函数将这些类别预测转化为概率,并与真实的目标类别进行比较。常用的分类损失函数是交叉熵损失函数,它可以衡量模型的预测概率与真实标签之间的差异。通过最小化分类损失函数,模型可以学习到更准确的目标类别预测。其表达式为

$$L_{\text{conf}}(x,c) = -\sum_{i \in Pos}^{N} x_{ij}^p \log \hat{c}_i^p - \sum_{i \in Neg} \log \hat{c}_i^0 \tag{5.31}$$

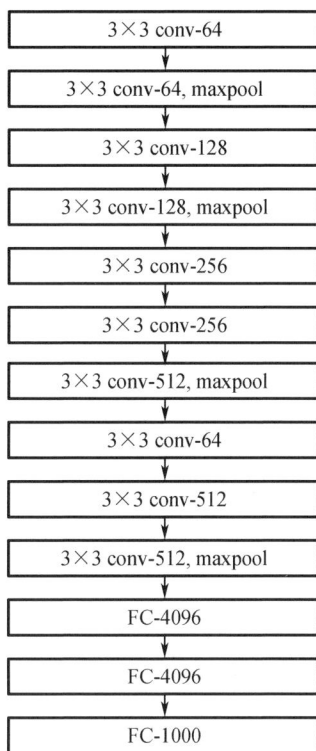

图 5.24 VGG-16 网络结构图

其中，$\sum\limits_{i \in \text{Pos}}^{N} x_{ij}^p \log \hat{c}_i^p$ 为正样本损失；$\sum\limits_{i \in \text{Neg}} \log \hat{c}_i^0$ 为负样本损失，本质上就是 softmax 损失；$\hat{c}_i^p$ 为预测第 i 个生成的先验框对应的真实框类别为 p 的类别概率；$\hat{c}_i^0$ 为预测第 i 个生成的先验框对应的真实框类别为背景的类别概率。

接下来是定位损失。SSD 中的每个预测框都需要预测出四个位置参数：框的中心坐标以及宽度和高度。定位损失用于衡量模型对这些位置参数的预测准确程度。常用的定位损失函数是 Smooth_{L1} 损失函数，它在目标框位置接近真实值时具有较小的损失，而在距离较远时损失增大。这种损失函数的设计可以有效地减小离群点的影响，并提高模型对目标位置的准确预测能力。其表达式为

$$L_{\text{loc}}(x, l, g) = \sum_{i \in \text{Pos}}^{N} \sum_{m \in \{cx, cy, w, h\}} x_{ij}^k \text{Smooth}_{L1}(l_i^m - \hat{g}_j^m) \qquad (5.32)$$

其中，l_i^m 为预测对应第 i 个正样本的回归参数；$\hat{g}_j^m$ 为正样本 i 的第 j 个真实框的回归参数，m 代表的就是中心坐标、长度以及宽度。

$$\begin{cases} \hat{g}_j^{cx} = (g_i^{cx} - d_i^{cx})/d_i^w \\[2mm] \hat{g}_j^{cy} = (g_i^{cx} - d_i^{cy})/d_i^h \\[2mm] \hat{g}_j^w = \log\left(\dfrac{g_j^w}{d_i^w}\right) \\[3mm] \hat{g}_j^h = \log\left(\dfrac{g_j^h}{d_i^h}\right) \end{cases} \qquad (5.33)$$

Smooth_{L1} 可以表示为

$$\text{Smooth}_{L1} = \begin{cases} 0.5^2, & |x| < 1 \\ |x| - 0.5, & |x| \geqslant 1 \end{cases} \qquad (5.34)$$

将分类损失和定位损失结合起来，SSD 模型的总损失函数可以定义为二者之和。通常，这两个损失函数的权重会通过超参数进行调整，以便在训练过程中平衡分类和定位两者的重要性。总损失函数的公式如下：

$$L(x, c, l, g) = \frac{1}{N}\left[L_{\text{conf}}(x, c) + \alpha L_{\text{loc}}(x, l, g)\right] \qquad (5.35)$$

其中，x 为目标真值；c 为预测的类别置信度；l 为预测的坐标值；g 为真实目标的坐标；N 为先验框正样本的个数；$L_{\text{conf}}(x, c)$ 为分类损失；$L_{\text{loc}}(x, l, g)$ 为回归损失；α 为两种损失所占的权重，通常为 1。

除了分类损失和定位损失外，SSD 还引入了一种称为困难负样本挖掘(Hard Negative Mining)的技术来进一步改善模型的训练效果。困难负样本挖掘的目标是

选择那些对分类损失贡献最大的负样本,即模型错误分类为正样本的负样本。通过挖掘这些困难负样本并将其加入训练集中,可以使模型更加关注于难以识别的样本,从而提高整体的分类准确性。总之,SSD 是一种高效的目标检测算法,通过在不同尺度的特征图上进行检测,可以实现实时的目标检测。然而,SSD 在检测小目标时性能欠佳,这是由于其特征图的分辨率较低。

5.4　应用案例

深海生物目标检测是水下目标检测领域的重要应用之一,旨在识别和定位深海环境中的复杂的生物目标,有助于科学家们更好地统计分析深海生物的类别、数量及分布特征,进而为研究深海生物的行为、生态习性以及其与环境的相互关系奠定基础。针对深海生物目标检测,本节设计了深海生物目标检测框架,本应用案例的实验流程如图 5.25 所示,主要分为数据预处理、目标检测模型训练和测试验证三个部分,接下来对其进行详细介绍。

(1)数据预处理

本节的实验数据来自"蛟龙"号载人潜水器在海底拍摄的真实视频数据,并按照如图 5.26 所示的流程构建数据集。首先截取视频中的关键帧图像,接着通过翻转、旋转等数据增强方法对图像进行简单的扩充,最后使用 Labelimg 工具对图像进行标注,获得了 6 144 图像及相应的标签。数据集中生物的类别为:海绵类、珊瑚类、海星类、海百合类、海胆类、海参类、海葵类、无脊椎动物、虾类和鱼类。

(2)目标检测模型训练

在目标检测任务中,模型的构建与训练是关键的环节,它直接影响着模型的性能和泛化能力。以下是目标检测模型构建与训练的主要步骤。

选择模型架构:在构建目标检测模型时,首先需要选择合适的模型架构。常见的目标检测模型包括基于区域提议的方法(如 Faster R-CNN、Mask R-CNN)、单阶段检测器(如 YOLO、SSD),以及最新的一些深度学习模型(如 EfficientDet、RetinaNet 等)。选择模型时需要根据任务需求、计算资源和精度要求等因素进行权衡和选择,本实验选择使用 YOLOv5 模型进行生物目标检测。

定义损失函数:在训练目标检测模型时,需要定义合适的损失函数来衡量模型预测结果与真实标签之间的差异。本实验利用 YOLOv5 常见的损失函数、置信度损失函数、分类损失函数和边界框回归损失函数。通过最小化损失函数来调整模型参数,使模型能够更好地拟合训练数据。

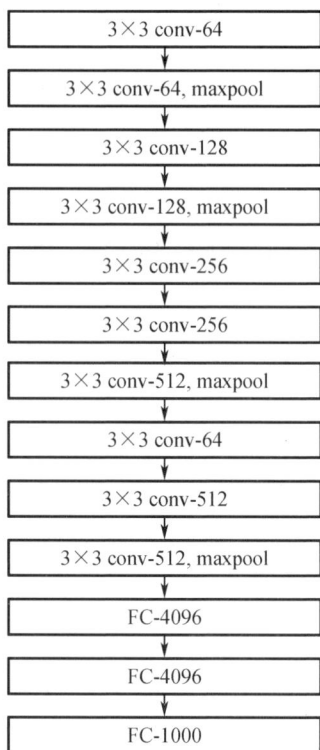

| 3×3 conv-64 |
| 3×3 conv-64, maxpool |
| 3×3 conv-128 |
| 3×3 conv-128, maxpool |
| 3×3 conv-256 |
| 3×3 conv-256 |
| 3×3 conv-512, maxpool |
| 3×3 conv-64 |
| 3×3 conv-512 |
| 3×3 conv-512, maxpool |
| FC-4096 |
| FC-4096 |
| FC-1000 |

图 5.25 深海生物目标检测实验流程图

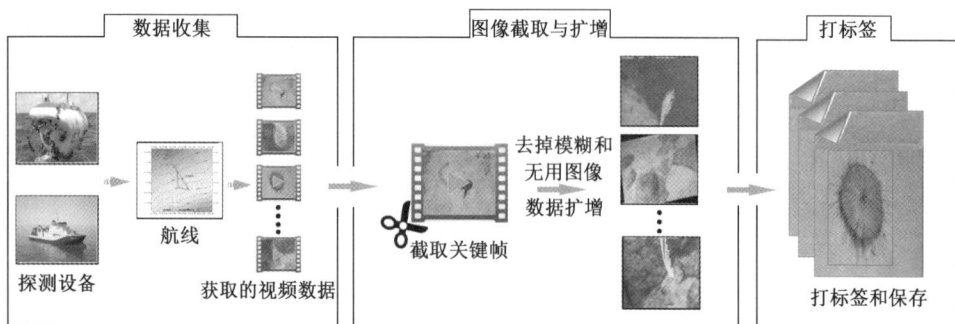

图 5.26 数据预处理流程

选择优化器:选择合适的优化器对于模型的训练至关重要。常用的优化器包括随机梯度下降(SGD)、Adam、RMSProp 和余弦退火等。在本实验中,所有模型在训练时均使用随机梯度下降作为优化器进行参数更新,使用余弦退火策略调整学习率,每批次输入图像尺寸固定为 640×640,设置初始学习率为 0.01,动量值设置为 0.937,权重衰减系数设置为 0.000 5,迭代次数为 100 次,批尺寸为 16。

进行模型训练与调优:利用准备好的训练数据集,使用定义好的损失函数和优化器,对目标检测模型进行训练。在训练过程中,通过不断迭代更新模型参数,使模型在训练集上逐渐收敛,并且达到较好的性能。训练完成后,通过调优可以使模型更好地适应不同的数据分布和场景变化,提高模型的泛化能力,进一步提高模型的检测性能。

本实验使用的中央处理器为英特尔 i5-12490,图形处理器为 NVIDIA GeForce RTX3060,显存为 12G。软件环境为 Windows10 操作系统,Pytorch 1.13.0 深度学习框架和 PyCharm 开发平台,具体的实验环境见表 5.1。

表 5.1　实验环境

参数	配置
操作系统	Windows10
GPU	NVIDIA GeForceRTX3060(12G)
CPU	Intel(R) Core(TM) i5-12490
加速环境	CUDA 11.1
训练框架	Pytorch 1.13.0

(3)测试验证

为评估算法的效果,利用划分的测试集对训练完成的模型进行测试,并利用平均准确率均值(mean average-precision,mAP)衡量目标检测算法的整体检测效果,其表达式为

$$mAP = \frac{\sum_{c=1}^{C} AP(c)}{C} \times 100\% \tag{5.36}$$

其中,AP 是平均准确率;C 是类别个数。我们常采用 mAP0.5 和 mAP0.5:0.95 两种指标,mAP0.5 是将 IoU 阈值设置为 0.5,即当 IoU 大于 0.5 时判断为正样本后求

得的 mAP 值。mAP0.5∶0.95 是将 IoU 阈值以 0.5 为步长从 0.5 取到 0.95 后求平均值。利用参数量(Parameter,Params)衡量算法的空间复杂度,浮点运算次数(Floating Points Operations,FLOPs)衡量算法的时间复杂度。查准率(P)是预测为正样本且是正样本的部分占所有预测是正样本的比例,以衡量算法预测的目标是否准确的能力。召回率(R)是预测为正样本且是正样本的部分占所有正样本的比例,以衡量算法预测的目标是否准确的能力。其表达式分别为

$$P = \frac{TP}{TP + FP} \tag{5.37}$$

$$R = \frac{TP}{TP + FN} \tag{5.38}$$

其中,TP 是指被正确预测为正样本的数目;FP 是指错误地预测为正样本的实际负样本数目;FN 是指错误地预测为负样本的实际正样本数目。

所提模型在训练数据集上的各类损失、验证集上的各类损失以及准确率、召回率和 mAP 的变化如图 5.27 所示。其中,图 5.27(a)(b)(c)分别表示模型在训练集上的边界框回归值损失、置信度损失和类别损失三种损失的变化曲线,图 5.27(d)(e)(f)分别是验证集上三种损失变化曲线。由这些曲线可以看出,随着训练次数的增加,模型的各类损失值也会降低。这表明该模型具有良好的拟合效果和较高的稳定性。其中,图 5.27(g)(h)(i)是模型的精度评估指标在验证集上的变化曲线,由这些曲线可以看出,模型的检测精度随着训练次数的增加而增加。综上所述,在深海生物目标检测任务中,该模型具有较强的拟合能力、良好的稳定性和较高的检测精度。

模型检测结果的混淆矩阵如图 5.28 所示,该矩阵描述了所提模型预测的十类深海生物的类别与真实类别之间的关系。横轴表示真实类别,纵轴表示模型预测的类别,对角线数据表示正确检测率。由混合矩阵中的数据可知,所提模型对深海生物具有较好的分类能力。

为进一步展示模型对于深海生物的检测效果,可视化了部分检测结果,如图 5.29 所示,其中图 5.29(a)为模型的输入,即待检图像;图 5.29(b)为模型的输出,即检测结果。

为展现不同检测算法对深海生物的检测效果,Faster RCNN、YOLOv5n、YOLOv3、YOLOv7-Tiny、YOLOv3-Tiny 和 YOLOv8s 算法进行比较,具体的对比实验结果见表 5.2。

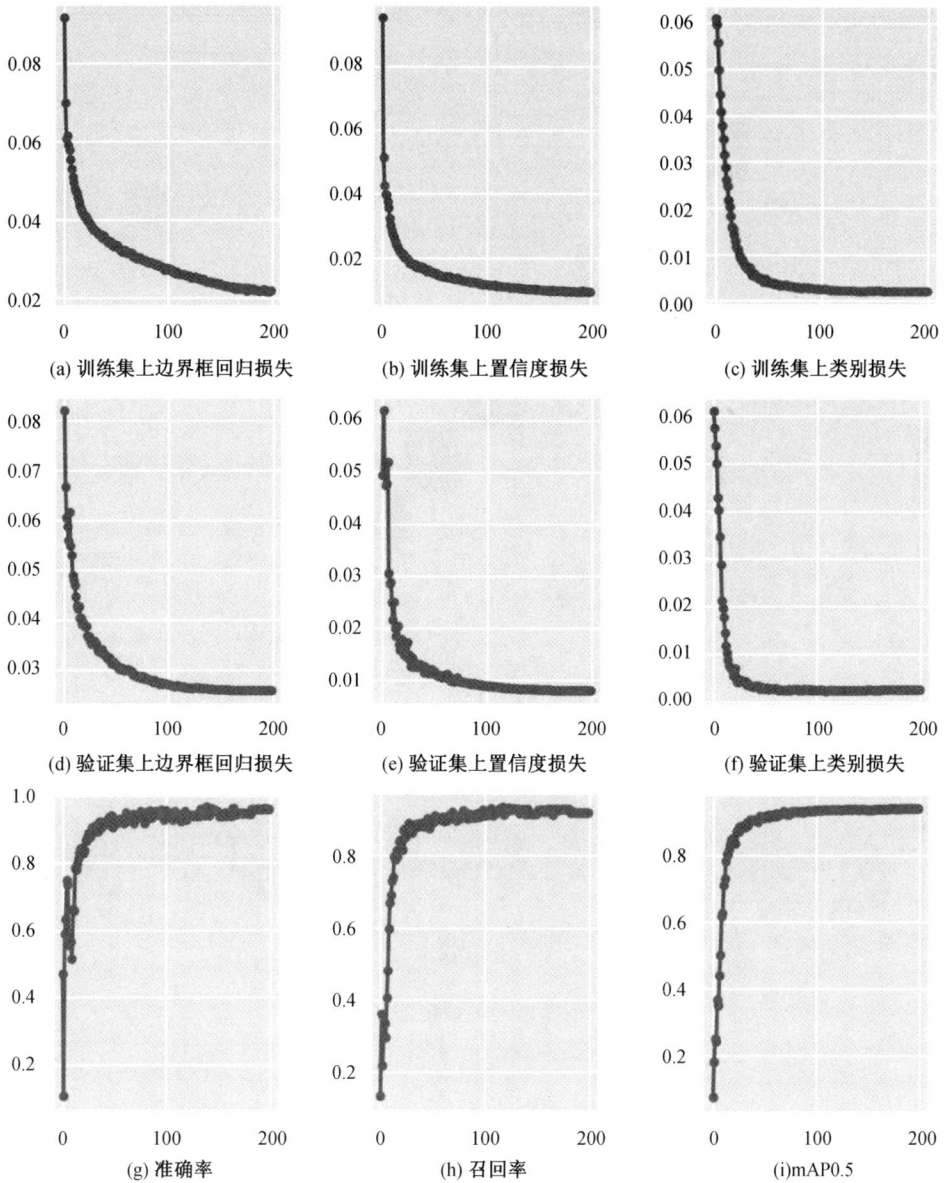

(a) 训练集上边界框回归损失   (b) 训练集上置信度损失   (c) 训练集上类别损失

(d) 验证集上边界框回归损失   (e) 验证集上置信度损失   (f) 验证集上类别损失

(g) 准确率   (h) 召回率   (i)mAP0.5

图 5.27 模型在深海生物数据集上的损失曲线

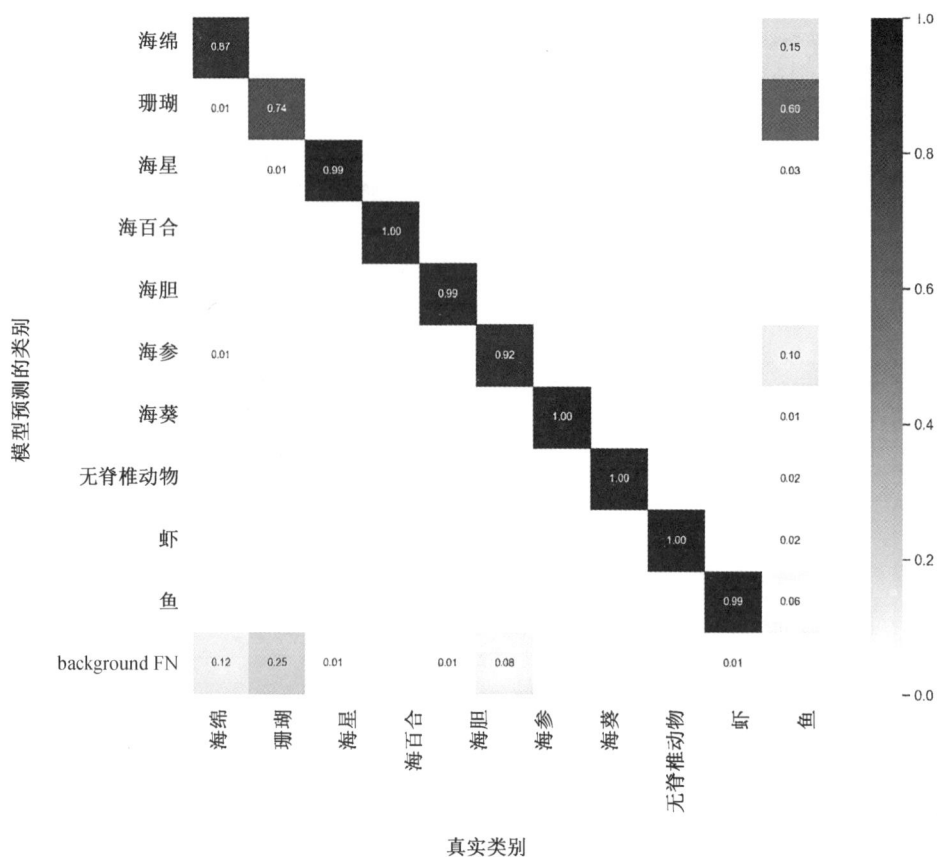

图 5.28　混淆矩阵结果

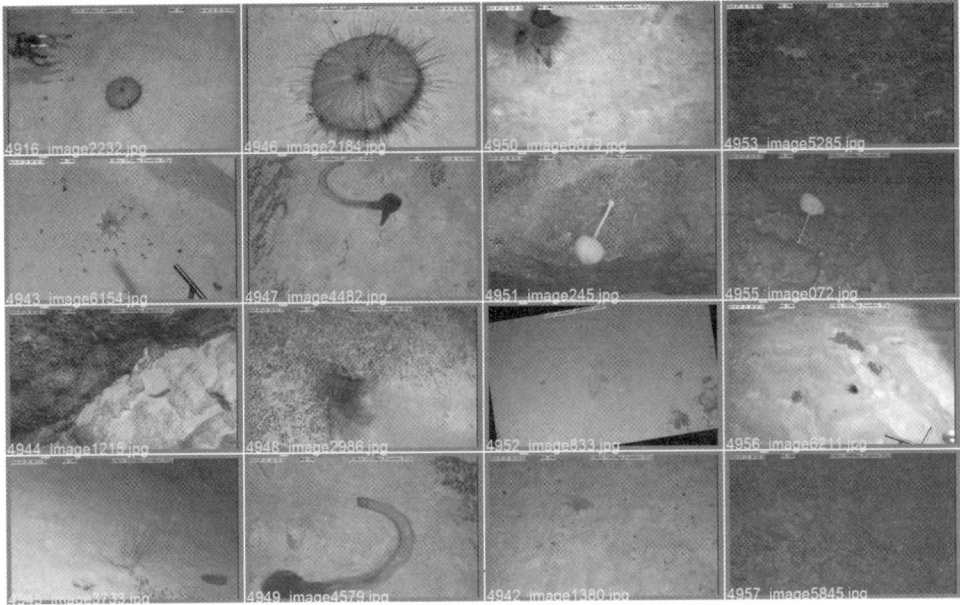

(a) 待检图像

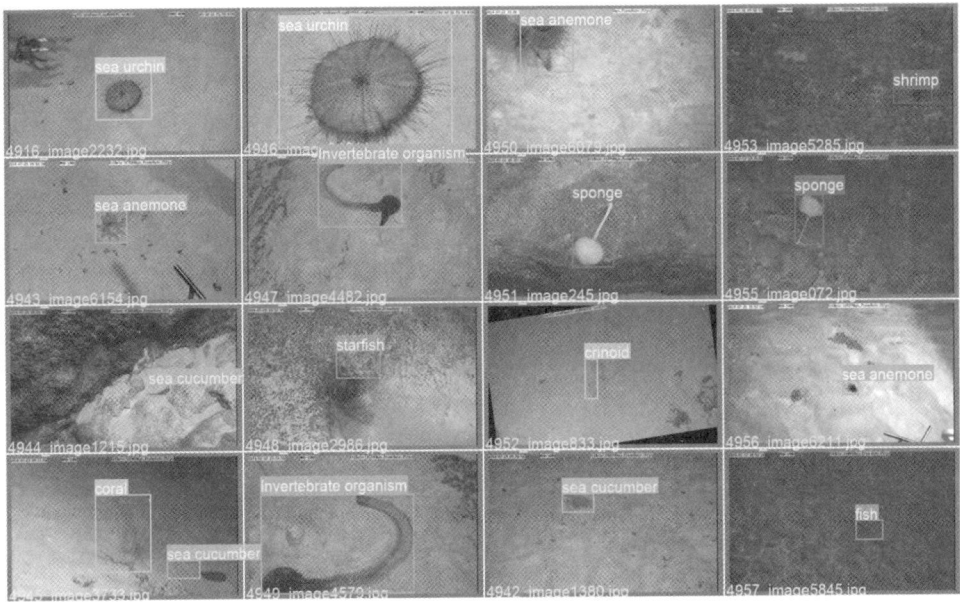

(b) 检测结果

图 5.29　生物目标检测效果可视化

表 5.2　不同算法对比实验结果

模型	$mAP_{0.5}/\%$	$mAP_{0.5:0.95}/\%$	FLOPs/GB	Param/MB
Faster RCNN	67.9	44.4	370.2	137.1
YOLOv5	93.6	72.9	4.2	1.8
YOLOv3	94.9	79.1	154.7	61.5
YOLOv3-Tiny	93.9	74.5	12.9	8.7
YOLOv7-Tiny	91.1	67.6	13.1	6.0
YOLOv8s	94.1	76.6	28.8	11.2

由表 5.2 可知,在生物目标检测模型中,Faster RCNN 具有较高的精度,但计算资源需求巨大,适合高精度且资源充足的应用。YOLOv5 以高精度和低计算量适合实时检测,YOLOv3 虽然精度最高但计算量和参数量较大,适合资源丰富的场景。YOLOv3-Tiny 和 YOLOv7-Tiny 以较低的计算量与参数量表现出色,适合资源受限的场景。YOLOv8s 在精度和计算效率之间取得了良好平衡,适用于需要平衡精度和计算资源的应用。

5.5　本章小结

水下目标检测是水下机器视觉领域的重要研究方向,本章系统地介绍了其研究现状和发展趋势。首先,本章回顾了基于传统机器学习方法的水下目标检测技术,包括基于 Haar 特征和 HOG 特征的方法。传统方法虽然具有一定的可行性,但在应对复杂的水下环境和目标情况时存在一定局限性。其次,本章重点介绍了基于深度学习的水下目标检测方法。通过一阶段模型和两阶段模型的介绍,展示了深度学习在水下目标检测中的广泛应用和显著效果。深度学习模型通过对海洋环境中的大量数据进行学习,能够提取出丰富的特征表示,从而有效地解决了传统方法所面临的问题。最后,本章通过实际的应用案例,展示了基于深度学习的水下目标检测技术在深海生物目标检测领域的应用效果。

参 考 文 献

［1］ VIOLA P,JONES M J. Rapid object detection using a boosted cascade of simple features［C］. Proceedings of the 2001 IEEE Computer Society Conference on Computer Vision and Pattern Recognition,2021.

［2］ DALAL N,TRIGGS B. Histograms of oriented gradients for human detection［C］. Proceedings of the 2005 IEEE Computer Society Conference on Computer Vision and Pattern Recognition,2025.

［3］ FREUND Y, SCHAPIRE R E. A decision-theoretic generalization of on-line learning and an application to boosting［J］. Journal of Computer and System Sciences,1997,55(1):119-139.

［4］ CORTES C,VAPNIK V. Support-Vector networks［J］. Machine Learning,1995, 20:273-297.

［5］ HUANG G B,ZHU Q Y, SIEW C K. Extreme learning machine:theory and applications［J］. Neurocomputing,2006,70(1-3):489-501.

［6］ GIRSHICK R, DONAHU J, DARRELL T, et al. Rich feature hierarchies for accurate object detection and semantic segmentation［C］. Proceedings of the IEEE Conference on Computer Vision and Pattern Recognition,2014.

［7］ GIRSHICK R. Fast R-CNN［C］. Proceedings of the IEEE International Conference on Computer Vision,2015.

［8］ REN S, HE K, GIRSHICK R, et al. Faster R-CNN:towards real-time object detection with region proposal networks［J］. Advances in Neural Information Processing Systems,2015,28:91-99.

［9］ REDMON J,DIVVALA S,GIRSHICK R,et al. You only look once:unified,real-time object detection［C］. Proceedings of the IEEE Conference on Computer Vision and Pattern Recognition,2016.

［10］ REDMON J,FARHADI A. YOLO9000:better,faster,stronger［C］. Proceedings of the IEEE Conference on Computer Vision and Pattern Recognition ,2017.

第6章 水下目标跟踪

6.1 引　　言

基于机器视觉的水下目标跟踪是一种利用图像处理和模式识别技术,对水下环境中移动目标进行实时监测和定位的技术。这项技术模仿了人类视觉系统对动态目标的追踪能力,通过分析由水下相机捕获的序列图像,识别并预测目标物体的运动轨迹。水下目标跟踪技术对于海洋生物研究、水下作业安全监控,以及水下机器人导航等应用至关重要。

自20世纪末以来,随着计算机视觉和图像处理技术的飞速发展,基于视觉的水下目标跟踪逐渐成为研究的热点。早期的研究主要集中在基础算法的开发和理论探讨上,而如今,随着计算能力的提升和机器学习技术的融入,水下目标跟踪技术已经取得了显著的进步,并开始向实际应用转化。

本章将详细介绍基于视觉的水下目标跟踪的理论基础、关键技术和实际应用。首先,本章将概述水下目标跟踪的基本原理和方法,包括目标检测、特征提取、运动估计和跟踪算法。其次,本章探讨不同目标跟踪方法在水下的应用。最后,本章给出基于深度学习的水下目标跟踪方法的应用实例,以便读者理解。

本章通过对水下目标跟踪技术的深入分析和讨论,旨在为读者提供一个全面而深入的视角,以理解这一领域的技术挑战、研究进展和应用前景。随着海洋资源开发的不断深入和水下作业需求的日益增长,基于视觉的水下目标跟踪技术必将在未来发挥更加重要的作用,为人类探索和利用海洋提供强有力的技术支持。

目标跟踪方法流程如图6.1所示。

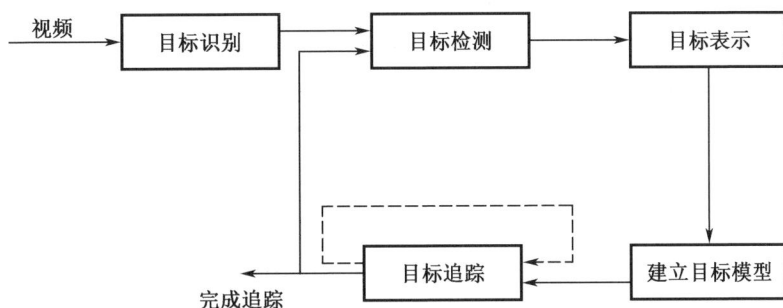

图 6.1　目标跟踪方法流程

6.2　基于特征的水下目标跟踪方法

6.2.1　基于光流法的水下目标跟踪

在水下目标跟踪领域,基于光流法的方法因其直观的运动表示和相对简单的实现而受到青睐。光流法是一种基于图像的视觉技术,其通过分析连续视频帧之间的像素变化,进而估计场景中各个物体的运动。光流不仅提供了目标物体运动的信息,还能够帮助我们推断出三维空间中的各种动态事件,为水下目标的动态跟踪提供了一种自然而直接的解决方案。图 6.2 表示了一个球在 5 个连续帧里的移动,箭头显示了它的位移矢量,也就是我们所说的光流,通过检测不同帧之间的光流,我们便可以估计出物体的运动状态。

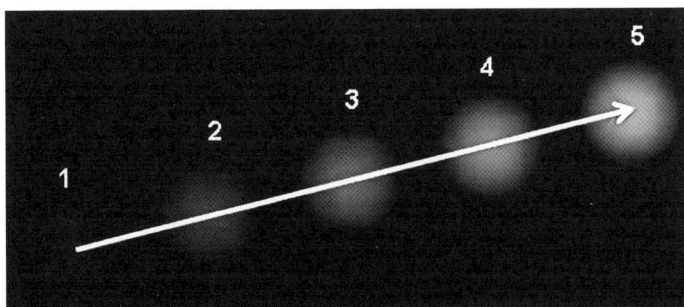

图 6.2　运动物体所产生的光流

光流法的核心原理是假设在连续的图像序列中,物体的运动会导致图像中的像素模式发生相应的变化。如果一个物体在场景中移动,那么它表面上的纹理也会在图像序列中产生相应的位移。光流法通过测量这些位移来估计物体的速度,其原理如公式(6.1)所示。

$$\frac{\partial t}{\partial I} + \nabla I \cdot v = 0 \tag{6.1}$$

其中,I 表示图像的强度函数;t 表示时间;∇I 是图像强度的梯度;v 是图像中物体运动的速度向量。这个方程表明,图像的亮度在时间上的变化加上空间梯度和速度向量的点积应该为零,这是在假设光照条件不变的情况下得出的。在实际应用中,直接求解上述方程通常是非常复杂的。因此,光流法通常依赖于特征点跟踪,这也体现了前面提到的水下图像增强的重要性。

光流法在水下目标跟踪领域的应用是一个涉及多个步骤的复杂过程,它通过分析水下视频序列中目标的运动模式来实现对目标的连续跟踪。这种方法的核心在于图像序列中物体运动引起的像素强度变化,通过估计这些变化来推断目标的运动轨迹。

首先,目标跟踪的起点是对目标区域的初始化,这通常通过目标检测算法或用户指定来完成。在目标区域确定后,算法需要在该区域内提取关键特征点。算法首先在图像序列的第一帧中检测出特征点,然后在随后的帧中跟踪这些点的位置变化。这些特征点应该是在图像中容易识别且对光照和视角变化具有一定稳定性的点。这些特征点应具备独特性、可区分性,以及对运动和光照变化的鲁棒性。特征点的提取可以通过 Harris 角点检测、FAST 等算法实现。

接下来,提取的特征点需要被详细描述,生成特征描述符,这些描述符能够代表特征点的颜色、纹理、方向和尺度等属性。随后,光流法计算这些特征点在连续视频帧中的运动,这涉及最小化光流方程的误差,估计特征点在下一帧中的位置。光流的计算可以采用局部方法如 Lucas-Kanade 方法,或全局方法如 Horn-Schunck 方法。在连续帧中,通过特征匹配来识别上一帧的特征点在当前帧中的位置,这通常通过比较特征描述符来实现。匹配成功后,算法根据特征点的位置变化来估计目标的运动参数,如速度向量,并更新目标的位置和运动状态,从而完成基于光流法的目标跟踪,具体流程如图 6.3 所示。

在光流法领域中,Lucas-Kanade 方法和 Horn-Schunck 方法是估计光流的两种经典方法,本节重点对这两种方法展开介绍。

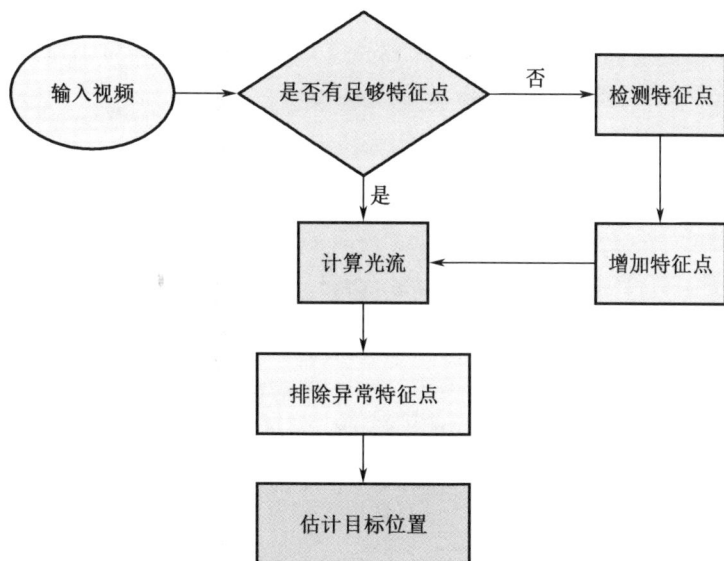

图 6.3　光流法目标跟踪流程

Lucas-Kanade 方法是一种局部光流估计方法,由 Bruce D. Lucas 和 Takeo Kanade 于 1981 年提出。此方法专注于图像中小块区域(窗口)内的运动估计,假设在小的局部区域内,目标的运动是均匀的。此方法在参考帧中选择一个特征点或一组特征点,并跟踪这些点在连续帧中的运动,然后使用泰勒级数展开来近似特征点周围的图像亮度变化,从而得到光流的局部估计。

Lucas-Kanade 方法计算步骤如下。

①选择一个特征点,并定义一个窗口围绕该点。

②计算窗口内图像亮度的梯度和时间导数。

③使用梯度和时间导数来估计速度向量,并采用公式(6.2)最小化重投影误差。其中,I_t、I_x、I_y 分别是亮度和其在 x 和 y 方向上的梯度,v_x 和 v_y 分别是 x 和 y 方向的速度向量。

$$E(x,y,t) = (I_t + v_x I_x + v_y I_y)^2 \tag{6.2}$$

④通过最小二乘法求解速度向量,通常得到一个线性方程组。

Lucas-Kanade 方法的优点是计算简单,速度快,适合实时应用,且对于小的局部运动变化估计准确。然而也有一定的局限性,例如只适用于小的局部区域,对于大范围的运动或快速运动可能不够准确,对噪声和遮挡敏感等。

Horn-Schunck 方法则是一种全局光流估计方法,由 Barry G. Horn 和 Brian K.

Schunck 于 1981 年提出。与 Lucas-Kanade 方法不同,它考虑了整个图像的运动场,而不是局部区域。其主要通过假设图像亮度在运动过程中保持不变,利用正则化方法平滑光流场,以避免噪声引起的不连续性。

Horn-Schunck 方法计算步骤:

①定义一个如公式(6.3)所示的能量函数,包括数据项和平滑项,其中,λ 表示正则化参数。

$$E(v) = \int (\partial_t \partial_l + v \cdot \nabla I)^2 + \lambda (\nabla \cdot v)^2 \mathrm{d}A \qquad (6.3)$$

②使用变分方法或迭代求解器最小化能量函数,求解速度向量v。

Horn-Schunck 方法的优点是考虑了整个图像的运动场,能够提供全局一致的光流估计,并且通过正则化项,能够产生平滑的光流场,减少噪声的影响。其缺点是计算较为复杂,速度较慢,不适合实时应用,且对正则化参数敏感,需要合理选择以平衡数据项和平滑项。

图 6.4 为 Lucas-Kanade 光流法应用在水下视频中的效果,可以看到,在检测到水下岩石上的特征点后,Lucas-Kanade 算法可以通过计算帧间的特征点平移向量得到不同像素点之间的光流,并将其绘制到了图像中。同理,通过检测水下生物的特征信息,照样可以依靠光流法对其进行跟踪,总而言之,基于光流法的水下目标跟踪方法通过综合利用图像序列分析、特征点跟踪、运动矢量场分析等技术,提供了一种在动态和复杂水下环境中对目标物体进行稳定和精确跟踪的有效手段。

图 6.4　Lucas-Kanade 光流法处理水下视频

6.2.2　基于卡尔曼滤波的水下目标跟踪

基于卡尔曼滤波的目标跟踪是一种融合了目标先验运动模型和观测数据的跟踪技术,它通过预测和更新两个阶段实现对目标状态的最优估计。这种方法一般首先利用计算机视觉技术从视频帧中识别出目标物体。通过形状检测算法,系统能够识别出具有特定几何形状的物体,如圆形、矩形或其他自定义形状,这些形状特征对于区分目标物体和背景至关重要。同时,色彩阈值技术可以用来识别颜色特征独特的目标,通过设置特定的颜色范围来过滤图像中的像素,从而突出显示目标物体。一旦目标被初始识别,卡尔曼滤波器便用于进一步的跟踪。

基于色彩阈值的卡尔曼滤波跟踪是一种在复杂背景下,如在水下环境中,对特定颜色目标进行有效识别和持续跟踪的技术。如图 6.5 所示,以水下红色鱼的跟踪为例,通过对图像应用色彩阈值技术,将图像从 RGB 色彩空间转换到 HSV 或其他更适合颜色分析的空间,以便于识别红色。在 HSV 色彩空间中,红色区域可以通过特定的色相(hue)范围来界定。通过设置适当的饱和度(saturation)和亮度(value)阈值,可以创建一个掩膜,该掩膜只保留红色区域,同时过滤掉其他颜色和背景噪声。

图 6.5　基于色彩阈值法分割识别鱼类

一旦红色区域被成功分割,就可以利用图像处理技术提取目标的特征,如质心位置、边界框或特定形状描述符。这些特征为卡尔曼滤波器提供了初始状态估计,包括目标的位置和可能的速度等。随后,卡尔曼滤波器开始其预测和更新循环,在水下红色鱼的跟踪场景中,卡尔曼滤波器可以有效地预测和平滑目标的运动轨迹,即使在观测条件不理想的情况下也能保持较高的跟踪精度。

下面主要讲解卡尔曼滤波的原理,为了便于读者理解,本小节首先通过一个形象的案例来讲解卡尔曼滤波的基本思想。图6.6(a)表示对于运动小车的状态,会有测量值和预测值,但测量值也会有一定的误差,并且通常是遵循正态分布的。图6.6(b)表示小车第一秒的状态,橙色部分是对小车状态的预测值,服从正态分布。图6.6(c)表示随着时间的增加,对小车状态预测的"不确定性"将越来越大,因此橙色部分的宽度也随之变大。图6.6(d)表示预测值和测量值经常会有一部分交集,这时卡尔曼滤波会选择对预测值还是测量值施加权重,即选择更相信预测值或者测量值。图6.6(e)表示两个不确定的分布,最终得到了一个相对确定的分布,这便是卡尔曼滤波的基本思想。

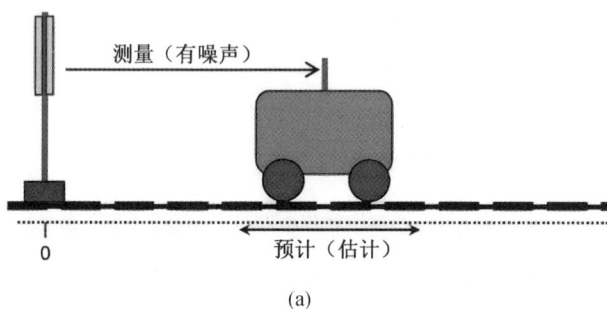

(a)

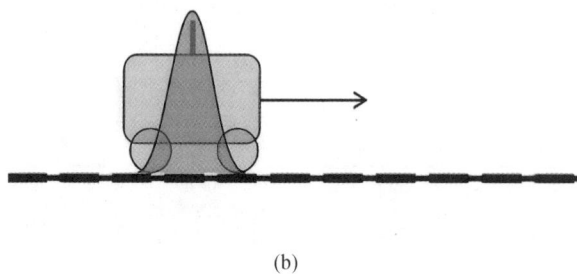

(b)

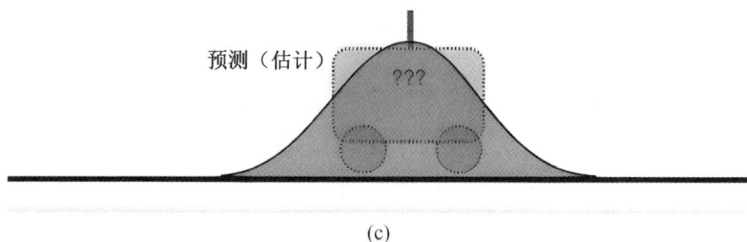

(c)

(d)

(e)

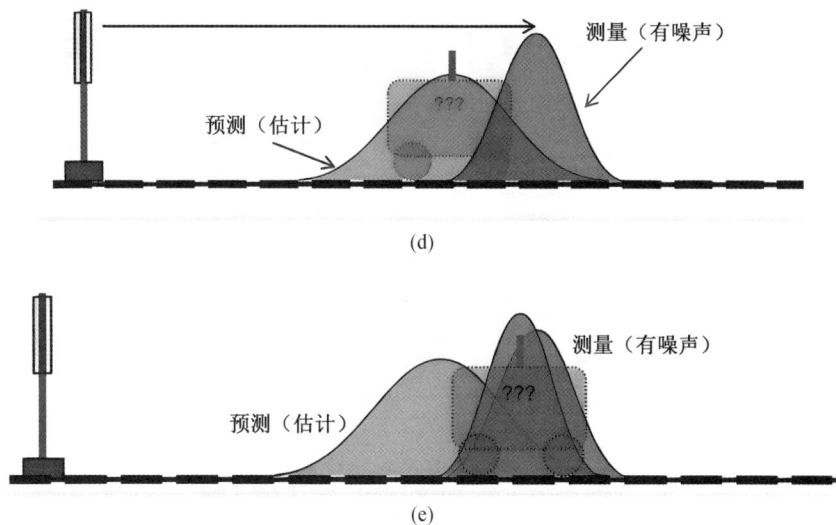

图 6.6　卡尔曼滤芯波小车实例

　　卡尔曼滤波器是一种递归的估计算法,能够有效地处理系统状态的不确定性和观测噪声。在目标跟踪的上下文中,卡尔曼滤波器首先需要初始化目标的状态 x_0,这通常包括目标的位置、速度等参数,以及这些参数的不确定性描述,即初始状态的协方差矩阵 P_0。随着视频帧的逐帧分析,卡尔曼滤波器进入其核心循环:预测阶段和更新阶段。在预测阶段,如公式(6.3)所示,滤波器卡尔曼滤波器利用上一时刻的状态估计 $x_{k-1 \mid k-1}$ 和系统的运动模型来预测当前时刻的状态 $x_{k \mid k-1}$,其中,F 是状态转移矩阵,B 是控制矩阵,u_k 是控制输入,例如目标的加速度。这个运动模型可以基于简单的匀速直线运动,也可以是更复杂的动力学模型,它描述了目标在没有观测信息时的预期运动。

$$x_{k \mid k-1} = F \cdot x_{k-1 \mid k-1} + B \cdot u_k \tag{6.4}$$

同时,如公式(6.4)所示,卡尔曼滤波器还会预测当前时刻的状态不确定性 $P_{k \mid k-1}$,其中,Q 是过程噪声协方差矩阵,代表了模型预测的不确定性。

$$P_{k \mid k-1} = F \cdot P_{k-1 \mid k-1} \cdot F^{\mathrm{T}} + Q \tag{6.5}$$

　　当进入更新阶段,卡尔曼滤波器利用当前帧的观测数据来校正预测状态,首先计算观测残差 y_k 和残差协方差矩阵 S_k。具体数学推导如公式(6.5)和(6.6)所示,其中,H 是观测矩阵,R 是观测噪声协方差矩阵,z_k 表示在时间步 k 时刻的观测数据,观测数据通常通过图像处理技术获得,如基于形状、色彩或纹理的特征提取和目标识别。

$$y_k = z_k - H \cdot x_{k\,|\,k-1} \qquad (6.6)$$

$$S_k = H \cdot P_{k\,|\,k-1} \cdot H^{\mathrm{T}} + R \qquad (6.7)$$

依据公式(6.7)进一步计算卡尔曼增益 K_k,它决定了观测数据对状态估计更新的贡献程度。

$$K_k = P_{k\,|\,k-1} \cdot H^{\mathrm{T}} \cdot S_{k-1} \qquad (6.8)$$

最后,联立公式(6.8)和公式(6.9)利用卡尔曼增益更新状态估计 $x_{k\,|\,k}$ 和状态协方差 $P_{k\,|\,k}$,完成状态更新。

$$x_{k\,|\,k} = x_{k\,|\,k-1} + K_k \cdot y_k \qquad (6.9)$$

$$P_{k\,|\,k} = (I - K_k \cdot H) \cdot P_{k\,|\,k-1} \qquad (6.10)$$

卡尔曼滤波器通过计算预测状态和观测数据之间的残差,并结合系统和观测噪声的统计特性,更新目标的状态估计。这个过程不仅提高了目标位置的估计精度,还减小了估计的不确定性。

在实际应用中,基于卡尔曼滤波的目标跟踪方法展现出了其强大的鲁棒性。即使在目标部分遮挡、光照变化或短期丢失的情况下,卡尔曼滤波器仍能维持对目标的有效跟踪。此外,卡尔曼滤波器的计算效率高,因此特别适合实时目标跟踪任务。

然而,卡尔曼滤波器也有其局限性。它假设系统和观测噪声为高斯分布,这在现实世界中并不总是成立。当目标运动或观测过程具有非线性特征时,传统的卡尔曼滤波器可能无法提供准确的估计。为了解决这个问题,研究人员发展了扩展卡尔曼滤波器(EKF)、无迹卡尔曼滤波器(UKF)和粒子滤波器(PF)等非线性滤波方法,它们在处理复杂系统时提供了更高的灵活性和准确性。

总之,基于卡尔曼滤波的目标跟踪是一种结合了目标运动预测和观测更新的高效技术。通过不断地预测目标状态并利用新的观测数据进行校正,卡尔曼滤波器能够实现对水下目标的稳定跟踪。随着计算机视觉和机器学习技术的发展,卡尔曼滤波器及其变体在水下目标跟踪领域的应用将更加广泛和深入。

6.3　基于深度学习的水下目标跟踪

在 6.2 节我们了解到,传统的图像处理技术常依赖于手工设计的特征提取方法,这在目标形态变化显著或水下视觉条件不理想的情况下,往往难以捕获到充分且有效的目标特征,导致检测与跟踪的准确度受限。

与此相对,基于深度学习的目标跟踪算法(图 6.7)展现出其独特的优势:它们不需要手动特征工程,能够自动学习并表达丰富的特征,并在目标检测与跟踪的精度上表现卓越。深度学习技术的引入,为水下目标的探测与跟踪领域注入了新的活力,开辟了更加广阔的发展前景。综合来看,随着深度学习与水下目标跟踪的结合,这一领域将不断展现出较强的应用潜力和灵活性。

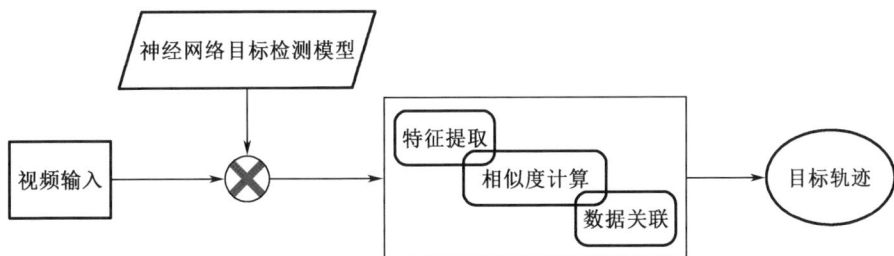

图 6.7　基于深度学习的目标检测跟踪流程

值得注意的是,目标跟踪与目标检测通常在计算机视觉系统中相互配合,以实现对视频中移动目标的连续识别与追踪。目标检测作为目标跟踪流程的起点,负责在视频帧中识别出感兴趣的目标,并提供目标的初始位置和属性信息。这些信息随后被用来初始化跟踪器,后者利用特征提取技术捕捉目标的独特属性,如颜色、纹理或深度学习模型学习到的高级特征。在视频序列的每一帧中,跟踪器通过匹配这些特征来预测并更新目标的位置和状态,同时解决数据关联问题,确保目标在连续帧中的一致性识别。即使在目标被遮挡或暂时离开视野的情况下,跟踪器也能够通过历史信息和预测模型维持对目标的跟踪。此外,目标检测可以在跟踪失败时提供重新初始化,确保跟踪的连续性和准确性。整个过程涉及复杂的数据处理和算法优化,以确保在各种环境条件下都能实现鲁棒且实时的目标跟踪。

如图 6.8 所示,深度学习模型会首先检测到所跟踪目标的特征,然后预测出下一刻目标可能的位置变化,通过各种预测的加权与实际变化,最终得到一个"相对确定"的预测,不断循环这个过程,从而完成目标跟踪。

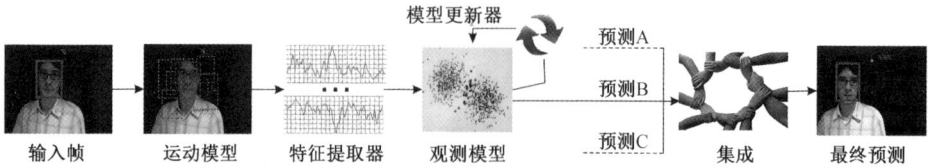

图 6.8　基于深度学习的目标检测跟踪示意图

在基于深度学习的目标跟踪领域中,近年来相关技术进步显著,涌现了许多创新算法。这些算法利用深度学习的强大能力,通过自动提取特征和学习目标的复杂表示,极大地推动了目标跟踪技术的发展。例如,Recurrent YOLO 以其结合循环神经网络的创新结构,在处理视频帧的时间序列信息方面表现出色。SiamMask 则以其高效的空间建模和精准的目标定位能力在实时跟踪任务中备受青睐。此外,YOLO 与 DeepSort 的结合更是在目标检测和多目标跟踪方面展现了卓越的性能,通过深度多尺度特征学习和有效的数据关联策略,实现了对复杂场景中多个目标的稳定跟踪。下面将对上述算法一一进行介绍,其中重点介绍 YOLO 与 DeepSort 的结合应用。

Recurrent YOLO 是一种对象检测和循环神经网络的单个对象跟踪框架,它通过将 YOLO 目标检测模型与循环神经网络相结合,构建了一个能够处理视频序列中目标跟踪的结构。如图 6.9 所示,该结构首先利用 YOLO 进行快速准确的目标检测,提取出图像中目标的边界框和特征;其次,这些特征被送入 LSTM 模块,该模块通过维护一个随时间更新的隐藏状态来捕获目标的时间动态特性,在每个视频帧中,LSTM 都会收到长度为 4096 的输入特征向量。Recurrent YOLO 的 RNN 部分对前一帧的跟踪结果进行编码,并与当前帧的特征结合,以预测目标在下一帧中的位置和状态。这种结构不仅考虑了目标在单帧内的外观特征,而且通过时间维度的建模增强了对目标运动连贯性的理解。最终,Recurrent YOLO 通过一个输出层给出目标的精确位置和类别概率,并通过端到端的训练方式优化整个网络,实现从原始视频帧到目标跟踪表示的直接学习。

总的来说,这种模型的设计理念源于对目标跟踪任务中时间连贯性的重要性的认识,即在视频序列中,目标的运动和外观在连续的帧之间存在相关性。Recurrent YOLO 通过引入 RNN 来捕捉这种时间动态特性,从而提高了对目标状态变化的预测准确性,但 Recurrent YOLO 是一种单目标追踪算法,因此并没有得到十分广泛的应用。

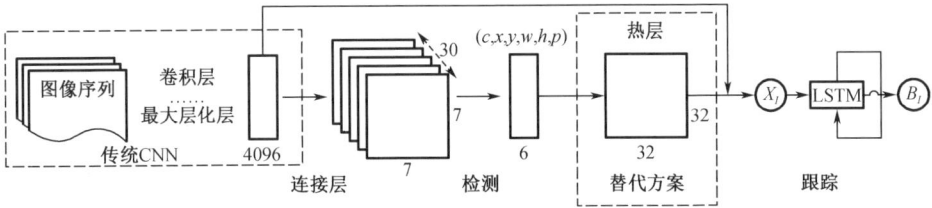

图 6.9　Recurrent YOLO 网络结构图

  SiamMask 是也是一种常见的目标跟踪算法,专为实时和高精度跟踪设计。它继承了 Siam 系列算法的核心思想,即利用完全卷积神经网络进行端到端的训练和测试,从而实现快速且准确的目标跟踪。SiamMask 在 SiamFC 和 SiamRPN 的基础上进一步发展,不仅能够跟踪目标的边界框,还能输出目标的精确掩膜,这使得它在处理目标遮挡、光照变化和背景干扰等复杂场景时表现出色。如图 6.10 所示,其核心是一个轻量级的卷积神经网络,该网络包括特征提取器、特征融合器和掩膜预测器三个主要部分。特征提取器负责从输入的搜索图像和目标模板中提取特征图,这些特征图随后被送入特征融合器进行深度融合,增强了特征的表达能力。融合后的特征图被送入掩膜预测器,该预测器采用一种新颖的局部激活机制,只对目标区域进行响应,从而生成精确的目标掩膜。

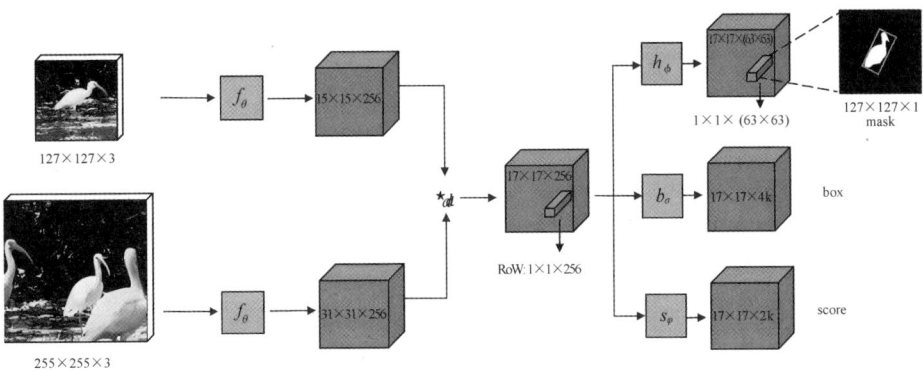

图 6.10　SiamMask 网络结构图

  SiamMask 算法的一个显著特点是其高效的模板更新策略。在跟踪过程中,算法不仅更新目标的位置,还更新模板的特征表示,这有助于算法适应目标的外观变化。此外,SiamMask 采用了多尺度策略,通过在不同尺度上处理图像来提高对不同大小目标的跟踪能力。SiamMask 在实现高精度跟踪的同时,还保持了较高的运行速度。它利用了深度学习模型的并行计算能力,以及精心设计的网络结构,使得算法能够在保持实时性的同时输出高质量的跟踪结果。这使得 SiamMask 在许多实时跟踪应用中具有广泛的应用潜力,如视频监控、自动驾驶、体育赛事分析等。

SiamMask 算法通过其创新的网络结构、高效的模板更新机制和多尺度策略,在目标跟踪领域提供了一种新的解决方案。它不仅能够提供目标的精确位置,还能够输出目标的详细掩膜,展现出在复杂场景下的强大鲁棒性和跟踪精度。随着深度学习技术的不断发展,SiamMask 及其后续变体将继续推动目标跟踪技术的进步,为各种视觉应用提供更加精确和可靠的跟踪能力。

不同于前两种目标跟踪算法,DeepSort(Deep Simple Online Realtime Tracking) 是一种高效的多目标跟踪算法,它结合了深度学习的特征提取能力和传统跟踪算法的关联策略。DeepSort 的核心在于其简洁而有效的方法论,能够处理视频序列中的多目标跟踪问题,即便在目标快速移动、相互遮挡或光照变化等复杂场景中也能保持较高的跟踪精度和鲁棒性。

DeepSort 算法的流程始于目标检测,该算法通常会使用 YOLO 这类快速准确的目标检测模型来获取每一帧中目标的位置和置信度,如图 6.11 所示。DeepSort 接着使用这些检测结果初始化跟踪对象,并预测它们的运动轨迹。在预测阶段,DeepSort 采用卡尔曼滤波器来预测目标的状态。在观测阶段,DeepSort 利用目标的外观特征和运动信息来更新预测的状态。外观特征通常通过深度学习模型进行提取,如卷积神经网络,以获得目标的高维特征表示。DeepSort 通过计算特征之间的距离来关联检测到的目标和已有的跟踪轨迹。数据关联问题可以通过以下最小化以下代价函数来解决:

$$\text{Cost} = \lambda \cdot \text{IOU} + \text{AppearanceCost} \tag{6.11}$$

其中,IOU(交并比)用于衡量预测框和检测框之间的重叠程度;AppearanceCost 用于衡量目标外观特征之间的距离;λ 是用于平衡两个因素的权重。

DeepSort 还引入了一种称为"跟踪记忆"的机制,以处理目标的遮挡和短暂消失。通过维护一个简单的最近搜索,DeepSort 可以在目标重新出现时快速重新关联。DeepSort 算法的另一个显著特点是其在线跟踪能力。它不需要预先知道场景中目标的数量,可以在线地初始化和终止跟踪轨迹,这使得 DeepSort 非常适合实时多目标跟踪应用(图 6.12)。

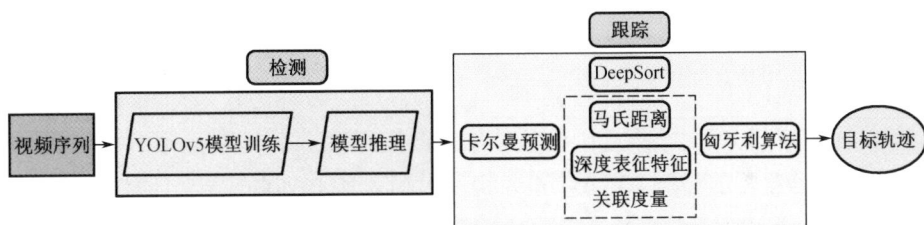

图 6.11　YOLO 结合 DeepSort 算法目标跟踪流程图

图 6.12　YOLO 结合 DeepSort 跟踪目标效果

　　DeepSort 使用匈牙利算法来解决数据关联问题,从而在复杂的场景中也能保持较高的跟踪连续性,这是一种有效的解决大型线性赋值问题的方法,也是 DeepSort 算法的明显特点。

　　匈牙利算法,又称 Kuhn-Munkres 算法,是一种在运筹学和组合优化领域内用于解决线性赋值问题的有效算法。它由 Harold Kuhn 和 Albert W. Tucker 以及 Ralph E. Munkres 独立提出,特别适用于解决多目标跟踪中的数据关联问题,其中目标是将多个搜索结果与观测结果进行最优匹配。

　　匈牙利算法的核心思想是通过构建一个加权二分图,将线性赋值问题转化为寻找二分图中的最大匹配问题。在多目标跟踪的场景中,算法的目标是为每个检测到的目标找到最佳的跟踪假设,使得所有目标和观测之间的总成本最小化。该算法的步骤如下。

①初始化:创建一个二分图,其中一边代表目标,另一边代表观测结果。边的权重对应于目标与观测结果之间的相似度或匹配程度。

②寻找可覆盖的零行:算法首先寻找可以覆盖所有列的零行。如果存在这样的零行,算法将这些行中的零元素标记为"星号"。

③寻找可覆盖的零列:寻找可以覆盖所有行的零列。对于这些零列,算法将对应的行元素标记为"圆圈"。

④清除覆盖:如果所有行和列都被覆盖,算法进入清除覆盖阶段,移除所有标记的星号和圆圈,然后尝试找到一个新的零元素。

⑤构造最小成本路径:通过交替使用星号和圆圈标记,算法构建一条从左上角到右下角的最小成本路径,这条路径上的元素将被选为匹配。

⑥更新匹配:根据最小成本路径更新当前的匹配结果,并重复上述步骤,直到所有元素都被匹配。

其中,匈牙利算法通常用马氏距离计算运动信息,用余弦距离计算外观特征。马氏距离是一种有效的度量,用于考虑数据点在多维空间中的分布。在目标跟踪中,可以使用马氏距离来衡量预测轨迹和观测轨迹之间的差异。如果 x 和 y 分别代表两组运动状态向量(例如,包含位置和速度的向量),则马氏距离可以表示为

$$d(\boldsymbol{x},\boldsymbol{y}) = \sqrt{(\boldsymbol{x}-\boldsymbol{y})^{\mathrm{T}}\boldsymbol{S}^{-1}(\boldsymbol{x}-\boldsymbol{y})} \tag{6.12}$$

其中,S 是协方差矩阵,反映了状态向量的变化情况。

余弦距离测量两个向量的夹角,用于评估外观特征的相似性。在目标跟踪中,可以使用深度学习提取的目标特征向量来计算余弦距离。如果 $\boldsymbol{f}_a$ 和 $\boldsymbol{f}_b$ 是两个目标的外观特征向量,则余弦距离可以表示为:

$$d(\boldsymbol{f}_a,\boldsymbol{f}_b) = 1 - \frac{\boldsymbol{f}_a \cdot \boldsymbol{f}_b}{\|\boldsymbol{f}_a\|\|\boldsymbol{f}_b\|} \tag{6.13}$$

其中,·表示内积;‖·‖表示向量的范数。

匈牙利算法的关键在于其能够保证找到全局最优解,而不仅仅是局部最优。这使得它在解决数据关联问题时非常有效,尤其是在目标数目和观测数目不匹配或存在遮挡的情况下。在多目标跟踪中,匈牙利算法可以显著提高跟踪的准确性和鲁棒性。通过最小化目标与观测之间的匹配成本,算法能够确保即使在目标快速移动或相互遮挡的情况下,也能保持对每个目标的稳定跟踪。

综合来看,DeepSort 算法(图 6.13)以其简单、高效、鲁棒的特点,在目标跟踪领

域占有一席之地。通过端到端的训练和实时更新,DeepSort 能够有效地处理多目标跟踪中的各种挑战,为水下目标跟踪提供了强大的技术支持。

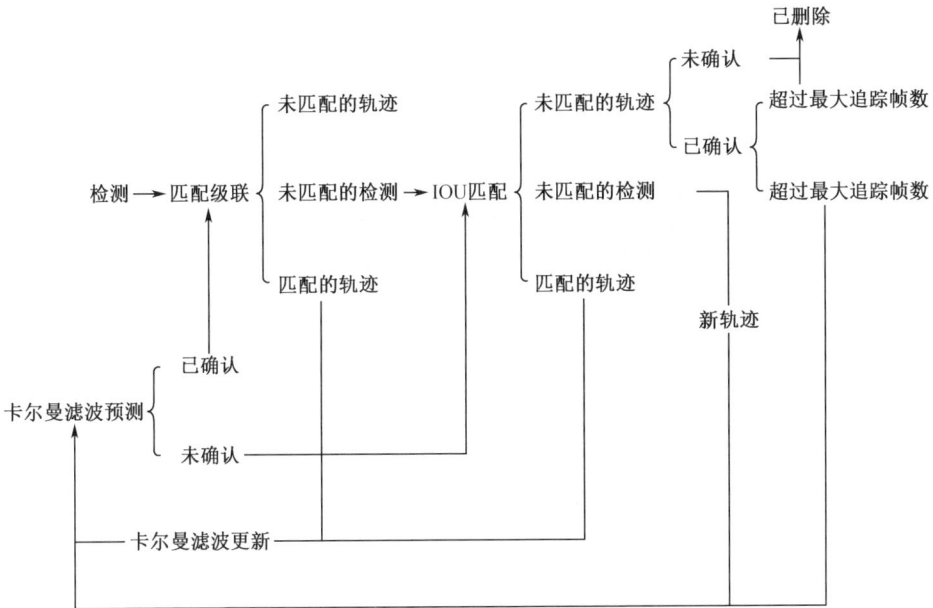

图 6.13　DeepSort 算法工作流程

以上介绍了比较常见的三种基于深度学习的水下目标跟踪方法,相较而言,DeepSort 结合 YOLO 进行水下目标跟踪应用更加广泛,因为该方法不仅可以应用于多目标跟踪,而且具有良好的鲁棒性和实时性,而在水下场景中,由于能源和环境的限制,算法的鲁棒性与实时性十分重要,因此该方法也成为目前水下目标跟踪领域的最佳选择之一。

6.4　应 用 案 例

深海生物目标跟踪是一项极具挑战性的任务,由于深海环境的特殊性,如光线微弱、能见度低、水下压力巨大以及生物行为模式复杂等,使得传统的目标跟踪技术难以适应。然而,随着计算机视觉技术的发展,特别是深度学习在目标检测和跟踪领域的突破,为深海生物目标跟踪提供了一种新的解决方案。本节主要讲述基于深度学习的目标跟踪方法在水下场景的应用,并以上述提到的 YOLO 与 DeepSort 结合的多目标跟踪方法为例进行展示。

在 YOLO 目标检测算法系列中，YOLOv5 是一种具有代表性的目标检测算法，以其速度快、精度高而著称。在深海生物目标跟踪的整个流程中，YOLOv5 首先被用来检测视频中的生物目标。通过对大量深海生物图像进行标注与训练，YOLOv5 能够准确识别并定位视频中的鱼类、珊瑚、海绵、软体动物等不同种类的生物，图 6.14 为载人潜水器搭载的高清摄像机在深海环境中所拍摄到的部分深海生物。

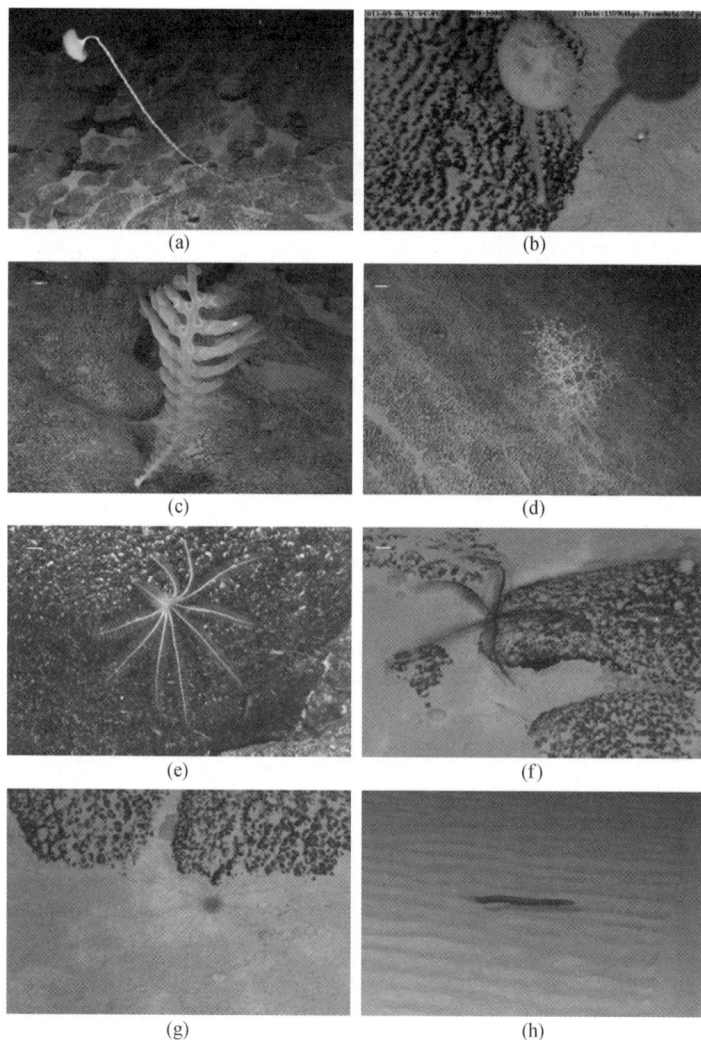

(a)　　　　　　　　　　　(b)

(c)　　　　　　　　　　　(d)

(e)　　　　　　　　　　　(f)

(g)　　　　　　　　　　　(h)

图 6.14　部分深海生物图像

值得注意的是，以上图像几乎都是潜水器在原地停下时细致拍摄得到的，在实际深海作业时，由于潜水器运动会导致相机产生运动模糊，人眼通常较难发现位置变化快、目标小、色彩单一的深海生物,且珊瑚、海绵、海葵等深海生物也会相对于载人潜水器进行运动,难以肉眼实时定位目标。因此,水下目标跟踪算法应兼顾实时性、鲁棒性与准确性。

YOLOv5 保证了算法具有较强的实时性,DeepSort 算法则进一步增强了目标跟踪的鲁棒性和准确性。DeepSort 通过维护一个目标的轨迹表,利用卡尔曼滤波器预测目标在下一帧中的位置,并通过匈牙利算法解决多目标之间的数据关联问题。DeepSort 还引入了外观特征描述,使得即使在目标发生遮挡或快速移动时,也能够保持对目标的稳定跟踪。此外,该系统还具有高度的可定制性。根据不同的研究需求,研究人员可以调整 YOLOv5 的检测阈值和 DeepSort 的跟踪参数,以适应不同的跟踪场景。例如,在研究小型动植物时,可以通过降低检测阈值来提高对小目标的识别能力;在跟踪快速游动的鱼类时,可以通过优化 DeepSort 的预测模型来提高跟踪的响应速度。

图 6.15 为 YOLOv5 结合 DeepSort 跟踪深海生物效果展示,图 6.15(a)为载人潜水器移动过程中所拍摄到的深海生物目标,图 6.15(b)是 YOLOv5 结合 DeepSort 算法对深海生物目标的跟踪效果,可以看到,检测框准确识别到了深海生物,并给出了正确的物种类别,对于肉眼看不清的小目标,检测框依然可以准确跟踪到其运动变化,说明该方法具有良好的鲁棒性。

图 6.16 为 YOLOv5 结合 DeepSort 进行水下目标跟踪的真值锚框与检测锚框的示意图,其中外框为真值锚框,内框为检测锚框,细线为前几秒深海目标的运动轨迹,可以看到,对于跟踪运动中的目标,两个锚框基本重合,这也验证了该方法具有良好的准确性。

通过对深海视频数据的实时分析,系统能够自动识别并跟踪不同种类的生物,为研究人员提供了宝贵的数据支持。例如,在深海探索任务中,系统可以依靠视觉设备跟踪一群深海鱼类的迁徙路径,从而为研究其迁徙习性提供直观的证据。通过将程序集成到 GPU 上运行,系统的实时性能也得到了显著提升,YOLOv5 和 DeepSort 的结合算法能够实现每秒数十帧的处理速度,满足了实时跟踪的需求。这使得研究人员能够在深海探索过程中实时获取生物目标的动态信息,极大地提高了研究效率。

总之,YOLOv5 和 DeepSort 的结合为深海生物目标跟踪提供了一种高效、准确且可定制的解决方案。随着技术的不断进步和优化,该系统有望在深海生物多样性研究、生态保护以及海洋资源开发等领域发挥更大的作用。

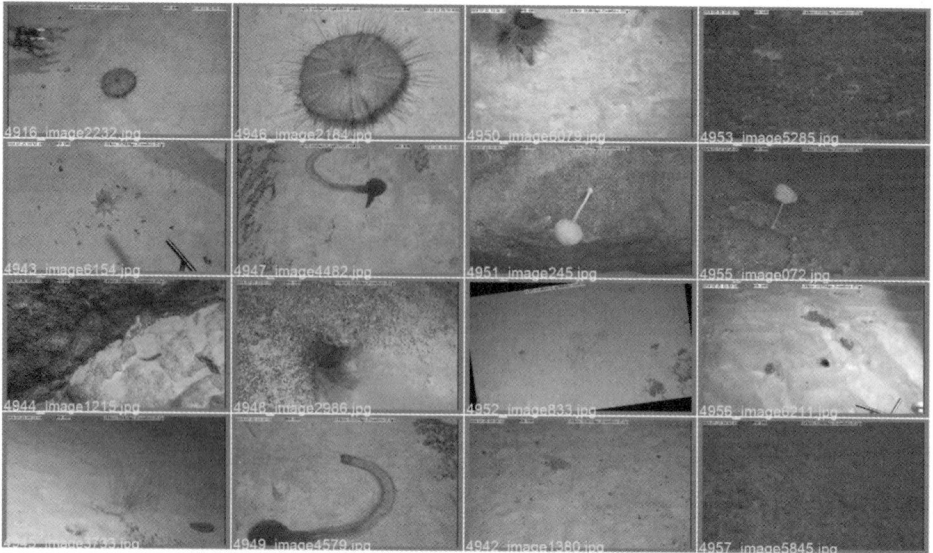

(a)

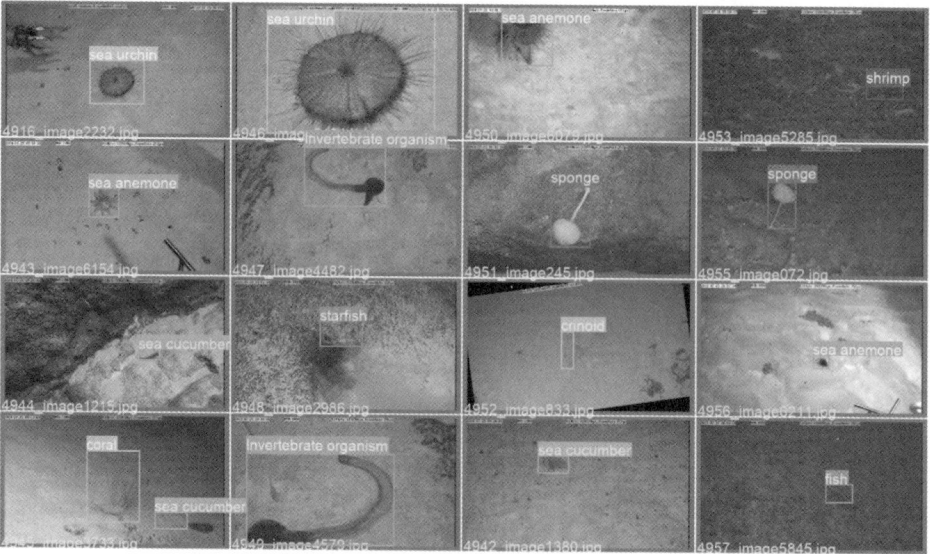

(b)

图 6.15　YOLOv5 结合 DeepSort 跟踪深海生物效果

图 6.16　YOLOv5 结合 DeepSort 进行水下目标跟踪的真值锚框与检测锚框的示意图

6.5　本 章 小 结

本章全面探讨了水下目标跟踪技术,这是一项对于海洋监视、水下作业以及水下机器人导航等应用至关重要的技术。从基础理论到高级应用,本章提供了一个系统的视角来理解水下目标跟踪的挑战和可能性。

在 6.1 节,我们简要阐述了水下目标跟踪的重要性和应用背景,探讨了在水下环境中进行目标跟踪的基本流程,以及发展概况。

6.2 节聚焦于基于特征的水下目标跟踪方法,其中 6.2.1 小节详细介绍了光流法在水下目标跟踪中的应用,分析了光流法如何利用图像序列中的运动信息来预测目标的移动。6.2.2 小节则探讨了卡尔曼滤波在目标跟踪中的优势,尤其是在处理噪声和进行状态预测方面的高效性。

6.3 节深入讨论了基于深度学习的水下目标跟踪技术。随着深度学习技术的快速发展,本节探讨了如何利用卷积神经网络等深度学习模型来提高水下目标检测和跟踪的准确性与鲁棒性,并以三种常见的目标跟踪算法为例进行了讲述。

6.4 节通过具体的实例展示了水下目标跟踪技术在实际水下场景中的应用,并以 YOLOv5 与 DeepSort 的结合算法为例,进行深海生物目标跟踪,讨论了如何根据实际需求选择合适的跟踪策略,验证了其在水下环境下的良好表现。

总的来说,本章对水下目标跟踪技术进行了深入的分析和讨论。从基于传统模型的跟踪方法到基于最新深度学习技术的创新应用,本章不仅展示了水下目标跟踪技术的多样性,也指出了未来研究的潜在方向。随着海洋探索和水下作业的不断深入,水下目标跟踪技术的发展将为相关领域带来革命性的变化,提高作业的效率和安全性,同时也为水下世界的探索提供了新的视角和工具。

未来的研究将趋向于进一步探索如何结合多种传感技术和算法,提高水下目标跟踪的准确性和适应性。同时,研究者们也将关注如何降低计算成本,提高算法的实时性,以满足实际应用的需求。随着技术的不断进步,我们应当相信,水下目标跟踪技术将在未来发挥更加重要的作用,为海洋资源的开发和利用贡献力量。

参 考 文 献

[1] 刘妹琴,韩学艳,张森林,等.基于水下传感器网络的目标跟踪技术研究现状与展望[J].自动化学报,2021,47(2):235-251.

[2] 李成美,白宏阳,郭宏伟,等.一种改进光流法的运动目标检测及跟踪算法[J].仪器仪表学报,2018,39(5):249-256.

[3] LUCAS B D. An iterative image registration technique with an application to stereo vision (DARPA)[J]. Proc Ijcai,1981,81(3):674-679.

[4] HORN B K P,SCHUNCK B G. Determining optical flow[J]. Artificial Intelligence,1981,17(1-3):185-203.

[5] 余铎,王耀南,毛建旭,等.基于视觉的移动机器人目标跟踪方法[J].仪器仪表学报,2019,40(1):227-235.

[6] YUN S,KIM S. Recurrent YOLO and LSTM-based IR single pedestrian tracking [C]//2019 19th International Conference on Control, Automation and Systems (ICCAS). 2019. DOI:10. 23919/ICCAS47443. 2019. 8971679.

[7] WANG Q, ZHANG L, BERTINETTO L, et al. Fast online object tracking and segmentation:a unifying approach[C]. IEEE,2020.

[8] 王嘉琳.基于YOLOv5和DeepSORT的多目标跟踪算法研究与应用[D].济南:山东大学,2021.

[9] WOJKE N,BEWLEY A,PAULUS D. Simple online and realtime tracking with a deep association metric[J]. IEEE,2017.

第7章 水下双目立体视觉

7.1 引　　言

双目立体视觉是一种从具有不同视点的两幅图像构建实际三维场景的技术,是计算机视觉的核心领域之一。双目立体视觉模仿人眼感知三维信息的方式,通过两台相机同时观察同一个物体或场景,利用三角测量原理计算出像素之间的位置偏差,从而得到三维物体的深度和距离信息。

20世纪80年代,Marr教授首先提出了完整的机器视觉系统理论框架,推动了立体视觉的相关研究,为计算机视觉技术的发展奠定了基础。经过数十年的发展,双目立体视觉凭借其成本效益高、鲁棒性强、应用面广等优点,已经成为许多3D应用中的一项关键技术,例如虚拟现实、地形测绘、机器人导航、建筑规划和文物修复等。双目立体视觉的应用使得智能系统和设备获得了强大的视觉感知能力,通过精确感知不同物体在三维空间中的位置关系,可以更准确地理解和把握周围环境,推动了机器视觉技术的进一步发展。

本章将介绍双目立体视觉的相关理论及其在水下场景中的应用,旨在使读者更深入地了解水下立体视觉。

7.2　相机成像理论与标定

7.2.1　相机成像理论

早在古希腊时期,人们发现当光线穿过小孔时,会在背面形成倒立的图像,这种早期概念被称为暗箱,这也成为相机成像理论的基础。随着相关理论研究的不断发展,科学家提出了针孔相机模型,目前已成为摄影学和计算机视觉中的基础概念之一,它提供了一种直观的方式来描述光线通过相机镜头,且在成像平面上形成影像的过程。

针孔相机模型的核心思想是模拟一个理想的成像过程,如图7.1所示,所有从场景中的点出发的光线都直线地穿过一个很小的孔,即针孔,也被称为相机光圈,从而在感光元件上形成一个倒立的图像。由于模型的简化性质,目前通用的相机模型和相关概念有着密切的联系,针孔相机模型在计算机视觉和图形学领域得到了广泛的应用。

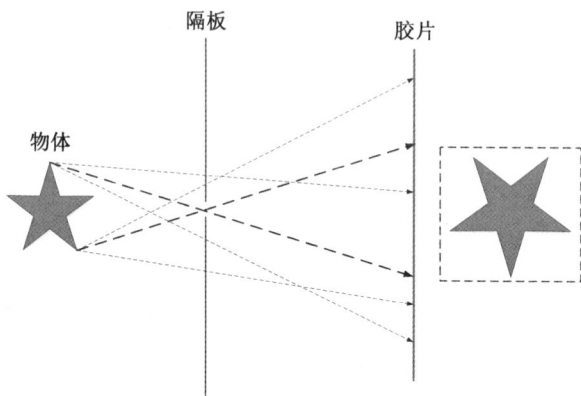

图7.1　针孔相机模型成像示意图

然而,针孔相机模型的缺点也显而易见,即相机的光圈大小对成像质量的影响极大。当相机光圈较小时,通过光圈的光线较少,图像通常会更清晰,而图像的亮度会更低。反之,当相机光圈较大时,图像亮度会更高,却也会更模糊。为了方便读者理解,此处采用了跨平台计算机视觉库 OpenCV 来模拟光圈大小对拍摄图像的影响。图7.2(a)模拟小光圈条件下相机所拍摄的照片,图7.2(b)模拟大光圈条件下相机所拍摄的照片。

针孔相机模型的光圈大小通常难以得到合适的调整,这大大限制了该相机模型的应用场景。因此,科学家在此基础上进行了改进,借助透镜能够根据入射光线的角度和波长进行折射的能力,将针孔相机模型中带有孔洞的隔板替换为透镜,发明了透镜相机模型,这也是目前大多数相机所采用的相机成像模型。透镜可以将在同一点上多个方向的光线聚焦到同一位置,从而在感光元件上形成更加清晰明亮的图像。

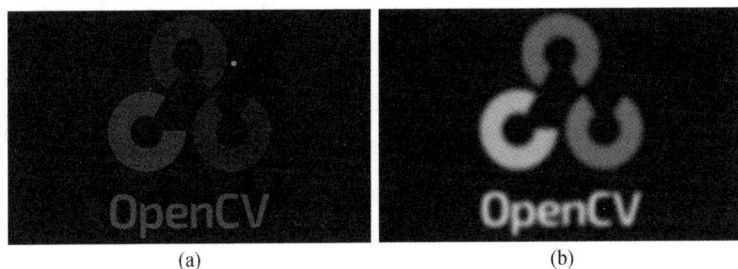

(a)   (b)

图 7.2   不同光圈大小下的相片

随着光学技术的不断进步,现代摄影技术基于透镜相机模型的理论快速发展,相机的透镜设计和制造也得到了极大的提升。现代相机配备了高性能的镜头,能够实现更加精确的光学成像,并且在控制畸变、提高透镜透光率和减少光线散射等方面取得了显著进展。此外,现代相机普遍采用了电子感光元件(如 CMOS 或 CCD 芯片)替代传统的胶片,将光信号转换成数字信号进行处理和存储,使得图像的获取、存储和分享更加方便快捷。目前大多数相机的成像模型如图 7.3 所示,通过相机与图像坐标系间的相互转换,三维世界中的物体信息才能够以二维图像的形式保存下来。

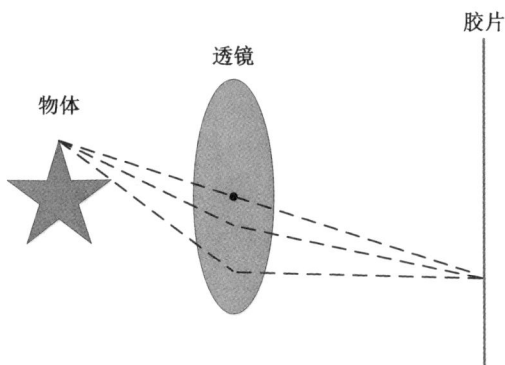

图 7.3   透镜相机模型成像示意图

图 7.4 展示了现代相机的通用成像模型,并体现了相机坐标系与图像坐标系间的转换关系。其中,a 表示在物体上的某个点,a' 表示 a 在感光元件中所成二维图像的对应点,f 表示相机透镜的焦距。图中 i、j、k 所组成的坐标系被称为相机坐标系,这是一个三维坐标系,可以表示 a 相对于相机的位置,m、n 所表示的坐标系

被称为图像坐标系,这是一个二维坐标系,可以表示 a' 在二维图像中的位置。

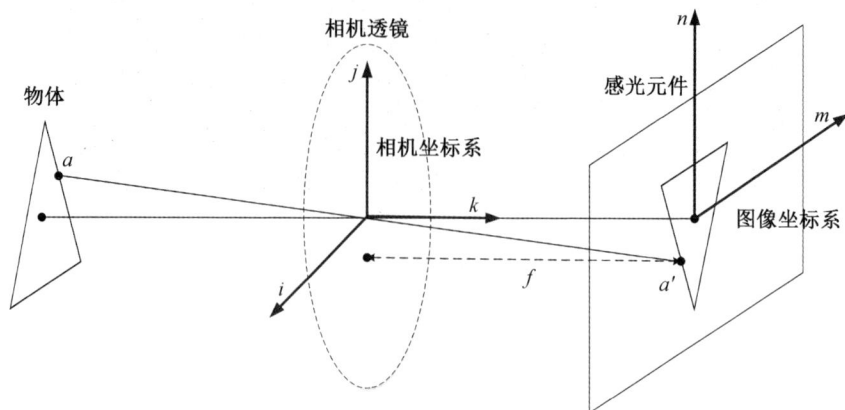

图 7.4 现代相机成像模型

假设点 a 在相机坐标系下的坐标为 (x,y,z),点 a' 在二维图像坐标系下的坐标为 (x',y'),如图 7.5 所示,在 k 方向上,透镜中心到图像平面的距离为透镜的焦距 f,利用相似三角形的性质,在 j、k 和 i、k 坐标系下分别有以下等式:

$$x' = f\frac{x}{z} \tag{7.1}$$

$$y' = f\frac{y}{z} \tag{7.2}$$

可以看出,相机坐标系与图像坐标系之间可以相互转换,而焦距 f 则是两个坐标系之间的"桥梁",用于描述两个坐标系之间的对应关系。这也说明透镜的品质对于相机的性能至关重要,在人们对摄影质量的不断追求中,不同类型的相机透镜(如广角镜头、标准镜头、长焦镜头等)已经步入大众视野,它们具有不同的视角和特点,从而能够满足不同的拍摄需求。

随着计算机技术的发展,科学家正广泛致力于数字化信息的研究,其中数字图像作为一种常见的信息的传递形式,已经成为数字化信息研究的热点之一。在数字图像中,图像会被离散化为有限数量的像素点,每个像素点都有其在图像传感器上的具体位置,这些位置通常用像素坐标系来表示。此外,由于计算机算法通常是基于数组和矩阵操作的,因此在计算机中处理图像时,使用像素坐标系可以简化图像处理算法的实现。

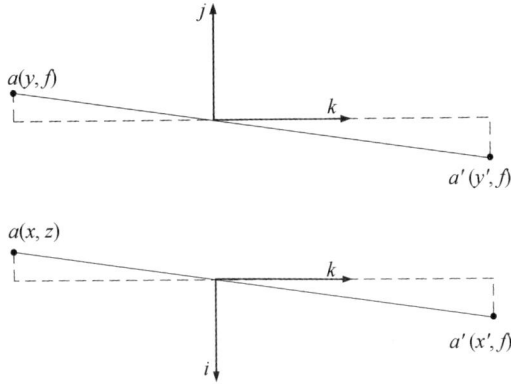

图 7.5   相机坐标系与图像坐标系间的坐标转换

像素坐标系实际上与前文提到的图像坐标系处于同一平面,但两者的原点有所不同,如图 7.6 所示,图像坐标系的原点位于图像的中心,坐标轴分别为 m 和 n,像素坐标系的原点位于图像的左下角,坐标轴为 p 和 q,两个原点之间在横纵方向上的距离分别为 w_x 和 w_y。此外,图像坐标系的单位通常为 m,而像素坐标系的单位通常为 pixel,即像素,通过两坐标系之间的转换,二维图像便能够以数字化的形式通过计算机进行进一步处理。

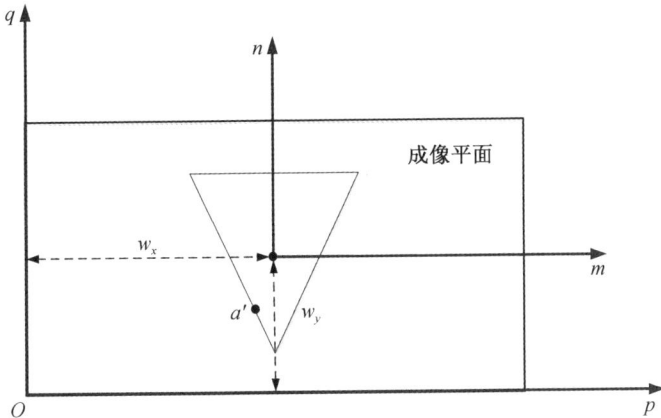

图 7.6   像素坐标系与图像坐标系间的坐标转换

由式(7.1)和式(7.2)可知,图 7.6 中的点 a' 坐标可以表示为 (x', y'),在像素坐标系中,a' 的坐标可以表示为

$$x'' = fk\frac{x}{z} + w_x \tag{7.3}$$

$$y'' = fl\frac{y}{z} + w_y \tag{7.4}$$

其中,x'' 与 y'' 分别表示 a' 在 p 与 q 方向上的坐标;k 与 l 分别表示 a' 在 p 和 q 方向的度量单位变换量,单位为 pixel/m。综上所述,我们可以计算出相机坐标系中的某点在像素坐标系中的对应位置,便于我们将图像数字化,并进行各种高阶图像处理研究。

值得注意的是,上述坐标均为笛卡儿坐标,然而,笛卡儿坐标在相机模型中有着一定的局限性,例如,笛卡儿坐标无法表示无穷远点。想象当我们走在两侧长满树木的小路上时,我们所看到的树木并不是平行的,而是在远处逐渐相交于一点,这种现象是笛卡儿坐标难以描述的。为此,科学家引入了齐次坐标来描述这一现象,齐次坐标是一种在几何学和代数中的常用坐标,它通过向传统的笛卡儿坐标添加一个额外的维度来扩展这些坐标,从而允许更准确地表达几何对象。

在二维笛卡儿坐标系中,一个点可以由一对数值 (x,y) 表示。而在二维齐次坐标系中,这个点可以表示为三元组 (x,y,w),其中,w 是新添加的维度,通常称为齐次坐标的缩放因子或权重。当 $w\neq0$ 时,可以将齐次坐标表示为 $\left(\frac{x}{w},\frac{y}{w},1\right)$。当 $w\neq0$ 时,此时齐次坐标为 $(x,y,0)$,可以表示无穷远点,从而弥补了笛卡儿坐标的缺点。齐次坐标系通过引入额外的维度,方便地处理了无穷远的点和线,增强了对点和向量的统一处理,同时保持了几何结构的不变性,因此齐次坐标在相机模型的坐标系中有着广泛应用。

此外,齐次坐标能够将几何变换(如旋转、平移和缩放等)统一表示为线性变换,即矩阵乘法。这种表示方法不仅简化了透视投影的数学处理,避免了除法运算,而且使得多步变换的组合变得更加简单直接,这种特性也使得齐次坐标相较于笛卡儿坐标更为灵活。

分别设式(7.3)和式(7.4)中的 fk 和 fl 为 f_x 和 f_y,分别表示 x 与 y 方向上单位长度的像素个数,则点 a' 的笛卡儿坐标为 $\left(\frac{f_x x}{z}+w_x,\frac{f_y y}{z}+w_y\right)$,若通过齐次坐标来表示,像素坐标系的点 a' 与相机坐标系的点 a 有如下关系:

$$a' = \begin{pmatrix} f_x x + w_x z \\ f_y y + w_y z \\ z \end{pmatrix} = \begin{pmatrix} f_x & 0 & w_x & 0 \\ 0 & f_y & w_y & 0 \\ 0 & 0 & 1 & 0 \end{pmatrix} \begin{pmatrix} x \\ y \\ z \\ 1 \end{pmatrix} \tag{7.5}$$

此外,如图 7.7 所示,在实际情况中,相机成像平面往往会有些许偏斜,为了更准确地表达坐标系之间的关系,一般还会在关系式中引入偏斜角 θ,表示成像平面的横边与纵边之间的角度,从而得到

$$a' = \begin{pmatrix} f_x & -f_x \cos\theta & w_x & 0 \\ 0 & \dfrac{f_y}{\sin\theta} & w_y & 0 \\ 0 & 0 & 1 & 0 \end{pmatrix} \begin{pmatrix} x \\ y \\ z \\ 1 \end{pmatrix} = \boldsymbol{K}(\boldsymbol{I} \quad 0) \begin{pmatrix} x \\ y \\ z \\ 1 \end{pmatrix} \tag{7.6}$$

其中,$\boldsymbol{K}$ 为相机的内参矩阵;$\boldsymbol{I}$ 为 3×3 的单位矩阵。可以看出,相机的内参矩阵有着十分重要的作用,它直接决定了相机坐标系中的某点到像素坐标系下的映射关系。

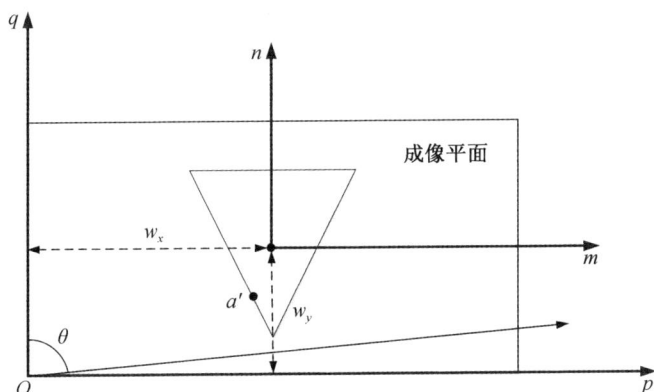

图 7.7　摄像机倾斜情况

在日常生活中,我们经常会使用相机对物体的不同角度进行拍摄,以了解物体的三维形态。为了描述相机在不同空间位置的坐标,科学家继续引入了世界坐标系,从而使得计算机视觉算法能够准确地理解和处理图像内容,真正实现从图像到现实世界的映射,进而进行三维重建、物体识别、机器人导航等高级视觉任务。此外,世界坐标系提供了一个将图像数据与现实世界场景相联系的框架,进而便于在多相机系统或多传感器系统中整合数据,使得不同设备或传感器的数据可以相互参照和融合。

图7.8为世界坐标系示意图,R、T分别旋转矩阵和平移向量,用来描述不同相机位置之间的联系。假设在世界坐标系中,点a'对应的点为a_w,则两点之间有如下关系:

$$a' = K(I \quad 0) a = K(I \quad 0) \begin{pmatrix} R & T \\ 0 & 1 \end{pmatrix} a_w = K(R \quad T) a_w = M a_w \qquad (7.7)$$

其中,$(R \quad T)$为相机的外参矩阵,也被称为相机位姿参数;M为投影矩阵,用于描述像素坐标系某点与世界坐标系下的对应点的关系。

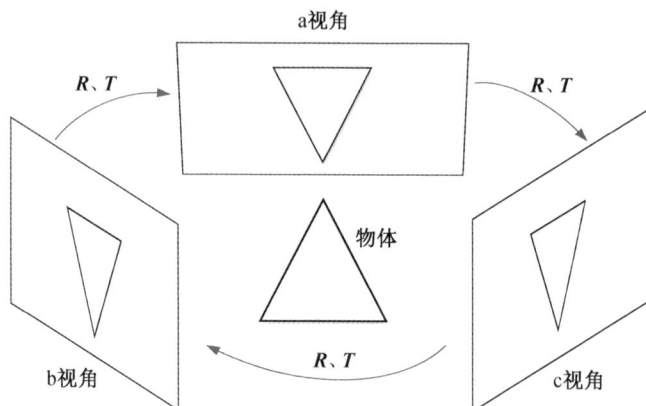

图7.8 世界坐标系示意图

至此,相机成像模型已经完成了构建,基于上述模型,我们可以进行多种图像处理和计算机视觉任务。随着近些年数字图像技术的发展,相机成像理论更是成为三维重建、图像增强、图像拼接等领域的基础理论,在促进视觉技术进步中发挥了关键作用。

7.2.2 相机标定

在完成相机成像模型的构建后,为了确定精确的相机内参与外参矩阵,需要进一步对相机进行标定,以建立相机观察到的三维世界与图像上的二维像素坐标之间的准确映射关系。

张正友标定法是一种广泛使用的相机标定技术,由计算机视觉专家张正友于1999年提出。这种方法通过拍摄具有几何图案的标定板(如棋盘格)的多组不同角度图像,利用角点的二维图像坐标和对应的三维世界坐标,采用最小二乘法优化相机的内外参数,完成对相机的标定。张正友标定法的优势在于其简单性、鲁棒性以及良好的校正能力,因此被广泛应用于相机标定任务中。

假设世界坐标系为 (X_w, Y_w, Z_w),点 a 在世界坐标系中的坐标为 (x_w, y_w, z_w),在以下默认标定板为图 7.9 所示的棋盘格标定板,张正友标定法假设标定板所处的平面为 $Z_w = 0$,由公式(7.7)得

$$S\begin{pmatrix} x'' \\ y'' \\ 1 \end{pmatrix} = K(r_1 \quad r_2 \quad r_3 \quad t)\begin{pmatrix} x_w \\ y_w \\ 0 \\ 1 \end{pmatrix} = K(r_1 \quad r_2 \quad t)\begin{pmatrix} x_w \\ y_w \\ 1 \end{pmatrix} = H\begin{pmatrix} x_w \\ y_w \\ 1 \end{pmatrix} \tag{7.8}$$

其中,S 表示尺度系数;$H = K(r_1 \quad r_2 \quad t)$ 表示单应性矩阵,假设 H 矩阵为 3×3 的矩阵:

$$H = \begin{pmatrix} h_{11} & h_{12} & h_{13} \\ h_{21} & h_{22} & h_{23} \\ h_{31} & h_{32} & h_{33} \end{pmatrix} \tag{7.9}$$

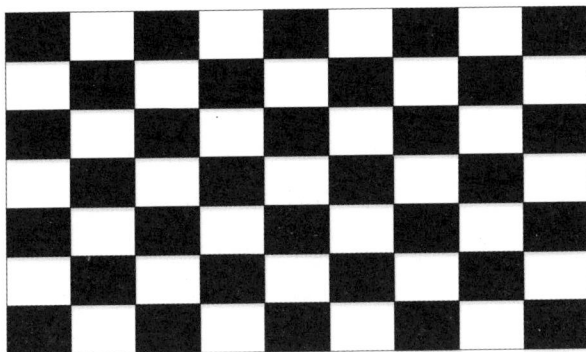

图 7.9　棋盘格标定板

将其代入式(7.8)可得

$$x'' = \frac{h_{11}x_w + h_{12}y_w + h_{13}}{h_{31}x_w + h_{32}y_w + h_{33}} \tag{7.10}$$

$$y'' = \frac{h_{21}x_w + h_{22}y_w + h_{23}}{h_{31}x_w + h_{32}y_w + h_{33}} \tag{7.11}$$

接下来,可以通过图像处理算法识别棋盘图中的角点,进而计算得到各角点在像素坐标系下的坐标,而棋盘格中的角点在世界坐标系下的坐标是已知的,因此只有矩阵 H 中的元素是未知的。设 $h_{33} = 1$,则单应性矩阵 H 存在 8 个未知参数,所以,我

们需要找到至少 4 个已知坐标的棋盘格角点,从而利用最小二乘法计算出单应性矩阵。

下面来求解相机的内参矩阵。旋转矩阵中的 $\boldsymbol{r}_1$ 和 $\boldsymbol{r}_2$ 存在单位正交关系,因此有

$$\boldsymbol{r}_1^{\mathrm{T}} \boldsymbol{r}_2 = 0 \tag{7.12}$$

$$\boldsymbol{r}_1^{\mathrm{T}} \boldsymbol{r}_1 = \boldsymbol{r}_2^{\mathrm{T}} \boldsymbol{r}_2 = 1 \tag{7.13}$$

设矩阵 $\boldsymbol{H}$ 的三列为 $(\boldsymbol{H}_1 \quad \boldsymbol{H}_2 \quad \boldsymbol{H}_3)$ 由公式(7.8)可得

$$\boldsymbol{r}_1 = \boldsymbol{K}^{-1} \boldsymbol{H}_1 \tag{7.14}$$

$$\boldsymbol{r}_2 = \boldsymbol{K}^{-1} \boldsymbol{H}_2 \tag{7.15}$$

联立式(7.12)至式(7.15)可得

$$\boldsymbol{H}_1^{\mathrm{T}} \boldsymbol{K}^{-\mathrm{T}} \boldsymbol{K}^{-1} \boldsymbol{H}_2 = 0 \tag{7.16}$$

$$\boldsymbol{H}_1^{\mathrm{T}} \boldsymbol{K}^{-\mathrm{T}} \boldsymbol{K}^{-1} \boldsymbol{H}_1 = \boldsymbol{H}_2^{\mathrm{T}} \boldsymbol{K}^{-\mathrm{T}} \boldsymbol{K}^{-1} \boldsymbol{H}_2 = 1 \tag{7.17}$$

为了方便公式推导,设 $\boldsymbol{B} = \boldsymbol{K}^{-\mathrm{T}} \boldsymbol{K}^{-1}$,为了简便,可以将内参矩阵表示为式(7.18),并得到 $\boldsymbol{K}$ 的逆矩阵:

$$\boldsymbol{K} = \begin{pmatrix} \alpha & \gamma & w_x \\ 0 & \beta & w_y \\ 0 & 0 & 1 \end{pmatrix} \tag{7.18}$$

$$\boldsymbol{K}^{-1} = \begin{pmatrix} \dfrac{1}{\alpha} & -\dfrac{\gamma}{\alpha\beta} & \dfrac{\gamma w_y - \beta w_x}{\alpha\beta} \\ 0 & \dfrac{1}{\beta} & -\dfrac{w_y}{\beta} \\ 0 & 0 & 1 \end{pmatrix} \tag{7.19}$$

$$\boldsymbol{B} = \boldsymbol{K}^{-\mathrm{T}} \boldsymbol{K}^{-1} = \begin{pmatrix} \dfrac{1}{\alpha^2} & -\dfrac{\gamma}{\alpha^2\beta} & \dfrac{\gamma w_y - \beta w_x}{\alpha^2\beta} \\ -\dfrac{\gamma}{\alpha^2\beta} & \dfrac{1}{\beta^2} + \dfrac{\gamma^2}{\alpha^2\beta^2} & \dfrac{\gamma(\beta w_x - \gamma w_y)}{\alpha^2\beta^2} - \dfrac{w_y}{\beta^2} \\ \dfrac{\gamma w_y - \beta w_x}{\alpha^2\beta} & \dfrac{\gamma(\beta w_x - \gamma w_y)}{\alpha^2\beta^2} - \dfrac{w_y}{\beta^2} & \dfrac{(\beta w_x - \gamma w_y)}{\alpha^2\beta^2} + \dfrac{w_y}{\beta^2} + 1 \end{pmatrix} \tag{7.20}$$

$$\boldsymbol{B} = \begin{pmatrix} b_{11} & b_{12} & b_{13} \\ b_{12} & a_{22} & b_{23} \\ b_{13} & b_{23} & b_{33} \end{pmatrix} \tag{7.21}$$

为了简便进一步的推导,记 $\boldsymbol{B}' = \begin{pmatrix} b_{11} & b_{12} & b_{22} & b_{13} & b_{23} & b_{33} \end{pmatrix}^{\mathrm{T}}$,$H$ 的列向量为 $\begin{pmatrix} h_{i1} & h_{i2} & h_{i3} \end{pmatrix}^{\mathrm{T}}$,$\boldsymbol{v}_{ij}$ 为 $\begin{pmatrix} h_{i1}h_{j1} & h_{i1}h_{j2}+h_{i2}h_{j1} & h_{i2}h_{j2} & h_{i3}h_{j1}+h_{i1}h_{j3} & h_{i3}h_{j2}+h_{i2}h_{j3} & h_{i3}h_{j3} \end{pmatrix}^{\mathrm{T}}$,则有

$$\boldsymbol{h}_i^{\mathrm{T}} \boldsymbol{B} \boldsymbol{h}_j = \boldsymbol{v}_{ij}^{\mathrm{T}} B' \tag{7.22}$$

通过 $\boldsymbol{r}_1$、$\boldsymbol{r}_2$ 的约束方程可得

$$\begin{cases} \boldsymbol{v}_{12}^{\mathrm{T}} \boldsymbol{B}' = 0 \\ \boldsymbol{v}_{11}^{\mathrm{T}} \boldsymbol{B}' = \boldsymbol{v}_{22}^{\mathrm{T}} \boldsymbol{B}' = 1 \end{cases} \tag{7.23}$$

$$\begin{pmatrix} \boldsymbol{v}_{12}^{\mathrm{T}} \\ \boldsymbol{v}_{11}^{\mathrm{T}} - \boldsymbol{v}_{22}^{\mathrm{T}} \end{pmatrix} \boldsymbol{B}' = \boldsymbol{v} \boldsymbol{B}' = 0 \tag{7.24}$$

由公式(7.24)可知,每张图像可以提供两个约束方程,而对角矩阵 $\boldsymbol{B}$ 中有六个元素,因此至少需要三张标定图可以采用最小二乘法计算 $\boldsymbol{B}$,进而计算内参矩阵。到目前为止,$\boldsymbol{H}$ 和 $\boldsymbol{K}$ 均是已知的,因此外参矩阵可以通过公式(7.26)得到

$$\boldsymbol{H} = \boldsymbol{K} \begin{pmatrix} \boldsymbol{r}_1 & \boldsymbol{r}_2 & \boldsymbol{t} \end{pmatrix} \tag{7.25}$$

以上便是张正友标定法的理论部分,该算法因其简洁性、有效性和优秀的校正能力而被广泛采用。通过这种方法,研究者和工程师能够精确校准相机,确保图像处理和计算机视觉任务中的准确性和可靠性。

7.3　双目立体视觉

7.3.1　双目立体视觉系统

在立体视觉领域中,根据摄像头的个数的不同,通常可以将立体视觉系统分为单目立体视觉系统、双目立体视觉系统和多目立体视觉系统(图7.10)。

单目视觉主要依赖于单个摄像头或图像传感器,因此无法直接获取深度信息,只能通过图像处理和其他技术来估计物体的距离。在立体视觉中,单目视觉系统的影响在于其无法提供精确的三维深度感知,因此在需要准确测量物体距离或进行精确的空间理解时,其应用受到一定限制。

双目视觉通过模拟人类双眼视觉,利用两个摄像头获取图像信息,能够提供精准的三维深度感知。在立体视觉领域,双目视觉系统能够更准确地测量物体之间的距离,实现更精确的空间感知和环境理解,因此在需要高精度立体视觉的应用中

具有重要作用。

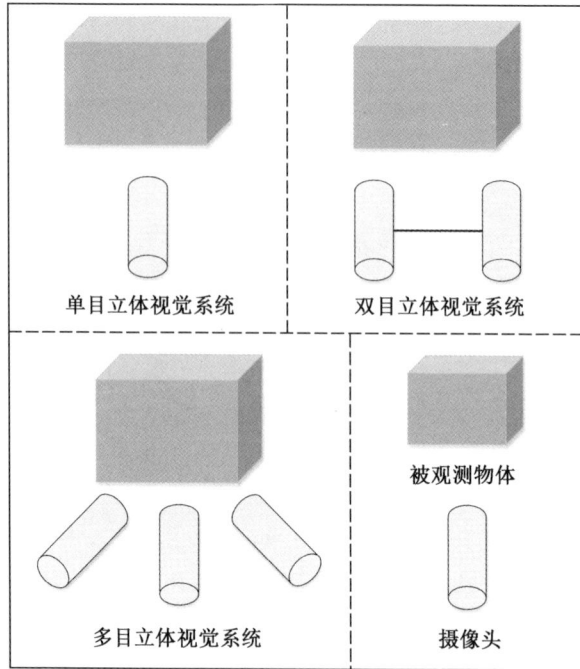

图 7.10　单目、双目与多目立体视觉系统示意图

　　多目视觉则进一步扩展了视觉信息的来源,通过多个摄像头或传感器获取更丰富的视觉信息。在立体视觉领域,多目视觉系统能够进一步提高对场景的感知能力和精度,通过多个视角的信息融合和分析,实现更全面的环境理解和物体识别,因此在需要更复杂场景理解和高级视觉任务的应用中具有优势。

　　如前所述,单目视觉系统只能提供图像中物体的表面信息,无法直接获得物体的深度信息,也无法准确测量物体与相机之间的距离。例如图 7.11,通过人的先验知识我们不难判断出脚和巨石阵的前后顺序,而计算机却难以进行准确的判断,相反,双目视觉与多目视觉则可以通过多个视角的图像计算出物体深度。多目视觉系统相较于双目视觉系统具有更高的计算复杂性和部署成本,因此,双目视觉系统通常有着更加广泛的应用,本节将重点介绍双目立体视觉相关理论。

　　双目立体视觉系统可由图 7.12 表示,这也可以看作真实世界中物体上的某点 P 在两个不同摄影视角下图像的几何关系,因此也被称为极几何。其中,点 p 和 p' 分别是点 P 在左视图与右视图中的对应点,点 o 与 o' 表示两个相机的光心,即相机坐标系的原点,两点之间的连线被称为基线,过点 P、o、o' 的平面被称为极平面,点 e 与 e' 是成像平面与基线的交点,被称为极点,线 l 与 l' 为极平面与成像平面的交线,被称为极线。

图 7.11　错位摄影照片

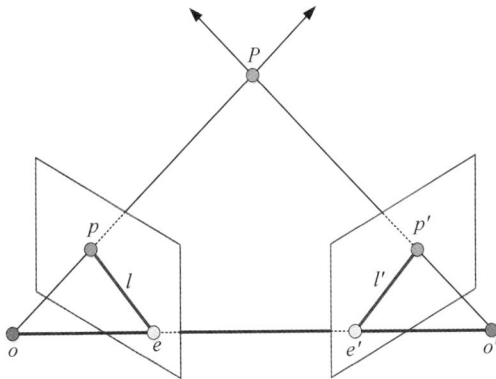

图 7.12　双目立体视觉系统

7.3.2　双目立体匹配

双目立体匹配是一种三维计算机视觉技术,用于从两幅具有一定视差的图像中推断出场景的深度信息。它基于人类双眼视觉的原理,通过比较左右眼图像中对应像素的差异来确定物体在三维空间中的位置。

在双目立体匹配中,首先获取一对由左右眼摄像机或传感器捕获的立体图像,这可以通过双目立体视觉系统来完成。然后,通过计算两幅图像中对应像素之间的视差(即像素在左右图像中的水平偏移量),估计物体的距离或深度,在深度估计、三维重建、机器人导航等领域有着十分广泛的应用。

一般情况下,双目立体视觉系统会首先完成极线校正,保证左右两个相机的成像平面平行,从而可以表示出视差与深度的几何关系,如图7.13所示。假设图像平面的左端点为原点,则 x 与 x' 分别表示左右成像平面与光轴交点的横坐标,Z 为所需计算的深度,B 为基线,假设成像平面的最左侧是图像坐标的原点,则根据相似三角形原理,有式(7.26):

$$\frac{m-x}{b} = \frac{x'-m'}{b'} = \frac{f}{Z} \tag{7.26}$$

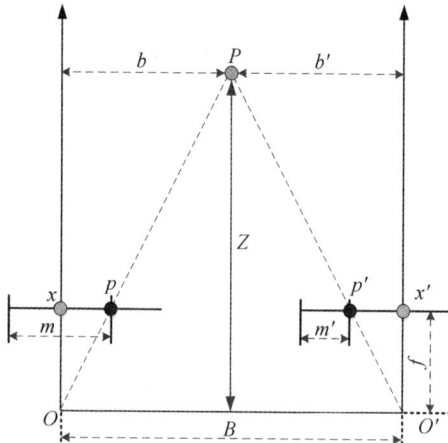

图7.13 视差与深度的几何关系

根据视差的定义,视差 d 可以表示为

$$d = m - m' \tag{7.27}$$

联立式(7.26)与式(7.27),可得深度 Z 与视差 d 的关系为

$$Z = \frac{Bf}{d + (x'-x)} \tag{7.28}$$

因此,在双目立体匹配模型下,视差与深度呈反比关系,当一个物体距离观察者更远时,在左右眼图像中对应像素的视差较小;而当一个物体距离观察者更近时,视差较大。

双目立体匹配的基本步骤一般包括匹配代价计算、代价聚合、视差优化和深度计算。在匹配代价计算阶段,需要计算每个像素在左右图像中的匹配代价;在代价聚合阶段,需要将代价值聚合成一张视差图;在视差优化阶段,需要通过消除误匹配和平滑视差图来得到更精确的视差估计结果;在深度计算,利用视差和摄像机参数等信息,可以计算出物体的深度信息,从而为后续的立体视觉研究奠定基础。

7.4　水下双目立体视觉应用

7.4.1　水下双目测距

水下测距是海洋工程、海洋科学研究和水下作业中不可或缺的技术之一。在许多水下场景中有着十分重要的作用。

①导航与定位:水下机器人或潜水员在执行任务时,需要准确知道自己的位置和周围环境的距离信息,以避免碰撞和迷路。

②地形测绘:海洋地形的详细测绘对于了解海底地质结构、规划海底设施建设等具有重要意义。

③资源勘探:水下矿产资源、油气资源的勘探需要精确的距离信息来评估资源分布和储量。

④科学研究:海洋生物多样性研究、海底生态系统研究等科学活动需要对水下环境进行精确测量。

⑤救援与考古:在水下搜救和考古发掘中,准确的距离测量有助于快速定位目标。

然而,由于水下环境的特殊性,传统的陆地测量方法往往不适用或效率低下,因此在水下的测距方式较少。其中双目相机作为一种廉价便携的视觉装备,可以轻松搭载在潜水器中,配合潜水器进行水下作业(图7.14),从而为水下测距提供一种新思路。

由公式(7.28)我们可以得知视差与深度在数值上具有密切的联系,因此,计算视差图也是我们双目测距的基础,甚至是整个立体视觉系统中的关键步骤。

通常情况下,水下图像质量较低,我们首先需要对图像进行增强,以便我们可以在图像中获得更多信息,这在前面的水下图像增强章节中已经指出。在得到增强后的高质量水下图像后,需要对相机进行精确标定,然后计算双目相机下的左右视图的视差,最终结合相机标定参数与视差图计算出相机镜头相对物体的距离。

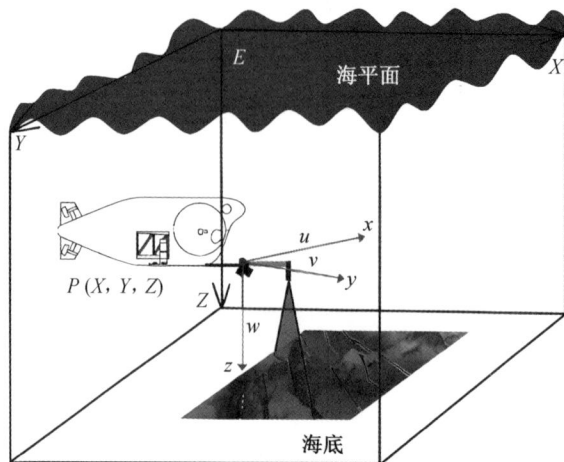

图 7.14 潜水器水下作业示意图

视差计算方法大体可以分为局部匹配算法、全局匹配算法与半全局匹配算法。其中,半全局方法 SGBM 结合了局部匹配的精细度和全局优化的鲁棒性,通过计算全局代价函数来估计视差,实现了精度、鲁棒性和计算效率之间的平衡。

首先,SGBM 算法会从左右两个摄像头获取的图像中,选取小块的图像区域,也就是“块”。这些块在左右图像中寻找匹配的特征点。这个过程叫作“块匹配”,它是基于一个假设,即如果两个图像块是同一场景的不同视角,那么它们之间的视差应该是一致的。然后,算法会计算这些块的视差图。视差图是一种特殊的图像,它的每个像素值代表场景深度信息。这里的关键是,SGBM 不仅仅局限于局部块的视差估计,它还会考虑块之间的视差一致性。这就是“半全局”这个词的由来。SGBM 算法会构建一个代价函数,这个函数综合了局部一致性和全局一致性。接着,比较不同视差假设下的代价,这通过如图 7.15 所示的“赢者通吃”策略来完成,从而找到最佳的视差值,最终得到一个既平滑又准确的视差图。

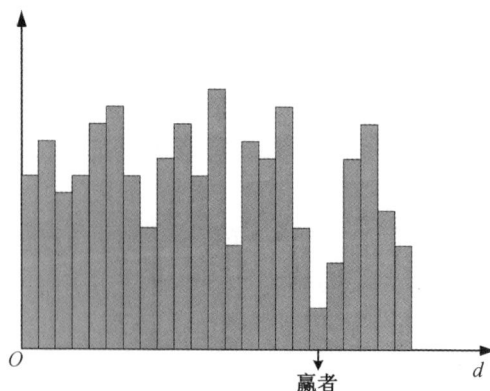

图 7.15 “赢者通吃”策略

基于人的双眼视差原理,通过分析左右两幅图像中对应物体的水平像素差异来估计物体的深度。具体来说,这一过程首先需要在左右图像中找到匹配的特征点,这些特征点是图像中显著的、可区分的点,如角点或边缘。然后,计算这些特征点在两幅图像中的水平像素差,即视差。视差的大小与物体的深度成反比:视差越大,物体越近;视差越小,物体越远。在已知相机的基线(即两个摄像机的水平距离)和相机的焦距的情况下,可以使用三角测量法将视差转换为实际的深度信息,具体原理已在 7.3.2 节中给出。

计算视差的算法可分为图 7.16 为视差计算的两个实例,图片上半部分的彩色图像分别表示左右视图,下半部分的灰色图像分别表示左右视图的视差。

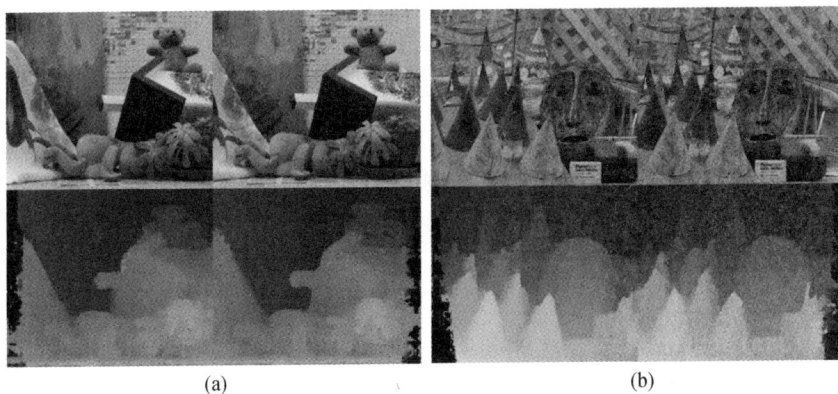

(a)　　　　　　　　　　　　　(b)

图 7.16　视差计算示意图

值得注意的是,图 7.16 灰色图中像素的灰度值表示不同的视差值,肉眼所见图中越亮的地方灰度值越高,视差也越小,表示相机镜头距离物体的距离越近,反之,越暗的地方视差越大,物体越远。依据相机标定参数,通过计算机进行数值计算,我们便可以得到深度估计值,从而完成水下距离估计。

7.4.2　水下三维重建

研究深海地形和地貌对理解地球构造活动、气候变化、海洋生态系统以及生物多样性具有重要意义。近年来,水下摄影技术的进步为深海探测提供了大量的影像数据,从而使得基于视觉的三维重建方法在提取海底地理信息方面成为一个研究热点。

在水下三维重建领域,根据外部信息的获取方式,通常将重建方法分为两类。

一类为主动式三维重建,主要通过主动向外发射能量并回收的方式获取外部环境信息,包括激光扫描、声呐技术和结构光法等重建方式。另一类为被动式三维重建,通过视觉感知等方法对外部环境进行重建,更适合水下这种复杂的环境。其中,基于双目视觉的三维重建技术,仅通过两个水下相机即可获取目标的三维信息,具有精度高、系统结构简单和成本较低等优点,因此在该领域有着广泛的应用。

水下双目视觉三维重建是一种利用两个摄像机获取的图像对水下环境进行三维重建的技术。它的步骤包括相机标定、图像预处理、特征点检测与匹配、立体匹配与视差图计算、深度图计算,三维点云重建等(图7.17)。

首先,需要对两个摄像机进行标定,确定其内参和外参,这一步可以通过7.2.2节所介绍的相机标定原理来完成。然后,由于水下成像模型的复杂性,一般需要对图像进行预处理,包括颜色校正、去噪处理和增强对比度等。接下来,通过特征点检测算法(如 SIFT、SURF、ORB 等)在左右图像中提取特征点,找到对应的匹配点对,并通过匹配点对计算视差图(此部分流程实际上和7.4.1节的工作流程有所重合,视差图的具体计算方法已在前节给出)。然后,根据视差图和摄像机的校准参数,将视差图转换为深度图,将不同深度图中的信息进行融合,得到完整的三维点云模型,从而实现三维重建。整个过程需要考虑水下环境的光学特性、悬浮物和浑浊度的影响,以及选择适合的硬件设备。通过水下双目视觉三维重建,可以获得高精度的水下环境三维数据,为测量、导航、考古等领域提供支持。

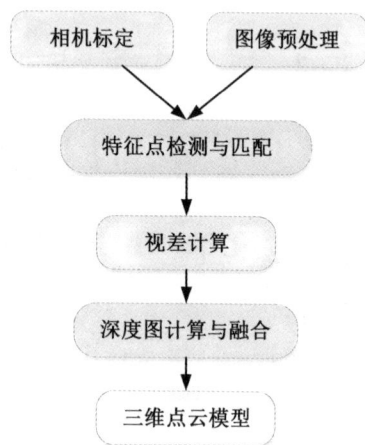

图 7.17　双目视觉三维重建流程

总的来说,基于水下双目视觉的三维重建技术具有广阔的发展前景,其发展趋势主要体现在以下几个方面。

①高分辨率和高精度:随着摄像设备和传感器技术的进步,水下双目视觉系统能够捕捉到更高分辨率的图像,从而提高三维重建的精度。这些高分辨率数据有助于细节更丰富、准确性更高的海底地形地貌模型的构建。

②智能化和自动化:结合机器学习和人工智能技术,水下双目视觉系统变得更加智能化和自动化。例如,深度学习算法可以用于图像匹配、特征提取和噪声过滤,从而提高重建结果的质量和可靠性。

③多传感器融合:为了克服单一传感器的局限性,研究人员正在探索多传感器融合的方法。将双目视觉与声呐、激光雷达等其他传感器的数据结合,可以提供更为全面和精确的三维重建结果。

④低成本和便携化:随着技术的进步,开发低成本、便携式的水下双目视觉设备逐渐成为可能。这使得更多的研究团队和应用场景能够负担得起并使用这种技术,从而推动其广泛应用。

⑤大数据和云计算:利用大数据和云计算技术,可以存储、处理和分析大量的水下影像数据。这不仅提高了三维重建的效率,还能通过数据共享和协作促进研究进展。

⑥应用多样化:水下双目视觉三维重建技术在海洋科学、考古、工程、环保等多个领域有着广泛的应用前景。随着技术的发展,其应用范围和深度将不断扩展,为不同领域提供新的工具和方法。

总的来说,水下双目视觉三维重建技术未来的发展趋势将更加智能化、多元化和高效化,为水下环境相关领域的应用带来更多可能性,并为人类对海洋的探索和利用提供强大的技术支持。

7.5　应 用 案 例

前节已经完成双目立体视觉的相关基础理论与方法的介绍,本节主要将理论结合实践,给出双目立体视觉在水下研究中的实际案例,便于读者进一步理解双目立体视觉在水下的应用。

值得一提的是,由于在双目视觉理论中,视差占据了十分重要的作用,因此7.4 节所指出的水下双目测距与水下三维重建在流程上有许多重合。为了减少叙述上的冗余,本节的应用案例选择更有代表性的水下三维重建,相较于水下双目测距,水下三维重建在计算视图的视差之后进一步将视差图转换为深度图,并进行深度图融合,最终得到三维点云模型。

总的来说,水下三维重建的流程主要有数据收集、图像预处理、相机标定、特征提取与匹配、立体校正与视差计算、深度融合与点云重建、后处理等。其中,数据收集与图像预处理在前几章已经介绍,本节重点介绍其他流程,并结合实际应用进行讲述。

相机标定是确定相机内部和外部参数的过程。其中,内部参数影响图像的几何畸变,如桶形畸变或枕形畸变,这些畸变通常是由镜头的光学特性引起的。通过标定,可以建立一个从相机坐标系到图像坐标系的映射,从而允许对图像进行去畸变处理。外部参数则描述了相机相对于场景的位置和方向,这对于在三维空间中定位物体至关重要。

标定过程通常使用已知尺寸的标定板(如棋盘格或圆点格)进行,此处选择 Matlab 工具箱中的 Camera Calibrator 工具,此工具中集成了成熟的棋盘格相机标定方法,十分方便(图 7.18)。进行标定通过拍摄标定板在不同位置和方向的多张图片,提取角点,并利用这些角点计算相机参数。

图 7.18　棋盘格相机标定

特征提取是从图像中识别出显著的特征点,如角点、边缘或其他显著的纹理特征。这些特征点在图像序列中容易被追踪或匹配,从而为后续的特征匹配提供输入。常见的特征提取算法如下。

①SIFT:能够提取关键点并对其位置、尺度和旋转进行编码。

②SURF:类似于 SIFT,但计算速度更快。

③ORB:结合了 FAST 关键点检测和 BRIEF 描述子,具有旋转不变性和噪声抵抗能力。

④Harris 角点检测:通过寻找图像强度变化显著的点来检测角点。

特征匹配则是识别两幅或多幅图像中相同物体的特征点的过程。首先,为每幅图像中的特征点计算描述子,描述子是对特征点周围邻域的量化表示。其次,使用不同的算法来比较不同图像中的特征描述子,找出最佳匹配。最后,通过几何一致性检验(如 RANSAC 算法)来过滤掉错误的匹配。图 7.19 为使用 SIFT 算法检测出特征点后,使用 RANSAC 算法进行特征匹配后的左右视图匹配效果。

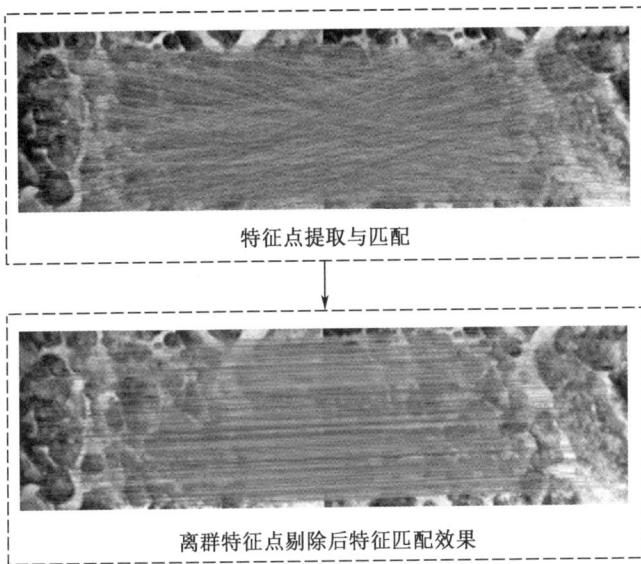

图 7.19　特征点提取与匹配示意图

立体校正是至关重要的一步,直接影响着距离估计或三维重建的准确性。首先,进行图像对齐,通过计算相机间的相对位置和旋转,确定如何变换图像,使得它们在水平方向上对齐。最后,生成映射函数,将左图像中的每个像素映射到右图像中对应的位置。图 7.20 为立体校正过程示意图,可以看到,校正后的图像更加便于后续的视差计算,因为它们共享相同的视场和水平对齐的视点。

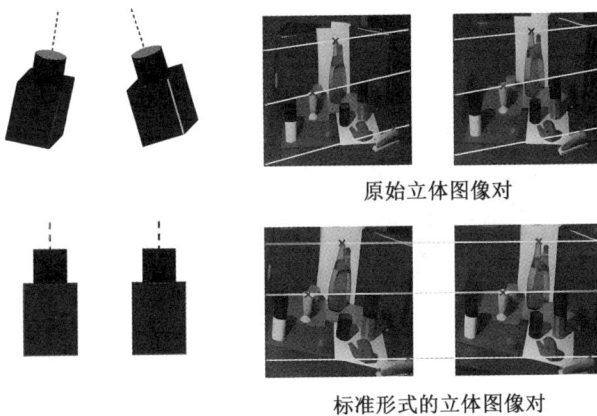

图 7.20　立体校正示意图

视差计算方法采用 SGBM 算法,首先使用水平 Sobel 算子对左右两幅图像进行处理,目的是获取图像的梯度信息。如公式(7.29)所示,其中 P 表示像素值。使用一个函数将经过 Sobel 算子处理后的图像上的每个像素点映射成一个新的图像,新图像上的像素值 P_{new} 由原始像素值和梯度信息决定。其次,需要进行代价计算,通常基于采样的方法和梯度信息计算图像的梯度代价。再次,在每个方向上按照动态规划的思想进行能量累积,然后将各个方向上的匹配代价相加得到总的匹配代价,完成代价聚合。最后,依据代价计算结果来确定每个像素点的最佳视差值。

$$\text{Sobel}(x,y) = 2[P(x+1,y) - P(x-1,y)] + P(x+1,y-1)$$
$$- P(x-1,y-1) + P(x+1,y+1) - P(x-1,y+1) \quad (7.29)$$

图 7.21(a)和图 7.21(b)分别为双目相机所采集的左右视图,图 7.21(c)为采用 SGBM 算法计算得到的视差图,SGBM 算法的关键优势在于其全局优化的特性,它不仅考虑了局部的匹配代价,还通过动态规划利用了图像的全局信息,从而提高了立体匹配的精度。在图 7.21 中可以看到视差图中的纹理与层次分布十分明显,这也说明 SGBM 算法具有良好的鲁棒性。

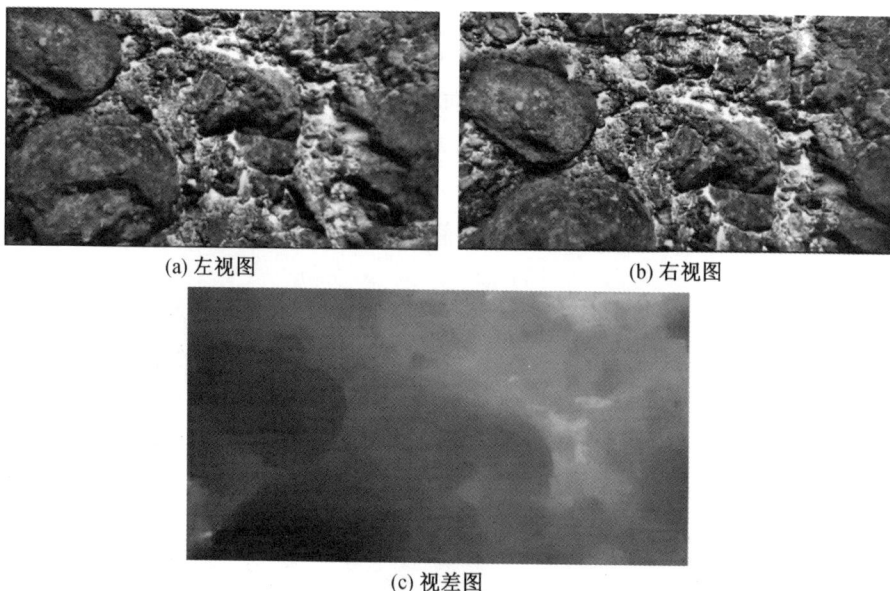

(a) 左视图　　　　　　　　　　　　　　　　　(b) 右视图

(c) 视差图

图 7.21　左右视图与视差图计算

从公式(7.29)中不难看出,深度与视差之间的转换关系与焦距 f 和基线 B 相关,这也是我们在前面的工作中需要进行相机精确标定的原因之一,依据相机标定参数,我们可以直接将视差图转换为如图 7. 22 所示的深度图。深度图通常以灰度图的形式呈现,其中不同的灰度值代表不同的深度。为了呈现更好的可视化效果,图 7. 22 进行了色彩映射,便于读者理解。

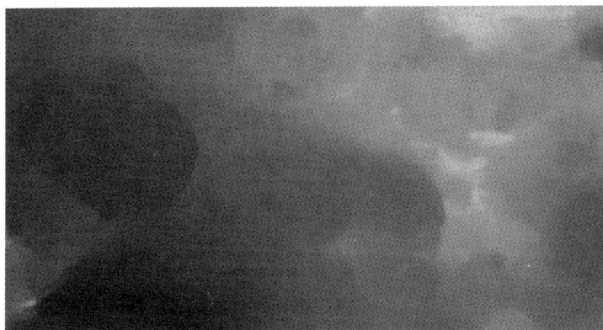

图 7. 22　深度图

在得到深度图之后,便可以结合深度图中的深度信息和二维图像坐标,重建出场景的三维点云。深度图中的每个像素值代表对应物理点到相机的距离,依据相机参数可以计算出每个像素点的世界坐标,将上述计算得到的三维坐标点集合起来,结合原始图片中对应点的色彩信息,将原始图像的纹理映射到重建的三维模型在三维空间中,映射出带有色彩的点集,形成如图 7. 23 所示的三维点云模型。

图 7. 23　三维点云模型

以此类推,通过双目相机所采集的大量图片,或者双目相机所拍摄的视频,我们便可以计算出不同角度下左右视图的视差,完成对物体各方位的深度估计,将如

图 7.23 所示的单个深度图所计算出的三维点云模型融合为多深度图点云模型,重建出整个多角度区域的三维点云模型。

到目前为止,基本得到了我们需要的三维点云模型,但是,这种模型往往会有许多"杂点",为了使其更加美观,通常需要完成对三维点云模型的后处理,通常是网格化表面重建,这里采用 MeshLab 开源软件进行操作(图 7.24)。

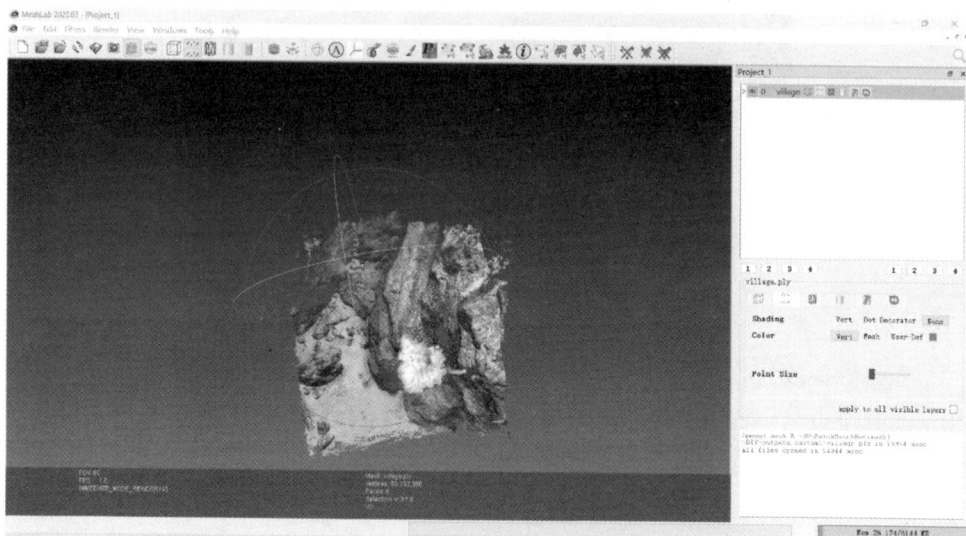

图 7.24   MeshLab 软件界面

网格化表面重建是一种将散乱的三维点云数据转换成有序的多边形表面模型的技术。整个过程从预处理开始,包括去噪和下采样以提升点云质量。接着,通过搜索每个点的邻近点并构建一个连接图,为网格生成做准备。在特征提取阶段,算法识别点云中的结构特征,如角点和边缘,这有助于网格的精确构建。表面估计利用局部邻域信息来近似每个点云区域的表面,常用的方法包括平面拟合或更复杂的曲面拟合。

随后,网格生成阶段采用如 Delaunay 三角剖分、球面调和场或泊松表面重建等算法,从估计的表面信息中创建初步的网格模型。网格优化确保生成的网格尽可能光滑且没有错误,如孤立三角形或不必要的复杂性。网格细化可能在需要更细致表面的地方增加额外的顶点和边。孔洞填补和边界处理步骤确保网格的完整性与连续性。

最终,纹理映射将图像纹理应用到网格上,增加视觉细节并提高真实感,以满足特定应用的需求。整个网格化表面重建流程是一个迭代和多阶段的过程,需要精心选择算法和调整参数,以确保最终的多边形网格能够有效地表示原始的三维点云数据,图 7.25 为最终得到的完整三维点云模型。

图 7.25　完整三维点云模型

7.6　本 章 小 结

本章节深入探讨了水下立体视觉技术,这是一种在海洋探索、水下工程和生物观察等领域具有重要应用前景的技术。从基础理论到实际应用,本章提供了一个全面的视角来理解水下立体视觉的复杂性和潜力。

7.1 节介绍了水下立体视觉的重要性和应用背景,阐述了在水下环境中进行三维观测的挑战和意义。

7.2 节聚焦于相机成像理论,详细讨论了成像模型、相机参数和标定过程。相机标定是确保立体视觉系统准确性的前提,通过标定可以获取相机的内外参数,为后续的立体匹配和三维重建打下坚实基础。

7.3 节深入讨论了双目立体视觉的基本原理和技术细节。7.3.1 节介绍了双目立体视觉系统的构建,包括双目立体视觉相较于其他立体视觉方法的区分、双目立体视觉的优势、立体成像的几何关系等。7.3.2 节则专注于双目立体匹配,这是立体视觉中的核心问题,涉及匹配策略、算法选择和视差图的生成。

7.4 节进一步探讨了水下双目立体视觉的应用,特别是在水下双目测距和三维重建方面的技术实现。7.4.1节讨论了水下测距技术,讲解了视差计算方法。7.4.2节则详细介绍了水下三维重建的流程,从相机标定数据的获取到三维点云重建的过程。

在7.5节,我们以水下双目三维重建为例,通过具体的实例展示了水下立体视觉技术的实际效果和应用价值。这不仅展示了技术的有效性,也反映了在真实水下环境中应用立体视觉技术可能遇到的挑战。

总的来说,水下立体视觉技术在海洋科学和工程中十分重要。随着技术的不断进步,水下立体视觉系统在提高水下作业的效率、安全性和精确性方面具有巨大潜力。未来,水下立体视觉技术有望在更广泛的领域得到应用,为人类探索和利用海洋资源提供更加强有力的技术支持。

参 考 文 献

[1] 李盛前. 基于视觉技术的水下焊接机器人系统研究[D]. 广州:华南理工大学,2016.

[2] ZHANG Z. Flexible camera calibration by viewing a plane from unknown orientations[C]//Seventh IEEE International Conference on Computer Vision. IEEE,1999.

[3] ZHANG C,ZHANG X,TU D,et al. On-site calibration of underwater stereo vision based on light field[J]. Optics and Lasers in Engineering,2019,121:252-260.

[4] 张洪龙,陈涛,庄培钦,等. 基于立体视觉的水下三维测量系统研究[J]. 集成技术,2018,7(3):1-14.

[5] SIMONE T, FRANCESCO R, MATTEO B, et al. Development and testing of a navigation solution for Autonomous underwater vehicles based on stereo vision[J]. Ocean Engineering,2023,280:1-18.

[6] SÁNCHEZ F C,MORI Y J,FARIAS Q C M,et al. A real-time stereo vision system for distance measurement and underwater image restoration[J]. Journal of the Brazilian Society of Mechanical Sciences and Engineering, 2016, 38(7): 2039-2049.

[7] 丁忠军,赵子毅,张春堂,等. 载人潜水器的深海地貌线结构光三维重建[J]. 红外与激光工程,2019,48(5):11-19.

［8］解则晓,李俊朋,迟书凯.基于线结构光的水下双目测量方法［J］.中国激光, 2020,47(5):439-448.

［9］徐梦雪.基于二维前视声纳成像的海底三维目标重建研究［D］.哈尔滨:哈尔 滨工程大学,2020.

［10］魏景阳.基于双目立体视觉的水下高精度三维重建方法［D］.哈尔滨:哈尔滨 工业大学,2017.